# 直觉语言多准则决策方法研究

Intuitionistic Linguistic Multi-criteria Decision Making Methods

汪新凡◎著

知识产权出版社
全国百佳图书出版单位

**图书在版编目（CIP）数据**

直觉语言多准则决策方法研究 / 汪新凡著. —北京：知识产权出版社，2017.12

ISBN 978-7-5130-5344-0

Ⅰ.①直… Ⅱ.①汪… Ⅲ.①决策方法—研究 Ⅳ.①C934

中国版本图书馆 CIP 数据核字（2017）第 314082 号

**内容提要**

语言多准则决策和直觉模糊多准则决策是现代多准则决策的重要组成部分，具有广泛的实际应用背景，其相关研究已取得了丰硕成果。直觉语言数作为语言标度在直觉模糊集上的拓展，能同时刻画和描述备选方案在准则下的语言评价值及决策者对该评价值的信心水平和犹豫程度，能更好地表达实际决策问题中的不确定性。目前，对于直觉语言多准则决策问题的研究才刚刚起步，不能满足实际需要。为此，本书对该类问题进行了比较系统深入的探究，提出了一系列决策模型和方法，并结合实例对这些模型和方法的有效性和实用性进行了探讨。

**责任编辑**：李　瑾　　　　**责任出版**：孙婷婷

**直觉语言多准则决策方法研究**

汪新凡　著

---

**出版发行**：知识产权出版社有限责任公司　　**网　　址**：http://www.ipph.cn

**社　　址**：北京市海淀区气象路 50 号院　　**邮　　编**：100081

**责编电话**：010-82000860 转 8392　　**责编邮箱**：lijin.cn@163.com

**发行电话**：010-82000860 转 8101/8102　　**发行传真**：010-82000893/82005070/82000270

**印　　刷**：北京中献拓方科技发展有限公司　　**经　　销**：各大网上书店、新华书店及相关专业书店

**开　　本**：787mm×1092mm　1/16　　**印　　张**：12.25

**版　　次**：2017 年 12 月第 1 版　　**印　　次**：2017 年 12 月第 1 次印刷

**字　　数**：220 千字　　**定　　价**：49.00 元

ISBN 978-7-5130-5344-0

---

# 前　言

近年来，语言多准则决策受到了广泛关注，并取得了众多研究成果。但是，在用语言短语表达决策信息时，其中隐含了一个这样的假设，即论域中元素隶属于该语言短语的程度等于 1，没有反映出决策者对其给出的语言评价的信心程度。直觉模糊集是传统模糊集的拓展，其核心概念是直觉模糊数，能更加细腻地描述和刻画客观事物的模糊性本质，其相关理论及应用近年来也受到了高度关注，并取得了丰硕的研究成果。然而，直觉模糊数虽包含隶属度、非隶属度和犹豫度 3 个参数，但论域中元素所隶属、非隶属的对象却不清楚和具体，使得直觉模糊集的发展和应用存在局限。直觉语言数是语言标度在直觉模糊集上的拓展，融合了语言短语和直觉模糊数的优点。直觉语言数用语言短语和论域中元素对该语言短语的隶属度与非隶属度表示，能同时刻画和描述备选方案在相关准则下的语言评价及决策者对该语言评价的信心水平和犹豫程度，在表达实际决策问题中的不确定性时更加细致和合适。

目前，对于直觉语言多准则决策问题的研究才刚刚起步，不能满足实际需要。为此，本书对该类问题进行较系统深入的探究，提出一系列决策模型和方法，并通过实例分析说明它们的有效性和实用性。全书共分 8 章，在各章结构体系上，以决策方法为研究主线。

第 1 章绪论介绍本书的研究背景、研究意义、国内外研究现状，以及研究内容和各章之间的逻辑结构。第 2 章首先定义直觉语言数新的记分函数和精确函数，给出一种对直觉语言数进行比较和排序的方法。在此基础上，定义几种新的直觉语言数算术集结算子和直觉语言数几何集结算子，并分别在单人决策情形下和群决策情形下提出两种基于这些集结算子的直觉语言多准则决策方法。第 3 章定义直觉语言数的距离测度，在此基础上，根据 VIKOR 方法的基本原理，提出一种基于拓展 VIKOR 的直觉语言群决策方法，并进行比较分析。第 4 章提出将直觉语言数转化为二元联系数的方法，定义几种二元联系数算术集结算子和二元联系数几何集结算子，并针对准则权重信息不完全确定的情形，提出两种基于二元联系数的直觉语言群决策方法。第 5 章首先针对准则值在直觉语言数内服从正态分布的直觉语言多准则决策问题，定义正态直觉语言数的有关概念，给出几种正态直觉语言数集结算子，并提出一种准则值为正态直觉语言数而准则权重信息不完全确定的群决策方法；其次针对准则值在直觉语言数内服从对数正态分布的直觉语言多准则决策问题，定义对数正态直觉语言数的有关概念，给出几种对数正态直觉语言数几何算子，并提出一种准则值为对数正态直觉语言数而数据信息来自不同时期的动态多准则决策方法。第 6 章针对准则具有期望水平的直觉语言多准则决策问题，首先提出一种基于后悔理论的分析方法，该方法考虑决策者后悔规避的心理行为，将准则期望水平作为参照点，通过计算各方案的综合感知价值来确定方案排序；其次提出一种基于前景理论的分析方法，该方法考虑决策者损失规避的心理行为，同样将准则期望水平作为参照点，通过计算方案的综合前景价值来确定方案排序；最后将两种方法进行比较分析。第 7 章针对准则具有优先级别的直觉语言多准则决策问题，首先定义几种直觉语言数优先集结算子，提出一种既考虑准则之间具有优先级别又考虑决策者之间具有优先级别的直觉语言群决策方法；进一步，将直觉语言数优先集结算子进行拓展，提出两种直觉语言数混合优先集结算子，并提出一种既考虑准则之间具有优先级别又考虑数据本身重要性的直觉语言多准则决策方法。第 8 章对本书的主要工作进行总结，并对今后需继续研究的方向进行展望。

本书的写作得到了我的导师王坚强教授的指导和关心，在此表示衷心的感谢。同时，写作过程中参考了国内外许多专家学者的论著，出版过程中得到了知识产权出版社李瑾老师的大力支持和帮助，在此表示诚挚的谢意。

本书的研究工作得到了湖南省自然科学基金项目（2015JJ2047）、湖南省教育厅科学研究重点项目（15A055）和湖南工业大学出版基金的资助，在此特向湖南省自然科学基金委、湖南省教育厅和湖南工业大学表示感谢。

由于作者水平有限，书中难免存在缺点和不足，恳请广大读者和同行批评指正，不胜感谢。

# CONTENTS | 目 录

## 6 准则具有期望水平的直觉语言多准则决策方法



## 7 准则具有优先级别的直觉语言多准则决策方法

# 1 绪论

## 1.1 研究背景和意义

### 1.1.1 研究背景

决策是人们为了达到某个目的或者完成某项任务而从若干个可行方案中进行比较、判断和评估，并选择最优方案的过程，是人类最基本的活动之一。

在经济、管理、军事和工程设计等诸多领域中，存在着大量决策问题，如风险投资、项目评估、招标投标、产品改造、工厂选址、维修服务、干部选拔、教师质量评定、武器系统性能评定、区域投资环境评价以及虚拟企业领域中的合作伙伴选择等。由于人们所处的环境日益复杂，大多数决策问题会同时受到许多复杂因素（准则）的影响，且这些准则之间往往相互联系和相互制约，这类在多个不可相互替代的准则下从有限个备选方案中选择最佳行动方案的决策问题称为多准则决策（Multi-Criteria Decision Making，MC-DM）问题，也称为多属性决策（Multi-Attribute Decision Making，MADM）问题[1]。

多准则决策兴起于 20 世纪 50 年代，是决策分析领域中的一个重要分支，也是一个多学科交叉的研究领域，涉及很多学科，如运筹学、管理学、经济学、心理学和统计学等[2]。1972 年 Cochrane 和 Zeleny 主持召开的有关多准则决策的国际会议被普遍认为是多准则决策开始发展的标志[3]。

目前，对于确定环境下的多准则决策理论与方法，即经典多准则决策理论与方法的研究已日趋完善[2-5]。不确定环境下的多准则决策是经典多准则决策的延伸和发展[6]，其内容主要包括模糊型、随机型、粗糙型和多重不确定型多准则决策理论与方法。模糊多准则决策主要考虑决策问题内部的不确定性；随机多准则决策主要考虑决策问题外部的不确定性；粗糙多准则决策则是通过归纳学习已有的决策规则推导出可以用于未知新方案的决策规则，并利用新规则来进行决策分析；多重不确定型多准则决策，如模糊随机多准则决策、粗糙随机多准则决策等则同时综合考虑了两种或两种以上的不确定性。目前，不确定多准则决策理论与方法的研究已取得了一些有价值的成果[5,7-15]。然而，由于客观实际具有复杂性和不确定性，人类思维具有模糊性，人们在决策过程中所获得的信息往往具有不确定性。因此，有关不确定多准则决策的理论与方法的探讨成了当前研究的热点。

模糊多准则决策以 Zadeh 教授提出的模糊集理论[16]为基础。其中，基于语言信息的多准则决策（语言多准则决策）和基于模糊数的多准则决策是模糊多准则决策的两个最基本也是最重要的分支。

语言短语本质上是不精确的数据，自身具有模糊性和不确定性，是描述模糊信息的最直接的形式，能够反映决策者对事物认知的模糊性和不确定性，因而，语言多准则决策在本质上属于模糊多准则决策。事实上，在多准则决策过程中，有些决策信息难以用定量的数据进行刻画，而用语言短语表示则更接近于人类的认知过程[17-20]，也更容易被决策者使用。例如，人们在对汽车性能进行评价时，直接用“极好”“很好”“好”“一般”“很差”“极差”等语言短语表达评价信息更加符合人类的思维习惯，也更加方便。同时，语言多准则决策问题具有广泛的实际应用背景，如人事考核、网上拍卖、风险投资、医疗诊断、供应链管理、汽车性能评价以及军事系统效能评估等。因此，语言多准则决策具有重要的理论意义和实际应用价值。语言多准则决策的相关研究起步较晚，虽已引起了国内外研究者的浓厚兴趣，并取得了众多的研究成果[15,21-34]，但其理论和方法还不够成熟，仍处于发展完善阶段。

模糊集用隶属函数表示元素对集合的属于程度，能够刻画元素从属于集合到不属于集合的渐变过程，故模糊数的提出使得人们能较好地对模糊多准则决策问题进行定量描述和分析，因而基于模糊数的多准则决策一直受到人们的广泛关注[35]，并取得了众多的研究成果[7,8,10,12,15]。但是，在实际应用中，由于客观事物的复杂性和人类思维的局限性，人们对事物的认知往往存在一个渐进的过程，表现出不同程度的知识缺乏或一定程度的犹豫，使得认知结果表现为支持、反对或介于支持与反对之间的犹豫性。而模糊集的隶属函数仅仅是一个单一的值，无法表示决策者的犹豫程度，故 Atanassov 对其进行拓展，提出了直觉模糊集的概念[36]（Gau 和 Buehrer[37]定义的 vague 集就是直觉模糊集[38]，为了方便，本书中统一使用直觉模糊集的名称）。直觉模糊集利用直觉模糊数同时考虑了元素对集合的隶属度、非隶属度和犹豫度三个方面的信息，能对实际问题的模糊性和不确定性进行更加细致的刻画和描述，更具灵活性和实用性，现已广泛应用于决策分析[39,40]、聚类分析[41−43]、模式识别[44,45]、预测[46]和信息系统[47]等领域中。特别地，直觉模糊多准则决策受到了人们的高度关注[48]，且成果众多[49−63]。

然而，在用语言短语表示决策信息时，其中暗含了一个这样的假设，即论域中元素隶属于该语言短语的程度等于 1，没有反映出决策者对他/她给出的语言评价的信心程度和犹豫程度。同时，用直觉模糊数表达决策信息时，由于论域中元素隶属和非隶属的对象不具体，故在实际应用中其隶属度和非隶属度很难得到。因此，语言标度和直觉模糊集均存在一定的局限性。为克服此种局限性，王和李[64]借鉴直觉模糊集的思想，将语言标度进行拓展，定义了直觉语言数（intuitionistic linguistic number）的概念。直觉语言数用语言短语和元素对该语言短语的隶属度与非隶属度表示，综合了语言短语和直觉模糊数的优点，能够反映出决策者对其评价结果的信心水平和犹豫程度。直觉语言数与语言标度相比，增加了元素对该语言评价值的隶属度和非隶属度，能体现出决策者对他/她给出的语言评价值的信心程度和犹豫程度；与直觉模糊数相比，增加了一个语言评价值，使隶属度和非隶属度相对于一个具体的语言标度。因此，直觉语言数在刻画和描述决策信息时更具合理性和实用性。

本研究与导师已申请的国家自然科学基金项目密切相关，将在已有研究的基础上，针对准则值用直觉语言数形式表达的多准则决策问题进行系统深入的探究，提出一系列基于直觉语言信息的多准则决策方法，并将上述决策模型和方法应用于投资决策、人才引进、学院评估、顾客购车、企业合作伙伴选择等实际之中，以丰富和发展多准则决策理论，为科学决策提供相关技术和依据，促进决策质量的提高。

### 1.1.2 研究目的及意义

（1）研究目的

本书拟针对准则值用直觉语言数形式表达的多准则决策问题进行系统深

入的探究，利用集结算子、多准则折衷解排序（VIKOR）方法、集对分析、正态分布、对数正态分布、后悔理论、前景理论等相关理论，在借鉴国内外已有的成熟的多准则决策理论与方法的基础上，提出准则权重确知或准则权重信息不完全确定的直觉语言多准则决策方法，并进行实例分析，为决策者进行相关决策分析提供可供借鉴的多准则决策模型和方法。

（2）研究意义

从现有研究来看，语言多准则决策理论和方法与直觉模糊多准则决策理论和方法都受到了广泛关注。相比语言标度和直觉模糊数，直觉语言数具有突出的优点，利用直觉语言数表达决策信息，能同时刻画和描述决策者给出的不确定性评价值和对该评价值的信心水平和犹豫程度，能更好地表达多准则决策问题中的不确定性。但是，对于基于直觉语言信息的多准则决策问题的研究，目前刚刚起步，尚缺乏有效的多准则决策模型和方法。本书针对该类问题进行系统深入的探究，具有重要的理论意义和实际价值。

在理论上，本书借鉴已有的多准则决策相关研究，综合运用管理学、运筹学、模糊数学、概率论、集对分析等相关理论，提出一系列基于直觉语言信息的多准则决策模型和方法，可丰富决策理论成果。

在实践上，本书提出的方法不仅能够解决经济、管理、工程和军事中大量的实际决策问题，同时还可扩展到类似问题的研究中，能为相关管理人员和研究者提供依据和借鉴。

# 1.2 国内外研究现状

下面从语言标度及其拓展、语言多准则决策方法、直觉模糊多准则决策方法和直觉语言多准则决策方法四个方面介绍与本书内容相关的国内外研究现状。

## 1.2.1 语言标度及其拓展的研究

语言标度由若干语言短语组成，是表达模糊信息的天然工具，也是语言多准则决策的基础。决策者在对诸如教学质量、汽车性能和武器系统效能等进行评价时，首先需要确定适当的语言标度。徐[65]对各种语言标度的定义、性质、优点和缺点进行了分析。语言标度可分为加性语言标度和积性语言标度两大类。

Bordogna 等[66]、Herrera 和 Martínez[67]、Herrera 和 Herrera-Viedma[18]、Herrera 和 Martínez[68]、Herrera-Viedma 等[69,70]给出了一种语言短语下标都为非负整数且短语个数为奇数的加性语言标度。徐[71]给出了一种语言短语下标以零为中心对称且短语个数为奇数的加性语言标度。这两种标度的语言短语下标都是均匀的。基于实际需要和 10/10～18/2 数值标度的思想，戴等[72]给出了一种全局非均匀的加性语言标度，其语言短语下标以零为中心对称，且短语个数为奇数。上述三种加性语言标度中，第一种语言标度的应用较为广泛，第三种标度较为实用，在实际应用中，决策者可根据实际情形适当选取。值得注意的是：（1）Bordogna 等[66]指出：上述语言标度中的语言短语个数既不能太少，也不能太多，太少则得到的语言信息会很粗略，不利于决策方案的比较和排序，太多则会给决策者的专业知识和决策时间提出过高的要求，从而给决策者带来负担。通常情况下，这几种标度中的语言短语个数以 7 个或 9 个为宜；（2）在语言信息集结过程中，集结结果往往与所用语言标度中的语言短语不相匹配。为了方便计算，并避免丢失决策信息，戴等[72]将这几种语言标度进行了拓展，提出了相应的拓展的加性语言标度。一般地，原语言短语（称为本原短语）用于对决策方案进行评估，拓展的语言短语（称为拓展短语或虚拟短语）用于语言计算和对决策方案进行排序。许多后续的针对语言多准则决策的研究都是在此基础上进行的[73,74]。

Xu 在文献［75］中定义了一种积性语言标度，在参考文献［76］中定义了另一种积性语言标度。这两种积性语言标度的语言短语下标以 1 为中心对称，但都是局部非均匀的语言标度。戴等[72]指出：在实际的多准则决策应用中，随着语言短语下标的增大，相邻语言短语下标之间的偏差绝对值也应该随之增大。为此，汤等[77]对全局非均匀的积性语言标度进行了研究，提出了两种新的积性语言标度，一种标度的语言短语下标为指数，另一种标度的语言短语下标为幂数，并详细讨论了这两种新标度的转换关系。但对于全局非均匀的积性语言标度还有待进一步研究。本书主要利用 Bordogna 等[18,66-70]给出的加性语言标度和 Xu[75]给出的积性语言标度对基于直觉语言数的多准则决策问题进行研究和探讨。

近年来，考虑到语言标度表达决策信息时还不够细致或运算过程中容易丢失决策信息，许多研究者对上述语言标度进行了改进和拓展。例如，徐[71,78,79]认为当专家受到一些主客观因素的制约时，其给出的语言评价值可能介于两个语言短语之间，因而提出了不确定语言数（区间语言数[80]）的概念，已有较多研究者对不确定语言数的相关概念和不确定语言多准则决策方法进行了研究[22,23,78,79,81-90]；Herrera 和 Martínez[67] 定义了二元语义模型以表示语言短语，从而将语言短语的运算和比较转化为二元语义的运算和比较，取得了比较好的效果。许多研究者定义了二元语义信息集结算子[28,31,67,91,92]，提出了基于二元语义的语言多准则决策方法[93-95]，Martínez 和 Herrera[96] 还对二元语义模型的延伸、应用和挑战进行了综述；Rodriguez 等[97] 为反映决策者在应用语言标度进行评价时可能在多个语言评价间存在犹豫，提出了犹豫语言集的概念。目前已有较多研究者对犹豫语言集的相关概念和犹豫语言多准则决策方法进行了研究[98-102]；Yang 等[103] 提出了双语言集的概念。双语言集利用一对语言短语表达评价信息，前一个语言短语用以描述决策者给出的语言评价值，后一个语言短语用以描述论域中元素对这一评价值的语言型隶属度，进而反映决策者对这一评价结果的信心水平。目前对双语言集的相关概念和双语言多准则决策方法的研究较少[104]；朱等[105] 提出了二维语言数的概念。二维语言数的表示与双语言数类似，但二者有本质的区别[104]。目前对二维语言数的相关概念和二维语言多准则决策方法的研究也较少[106]；王和李[64] 提出的直觉语言数的概念与双语言数类似，但直觉语言数用数值表示论域中元素对该语言评价结果的隶属度，且增加了一项用数值表示的元素对该语言评价结果的非隶属度，不仅能反映出决策者对其评价结果的信心水平，而且能反映出决策者对其评价结果的犹豫程度。故直觉语言数在刻画和描述决策信息时更加细致。目前，对直觉语言数的相关概念和直觉语言多准则决策方法的研究才刚刚起步[107-110]。

### 1.2.2 语言多准则决策方法的研究

语言多准则决策方法主要有以下四类，值得注意的是，由于多准则决策过程中需要通过一定的方式对决策信息进行集结，故对决策信息的集结方式进行研究自然非常关键。一般情况下，决策者利用算子对决策信息进行集结[111]，因而语言信息集结算子的探究在语言多准则决策中占有重要地位。另外，传统的多准则决策方法即多属性效用理论（Multi-Attribute Utility Theory，MAUT）方法[112,113]、级别优先序（Outranking Relation）[114-117]方法（如 ELECTRE[115,116] 和 PROMETHEE[117]）与基于理想点比较的方法

（如 TOPSIS[118] 和 VIKOR[119]）也有用到。下面分别就四类方法进行阐述。

第一类方法是利用基于线性序的语言信息集结算子进行决策。许多研究者对基于线性序的语言信息集结算子进行了探讨。Yager 在参考文献［120—122］定义了语言取大（$LM_1$）算子和语言取小（$LM_2$）算子，在参考文献［120，122，123］中定义了语言中值（$LM_3$）算子和语言加权中值（LWM）算子，在参考文献［121］中定义了双序的加权集结（OOWA）算子，并研究了这些算子的性质。Herrera 和 Herrera-Viedma[124] 定义了语言加权分离（LWD）算子、语言加权联合（LWC）算子和语言加权平均（$LWA_1$）算子以集结语言数据和语言权重。徐[71]定义了一种语言有序混合集结（OHA）算子，该算子是 LWD 算子和 OOWA 算子的整合拓展，不仅考虑了语言数据的重要程度，而且考虑了语言数据所在位置的重要程度。

第二类方法是将语言数据转化为模糊数，然后利用基于模糊数的多准则决策方法进行求解[71,125]。例如，通过将语言标度转化为区间数，胡等[126]提出了一种基于前景理论的语言多准则决策方法；通过将语言标度转化为三角模糊数，徐[127]提出了一种基于 GIOWA 算子的语言多准则群决策方法，Herrera 等[128]提出了一种基于 OWA 算子的多粒度语言多准则决策方法，刘和关[129]提出了一种基于 ELECTRE 的语言多准则决策方法；通过将语言标度转化为梯形模糊数，Herrera 等[130]基于语言短语凸组合运算[131]和有序加权平均（OWA）算子[132]定义了一种语言有序加权平均（$LOWA_1$）算子，并提出了一种基于该算子的多准则群决策方法。陈等[133]构建了一种线性规划模型，并探讨了该模型在多准则决策中的应用。该类方法利用区间数、三角模糊数或梯形模糊数能较好地表示语言标度，容易理解，且能借鉴的基于模糊数的多准则决策方法较多，应用方便。但存在三个问题，一是在实际应用中确定与语言短语相对应的模糊数有一定难度，目前尚无公认的统一的转换方法；二是转换后的再处理，如进行模糊算术运算会增加过程和结果的模糊性，从而导致一定程度上的信息损失或扭曲以及计算的复杂性；三是模糊数的集结结果仍然是模糊数，但由于模糊数的排序方法还不成熟[10,134]，可能导致使用不同的排序方法得到不同的排序结果，影响决策的有效性和实用性。

第三类方法是直接利用语言数据进行计算和处理[65,71,111,135]。很多研究者提出了直接集结语言数据的算子，研究了这些算子的性质，并提出了相应的语言多准则决策方法。这些算子是下列几种最基本信息集结算子，如加权算术平均（WAA）算子[136]、加权几何平均（WGA）算子[137]、有序加权平均（OWA）算子[132]和有序加权几何（OWG）算子[138]在语言环境下的拓展。$\mathrm{Xu}$[71,83,139]定义了几种集结语言信息的算术算子，如在参考文献［83］中定义了一种语言平均（LA）算子和语言加权平均（$LWA_2$）算子，在参考文献［71］中定义了一种语言有序加权平均（$LOWA_2$）算子，在参考文献［139］中整合 $LWA_2$ 和 $LOWA_2$ 算子的优点提出了一种语言混合集结（LHA）算子。Xu[140]还定义了几种集结语言信息几何算子，包括语言加权几何平均（LWGA）算子、语言有序加权几何平均（LOWGA）算子和语言混合加权几何（LHGA）算子。进一步地，Xu 在参考文献［75］中定义了几种拓展的语言集结算子，包括拓展的语言平均（EAA）算子、拓展的语言几何平均（EGM）算子、拓展的语言有序加权平均（EOWA）算子和拓展的语言有序加权几何（EOWG）算子；在参考文献［71］中定义了几种动态语言集结算子，包括动态语言加权平均（DLWA）算子和动态语言加权几何（DLWG）算子，并提出了一种基于 $LWA_2$ 算子和 DLWA 算子的动态语言多准则决策方法和另一种基于 LWG 算子和 DLWG 算子的动态语言多准则决策方法。Merigó 等[29]提出了两种基于证据理论的语言集结算子，包括具有信度结构的语言有序加权平均（BS-LOWA）算子和具有信度结构的语言混合平均（BS-LHA）算子。Merigó 和 Casanovas[141]提出了一种语言有序加权平均距离（LOWAD）算子。Merigó 等[142]提出了语言加权几何平均（LWGM）算子和语言广义有序加权平均（LGOWA）算子。Merigó 等[73]提出了导出的语言广义有序加权平均（ILGOWA）算子。Xu 等[74]提出了语言幂均（LPA）算子和语言幂有序加权平均（LPOWA）算子。Park[143]提出了语言调和平均（LHM）算子、语言加权调和平均（LWHM）算子、语言有序加权调和平均（LOWHM）算子和语言混合调和平均（LHHM）算子。此外，王和樊[33]提出了一种基于 LWD 算子和 LOWA 算子的语言多准则决策方法。Wu 和 Chen[144]提出了一种基于最大离差的语言多准则群决策方法。Xu[30]提出了一种基于理想点的信息不完全确定的语言多准则决策方法。徐[145]提出了一种对方案有偏好的语言多准则决策方法。Xu[146]提出了一种基于交互的信息不完全确定的语言多准则决策方法。在该类方法中，由于直接利用语言信息进行运算和处理，故不会丢失决策信息，计算也很方便。

第四类方法是利用二元语义表示语言短语并进行运算和处理。Herrera和Martínez[67]给出了语言短语的一种二元语义表示，并定义了一些基于二元语义的集结算子，包括二元语义平均（TAM）算子、二元语义加权平均（TWA）算子和二元语义有序加权平均（TOWA）算子。姜和樊[147]提出了二元语义有序加权几何（TOWG）算子，并分析了TOWA算子和TOWG算子的性质。Wei在参考文献［31］提出了一些二元语义集结算子，包括二元语义加权调和平均（TWHA）算子、二元语义有序加权调和平均（TOWHA）算子和二元语义组合加权调和平均（TCWHA）算子；在参考文献［91］提出了一些广义二元语义集结算子，包括广义二元语义加权平均（G-2TWA）算子、广义二元语义有序加权平均（G-2TOWA）算子和导出的广义二元语义有序加权平均（IG-2TOWA）算子。Wei等[148]基于证据理论提出了一种具有信度结构的广义语言混合集结（BS-GLHA）算子，并探讨了它的几种特殊情形。Wei和Zhao[92]提出了几种依赖型的二元语义集结算子，包括依赖型的二元语义有序加权平均（D2TOWA）算子和依赖型的二元语义有序加权几何（D2TOWG）算子。Zhao等[149]提出了一些二元语义优先算子，包括二元语义优先加权平均（2TLPWA）算子、二元语义优先加权几何（2TLPWG）算子和二元语义优先加权调和平均（2TLPWHA）算子。Merigó和Gil-Lafuente[28]提出了导出的广义二元语义有序加权平均（2-TIL-GOWA）算子。易等[150]提出了二元语义密度加权算子。他们还探讨了这些算子的性质，并提出了相应的语言多准则决策方法。此外，根据语言短语的二元语义表示，Wei在文献中［151］提出了一种基于灰色关联分析的语言多准则群决策方法，在参考文献［93］提出了一种基于拓展TOPSIS的语言多准则群决策方法。王[94]提出了一种基于证据推理的信息不完全确定的语言多准则群决策方法。张和郭[152]提出了一种基于拓展VIKOR的语言多准则群决策方法。王和樊[95]提出了一种基于理想点的语言多准则群决策方法。在该类方法中，二元语义在对过程和结果的解释上具有优点，避免了决策信息的丢失，能克服以往研究方法的缺陷，但二元语义模型的叙述较为烦琐，计算不大方便，其实用性受到影响。

语言多准则决策方法在实际中也得到了广泛应用，同时也体现了语言评价用于多准则决策问题的实用性。例如，Marle和Gidel[153]将其用于供应商评估与选择，Sun等[155]将其用于人力资源管理，Fan等[156]将其用于知识管理，Chuu[157]将其用于供应链管理，Awasthi等[158]将其用于选址问题，

Gharehgozli 等[159]将其用于原材料选择，Büyüközkan 和 Ruan[160]将其用于项目评估，Ngan[161]将其用于新产品开发与调查，陈晓红等[133]将其用于工业企业发展评估等。

### 1.2.3 直觉模糊多准则决策方法的研究

直觉模糊集理论[9,11]是直觉模糊多准则决策的基础，现有研究主要集中在直觉模糊数的记分函数[39]、运算法则[40,162]、集结算子[40,54,162,163]、相似性测度[164]、距离测度[42]、关联测度[165]、模糊熵[166]等方面。

直觉模糊多准则决策方法的研究主要集中在两个方面：

一是经典决策方法拓展到直觉模糊环境中的研究。例如，Xu 和 Hu[167]提出了一种基于投影的直觉模糊多准则决策方法。Wei[168]提出了一种基于灰色关联的直觉模糊多准则方法。Dymova 和 Sevastjanov[169]提出了一种基于证据理论的直觉模糊多准则方法。Boran 等[170]提出了一种基于 TOPSIS 的直觉模糊多准则群决策方法。Xu[171]提出了一种基于偏差的直觉模糊多准则群决策方法。Xia 和 Xu[172]提出了一种基于熵/交叉熵的直觉模糊多准则群决策方法。

二是新的直觉模糊多准则决策方法的研究。Li[173]针对准则权重和准则值均为直觉模糊数的多准则决策问题，通过构建优化模型求取权重，提出了一种直觉模糊多准则决策方法。Xu[40]提出了几种直觉模糊算术集结算子，包括直觉模糊加权平均（IFWA）算子、直觉模糊有序加权平均（IFOWA）算子和直觉模糊混合集结（IFHA）算子，并提出了一种基于 IFHA 算子的直觉模糊多准则决策方法。Zhao 等[54]提出了几种广义直觉模糊算术集结算子，即广义 IFWA（GIFWA）算子、广义 IFOWA（GIFOWA）算子和广义 IF-HA（GIFHA）算子。Xia 和 Xu[163]提出了几种广义直觉模糊点算子，即广义直觉模糊点加权平均（GIFPWA）算子、广义直觉模糊点有序加权平均（GIFPOWA）算子和广义直觉模糊点混合平均（GIFPHA）算子。Xu 和 Xia[174]提出了几种导出的广义直觉模糊集结算子，即导出的广义直觉模糊积分算子和导出的广义直觉模糊 DS 算子。Xu 和 Yager[162]提出了几种直觉模糊几何集结算子，包括直觉模糊加权几何（IFWG）算子、直觉模糊有序加权几何（IFOWG）算子和直觉模糊混合几何（IFHG）算子。Wang 和 Liu[50,51]、Zhao 和 Wei[58]利用 Einstein 运算提出了几种与 IFWA、IFOWA、

IFHA、IFWG、IFOWG 和 IFHG 相应的直觉模糊集结算子。Tan 在文献［52］中提出了一种广义直觉模糊几何平均（GIFOGA）算子，在文献［175］中提出了一种直觉模糊积分算子，并给出了相应的直觉模糊多准则决策方法。Yu[176]提出了两种直觉模糊优先算子，包括直觉模糊优先加权平均（IFP-WA）算子和直觉模糊优先加权几何（IFPWG）算子，并提出了一种准则和专家均存在优先级别的直觉模糊多准则群决策方法。此外，Lin 等[177]利用记分函数和精确函数提出适应度的概念，利用适应度建立优化模型求解最优准则权重，并提出了一种直觉模糊多准则决策方法。Devi[178]、Park 等[179]将 VIKOR 方法拓展至直觉模糊环境下，提出了一种直觉模糊多准则决策方法。

在直觉模糊集的基础上，Shu 等[180]将三角模糊数拓展至直觉三角模糊数，王[35]将梯形模糊数拓展至直觉梯形模糊数，王和李[64]将语言标度拓展至直觉语言数。目前，基于直觉三角模糊数或直觉梯形模糊数的多准则决策方法已有一些研究，例如，Li[181]提出了一种直觉三角模糊数的排序新算法，并将其用于直觉模糊多准则决策中。Chen 和 Li[182]定义了直觉三角模糊数加权平均（TFNWAA）算子，并利用熵权模型提出了一种动态多准则决策方法。王和张[183]定义了直觉梯形模糊加权平均（ITFWAA）算子，并针对准则值为直觉梯形模糊数而准则权重信息不完全的情形，提出了一种基于理想点的多准则决策方法。王和张[183]定义了直觉梯形模糊加权平均（ITFWAA）算子，并针对准则值为直觉梯形模糊数而准则权重信息不完全的情形，提出了一种基于理想点的多准则决策方法。Wei[184]提出了一些直觉梯形模糊数算术集结算子，并应用于直觉模糊多准则群决策中。万和董[185]给出了直觉梯形模糊有序加权集结（ITOWA）算子和直觉梯形模糊混合集结（ITHA）算子，并提出了一种基于直觉梯形模糊数的多准则群决策方法。万等[186]提出了一种基于加权可能性均值的直觉梯形模糊多准则群决策方法。Wu 和 Cao[187]定义了几种直觉梯形模糊数几何集结算子，并提出了一种基于这些算子的直觉梯形模糊多准则群决策方法。王和聂[188]定义了新的直觉梯形模糊数算术运算法则，并提出了几种直觉梯形模糊数算术集结算子及基于这些算子的直觉梯形模糊多准则群决策方法。陈和李[189]利用 TOPSIS 的思想提出了一种准则值和准则权重均以直觉梯形模糊数表示的多准则群决策方法。Yu[190]提出了一种广义的直觉梯形模糊加权平均（GTFWA）算子，详细讨论了其性质，并将其应用于教师教学质量评价之中。

### 1.2.4 直觉语言多准则决策方法的研究

从文献检索来看，目前有关直觉语言多准则决策研究的文献仅有 4 篇。王和李[64]最早给出了直觉语言数的定义，定义了直觉语言加权算术平均（ILWAA）算子和直觉语言加权几何平均（ILWGA）算子，并提出了一种基于这两种算子的直觉语言多准则决策方法。之后，Liu[107]提出了一些广义的直觉语言数集结算子，包括直觉语言广义依赖型有序加权平均（ILGDOWA）算子和直觉语言广义依赖型有序加权平均（ILGDHWA）算子，并提出了基于直觉语言数的多准则群决策方法。王和王[108]定义了直觉模糊熵，并相应给出了一种直觉语言多准则决策方法。Su 等[109]提出了几种直觉语言有序加权距离（AILOWAD）算子，并将其应用于直觉语言多准则群决策问题。

综上可知，直觉语言数相比语言标度和直觉模糊数都有优势，因而针对直觉语言多准则决策问题进行研究是一件很有意义的事。现有文献中虽然已经有了相关研究，但仅仅是起步，不够系统和深入。此外，虽然与直觉语言数相类似的双语言数、二维语言数的相关研究可以为解决直觉语言多准则决策问题提供参考，但一方面其本身的研究极少，另一方面其现有研究也不足以支持解决直觉语言多准则决策中的关键问题。再进一步，考虑到直觉语言多准则决策问题具有广泛的实际应用背景，因此，从理论和实践两个层次系统深入地对直觉语言多准则决策问题进行探究是很有必要的。

## 1.3 研究内容和本书结构

基于上述背景，本书拟针对准则值用直觉语言数形式表达的多准则决策问题开展系统深入的探究，利用集结算子、VIKOR 方法、集对分析、正态分布、对数正态分布、后悔理论、前景理论等相关理论，提出准则权重确知或准则权重不完全确定的直觉语言多准则决策方法，并进行实例分析。

本书共 8 章，逻辑结构如图 1－1 所示。

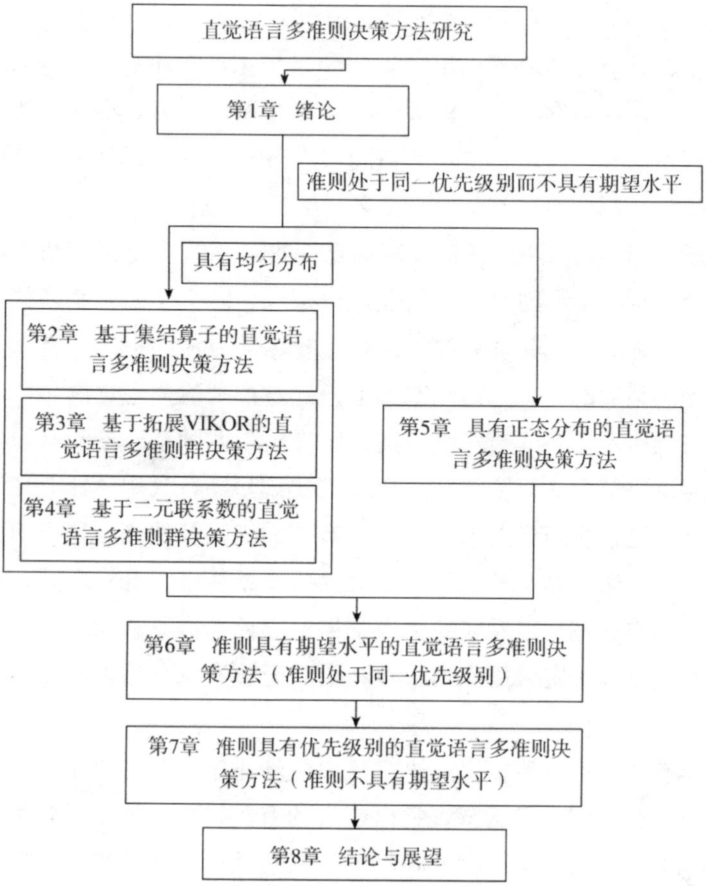


**图1—1 全书逻辑结构图**

各章具体内容如下：

第1章为绪论。主要介绍本书研究的背景、目的和意义，综述语言多准则决策和直觉模糊多准则决策及其相关研究的现状，并简要说明本书的研究内容及各章之间的逻辑结构。

第2章定义了新的直觉语言数的记分函数和精确函数，给出了一种对直觉语言数进行比较和排序的方法，定义了几种新的直觉语言算术集结算子和直觉语言几何集结算子，并建立了这些算子的若干优良性质。在此基础上，分别在单人决策情形下和群决策情形下提出了两种基于集结算子的直觉语言多准则决策方法，详细给出了这些方法的实现步骤，并通过顾客购车和风险投资的实例说明了本章方法的有效性和实用性。

第 3 章定义了两个直觉语言数之间的距离测度，在此基础上，将 VIKOR 方法拓展至直觉语言环境下，提出了一种基于拓展 VIKOR 的直觉语言多准则群决策方法，并详细给出了该方法的实现步骤。最后，将该方法用于解决企业合作伙伴选择问题，并与基于拓展 TOPSIS 的直觉语言多准则群决策方法进行了比较分析。

第 4 章利用集对分析中的二元联系数对准则值为直觉语言数而准则权重信息不完全确定的多准则群决策问题进行探究。定义了二元联系数的相关概念，给出了一种对二元联系数进行比较和排序的方法，提出了将直觉语言数转化为二元联系数的方法。在此基础上，针对准则值为直觉语言数而准则权重信息不完全确定的多准则群决策问题，提出了两种基于二元联系数的直觉语言多准则群决策方法，并详细给出了其实现步骤，其中，针对二元联系数信息的集结问题，重新定义了二元联系数的加性运算法则，给出了几种二元联系数信息算术集结算子和二元联系数几何集结算子；针对准则权重信息不完全确定的问题，利用二元联系数准则值的方差和准则权重的随机性，建立了两个优化模型以确定最优准则权重。最后通过实例分析说明了本章方法的有效性。

第 5 章首先对准则值在直觉语言数内服从正态分布的直觉语言多准则决策问题进行探究，定义了正态直觉语言数的有关概念，给出了几种正态直觉语言数集结算子，提出了一种准则值为正态直觉语言数而准则权重信息不完全确定的多准则群决策方法，并详细给出了其实现步骤；其次，对准则值在直觉语言数内服从对数正态分布的多准则决策问题进行探究，定义了对数正态直觉语言数的有关概念，提出了几种对数正态直觉语言数加权几何算子，并相应给出了一种准则值为对数正态直觉语言数而数据信息来自不同时期的动态多准则决策方法，且详细探讨了其实现步骤；最后给出了两个投资决策的实例。

第 6 章对准则具有期望水平的直觉语言多准则决策问题进行了探究。首先提出了一种基于后悔理论的直觉语言多准则决策方法，该方法考虑了决策者后悔规避的心理行为特征，将准则期望水平作为参照点，通过计算准则值的效用值和后悔值，进而计算各方案的综合感知价值来确定方案排序；其次，提出了一种基于前景理论的直觉语言多准则决策方法，该方法考虑了决策者损失规避的心理行为特征，同样将准则期望水平作为参照点，通过计算准则值相对于参照点的益损值和前景价值，进而计算方案的综合前景价值来确定方案排序结果；最后，通过一个房地产投资的实例对两种方法进行了讨论和分析。

第 7 章对准则具有优先级别的直觉语言多准则决策问题进行探究。首先定义了几种直觉语言优先集结算子，并基于这几种算子，提出了一种既考虑准则之间具有优先级别又考虑决策者之间具有优先级别的多准则群决策方法；进一步，将前面提出的直觉语言优先集结算子进行拓展，提出了两种直觉语言混合优先集结算子，并基于这两种算子提出了一种既考虑准则之间具有优先级别又考虑直觉语言数据本身重要性的多准则决策方法。这两种方法分别应用于人才引进和顾客购车的结果表明了两种方法的实际应用价值。

第 8 章对本书的主要工作进行了总结，并对今后需继续研究的方向进行了展望。

此外，有关本书的数学符号及用语，特做如下说明：由于全书撰写过程中使用的变量、参数和符号较多，因此，针对每一章不同的决策问题，均对用到的变量、参数和符号重新进行了定义，但同一章中，各变量、参数和符号所表示的含义具有一致性。

# 2 基于集结算子的直觉语言多准则决策方法

在语言多准则决策中，决策者需要利用语言标度对评价对象进行定性评估。然而，在用语言短语表示决策信息时，其中暗含了一个这样的假设，即元素隶属于该语言短语的程度等于1，没有反映出决策者对他/她给出的语言评价的信心程度和犹豫程度。因此，王和李[64]在直觉模糊集的基础上，将语言标度进行拓展，定义了直觉语言数的概念。直觉语言数用一个语言短语以及元素对该语言短语的隶属度和非隶属度表示，能反映出决策者对其评价结果的信心水平和犹豫程度。因此，直觉语言数在刻画决策信息时比语言标度和直觉模糊数更细致更实用。王和李[64]进一步定义了直觉语言数的运算法则，给出了两种直觉语言集结算子，即直觉语言加权算术平均（ILWAA）算子和直觉语言加权几何平均（ILWGA）算子，并提出了一种基于ILWAA算子（或ILWGA算子）的多准则决策方法。由于ILWAA算子和ILWGA算子仅根据直觉语言数本身的重要性进行加权集结，应用范围有限。因此，本文将首先定义两种新的直觉语言集结算子，包括直觉语言有序加权平均（IL-OWA）算子和直觉语言有序加权几何（ILOWG）算子。ILOWA算子和IL-OWG算子的共同特点是：首先将直觉语言数按照从大到小的顺序重新进行排序，然后按照它们所处的位置进行加权，最后将这些直觉语言数进行集结。但这里的权重是位置权重，只与直觉语言数所处的位置有关，与直觉语言数本身无关。进一步，在ILWAA算子和ILOWA算子中，权重代表了不同的方面，但这两个算子均只考虑了其中的一个方面；在ILWGA算子和IL-OWG算子中同样如此。因此，本章将提出另外两种新的直觉语言集结算子，即直觉语言混合平均（ILHA）算子和直觉语言混合几何（ILHG）算子。ILHA算子和ILHG算子的共同特点是：首先对直觉语言数本身进行加权，然后按照从大到小的顺序对这些加权数据进行排序，最后按照这些加权数据所处的位置进行加权集结。ILHA算子同时推广了ILWAA算子和ILOWA算子，而ILHG算子同时推广了ILWGA算子和ILOWG算子，不仅反映了直觉语言数本身的重要性程度，也反映了这些数据所处位置的重要性程度。新提出的几种算子均可用于单人决策情形和群决策情形。

基于上述分析，本章内容安排如下：2. 1节介绍直觉语言数及其相关概念；2. 2节定义几种新的直觉语言集结算子，包括ILOWA算子、ILOWG算子、ILHA算子和ILHG算子，并建立这些算子的若干性质；鉴于ILHA算子和ILHG算子的优点，2. 3节将这两种算子应用于多准则决策中。在单人决策情形下，提出一种基于ILHA算子（或ILHG算子）的直觉语言多准则决策方法；在群决策情形下，提出一种基于ILHA算子和ILWAA算子（或ILHG算子和ILWGA算子）的直觉语言多准则群决策方法，并分别进行实例分析；2. 4节对本章进行小结。

# 2.1 直觉语言数及其相关概念

## 2.1.1 直觉语言数

假设 $S_1 = \{s_\theta \mid \theta = 0,1,\cdots,2l\}$ ，其中 $l$ 是正整数，$s_\theta$ 表示一个语言变量的可能取值（语言短语），且满足下列条件[18,67]：

（1）如果 $a>b$，则 $s_a>s_b$；

（2）存在负算子：$\mathrm{neg}\,(s_a) = s_b$ ，使得 $a+b=2l$。

那么，称 $S_1$ 为一个离散的加性语言短语集。

例如，当 $l=4$ 时，$S_1$ 可定义为：

$S_1=$ ｛$s_0=$极差，$s_1=$很差，$s_2=$差，$s_3=$略差，$s_4=$一般，$s_5=$略好，$s_6=$好，$s_7=$很好，$s_8=$极好｝。

考虑到信息集结过程中方便计算，并避免丢失决策信息，Xu[140]将离散的加性语言短语集 $S_1$ 拓展到连续的加性语言短语集 $\bar{S}_1 = \{s_\theta \mid \theta \in [0,q]\}$ ，其中$q(q>2l)$是一个充分大的正整数。如果$s_\theta \in S_1$，则称$s_\theta$为本原短语；否则，称$s_\theta$为虚拟短语。拓展后的语言标度仍满足上述条件（1）和（2）。

设$s_a$，$s_b$，$s_\theta \in \bar{S}_1$，上述语言标度具有下列运算法则[67]：

（1）$s_a \oplus s_b = s_{a+b}$；

（2）$\lambda s_\theta = s^{\lambda\theta}$，$\lambda \in [0,1]$。

由于用语言标度表示决策信息时没有反映出决策者对他/她给出的语言评价的信心程度，为克服此缺陷，王和李[64]在直觉模糊集[36]的基础上将上述语言标度进行拓展，定义了直觉语言数集及其相关概念。

**定义 2—1**[64]　设$X$为一个论域，$s_{\theta(x)} \in \bar{S}_1$，则$X$上的一个直觉语言数集$A$被定义为

$$A=\{(x,\langle s_{\theta(x)},\mu_A(x),\nu_A(x)\rangle) \mid x \in X\}$$

其中

$$s_\theta : X \to \bar{S}_1, x \mapsto s_{\theta(x)}$$
$$\mu_A : X \to [0,1], x \mapsto \mu_A(x)$$
$$\nu_A : X \to [0,1], x \mapsto \nu_A(x)$$

函数$\mu_A(x)$和$\nu_A(x)$分别表示$X$中元素$x$属于语言评价值$s_{\theta(x)}$的隶属度和非隶属度，且对所有元素$x \in X$均满足条件

$$0 \leqslant \mu_A(x)+\nu_A(x) \leqslant 1$$

设

$$\pi^A(x)=1-\mu_A(x)-\nu_A(x), x \in X$$

则称$\pi^A(x)$为$X$中元素$x$属于语言评价值$s_{\theta(x)}$的犹豫度或不确定度。

当$\mu_A(x)=1$，$\nu_A(x)=0$时，直觉语言数集退化为语言短语集。

为了方便，王和李[64]称$\beta=\langle s_{\theta(\beta)},\mu(\beta),\nu(\beta)\rangle$为一个直觉语言数，其中$s_{\theta(x)} \in \bar{S}_1$，$\mu(\beta) \in [0,1]$，$\nu(\beta) \in [0,1]$，$\mu(\beta)+\nu(\beta) \leqslant 1$。并记$\Omega$为所有直觉语言数的集合。

显然，直觉语言数同时推广了语言标度和直觉模糊数，在表达决策信息时比语言标度和直觉模糊数更细致更实用。

下面给出直觉语言数的加性运算法则。

**定义 2—2**[64]　设$\beta_1=\langle s_{\theta(\beta_1)},\mu(\beta_1),\nu(\beta_1)\rangle$和$\beta_2=\langle s_{\theta(\beta_2)},\mu(\beta_2),\nu(\beta_2)\rangle$为

两个直觉语言数，则

(1) $\beta_1 \oplus \beta_2 = \left\langle s_{\theta(\beta_1)+\theta(\beta_2)}, \dfrac{\theta(\beta_1)\mu(\beta_1)+\theta(\beta_2)\mu(\beta_2)}{\theta(\beta_1)+\theta(\beta_2)}, \dfrac{\theta(\beta_1)\nu(\beta_1)+\theta(\beta_2)\nu(\beta_2)}{\theta(\beta_1)+\theta(\beta_2)} \right\rangle$；

(2) $\lambda\beta_1 = \langle s_{\lambda\theta(\beta_1)}, \mu(\beta_1), \nu(\beta_1) \rangle, \lambda \in [0,1]$。

容易证明，上述运算结果仍为直觉语言数。从定义 2—2 可知，上述运算法则满足下列运算律：

(1) $\beta_1 \oplus \beta_2 = \beta_2 \oplus \beta_1$；

(2) $(\beta_1 \oplus \beta_2) \oplus \beta_3 = \beta_1 \oplus (\beta_2 \oplus \beta_3)$；

(3) $\lambda(\beta_1 \oplus \beta_2) = \lambda\beta_1 \oplus \lambda\beta_2, \lambda \in [0,1]$；

(4) $\lambda_1\beta_1 \oplus \lambda_2\beta_1 = (\lambda_1+\lambda_2)\beta_1, \lambda_1, \lambda_2 \in [0,1]$。

## 2.1.2 直觉语言数的比较

设 $\beta = \langle s_{\theta(\beta)}, \mu(\beta), \nu(\beta) \rangle$ 为一个直觉语言数，由直觉语言数的定义可知，决策者对语言评价值 $s_{\theta(\beta)}$ 完全有把握的程度为 $\mu(\beta)$，完全没有把握的程度为 $\nu(\beta)$，犹豫的程度为 $1-\mu(\beta)-\nu(\beta)$，即决策者对语言评价值 $s_{\theta(\beta)}$ 的信心程度为区间数 $[\mu(\beta), 1-\nu(\beta)]$，故实际的准则值在 $s_{\theta(\beta)\mu(\beta)}$ 和 $s_{\theta(\beta)(1-\nu(\beta))}$ 之间波动，即属于区间语言数 $[s_{\theta(\beta)\mu(\beta)}, s_{\theta(\beta)(1-\nu(\beta))}]$。根据这一分析，为了对直觉语言数进行比较，王和李[64]先定义了直觉语言数的极大期望值、极小期望值和折衷期望值，然后利用折衷期望值定义了直觉语言数的记分函数和精确函数，但这两个函数较复杂。为此，本章定义一个新的记分函数和一个新的精确函数。

**定义 2—3** 设 $\beta = \langle s_{\theta(\beta)}, \mu(\beta), \nu(\beta) \rangle$ 为一个直觉语言数，则 $\beta$ 的记分值可用一个新的记分函数 $h(\beta)$ 计算：

$$h(\beta) = \theta(\beta)(1+\mu(\beta)-\nu(\beta)) \tag{2—1}$$

显然，$h(\beta) \in [0, 2q]$。

**定义 2—4** 设 $\beta = \langle s_{\theta(\beta)}, \mu(\beta), \nu(\beta) \rangle$ 为一个直觉语言数，则 $\beta$ 的精确度可用一个新的精确函数 $H(\beta)$ 计算：

$$H(\beta) = \theta(\beta)(1-\mu(\beta)-\nu(\beta)) \tag{2—2}$$

显然，$H(\beta) \in [0, q]$。

Hong 和 Choi[39] 指出：记分函数和精确函数之间的关系类似于统计中均值和均方差的关系。因此，根据均值—方差准则，基于记分函数 $h(\beta)$ 和精确

函数 $H(\beta)$，以下给出一种直觉语言数的比较与排序方法。

**定义 2—5** 设 $\beta_1 = \langle s_{\theta(\beta_1)}, \mu(\beta_1), \nu(\beta_1) \rangle$ 和 $\beta_2 = \langle s_{\theta(\beta_2)}, \mu(\beta_2), \nu(\beta_2) \rangle$ 为两个直觉语言数，则

(1) 如果 $h(\beta_1) < h(\beta_2)$，则 $\beta_1$ 小于 $\beta_2$，记作 $\beta_1 < \beta_2$；

(2) 如果 $h(\beta_1) = h(\beta_2)$，则有：

①如果 $H(\beta_1) = H(\beta_2)$，则 $\beta_1$ 等于 $\beta_2$，记作 $\beta_1 = \beta_2$；

②如果 $H(\beta_1) < H(\beta_2)$，则 $\beta_1$ 大于 $\beta_2$，记作 $\beta_1 > \beta_2$；

③如果 $H(\beta_1) > H(\beta_2)$，则 $\beta_1$ 小于 $\beta_2$，记作 $\beta_1 < \beta_2$。

## 2.2 直觉语言数集结算子

以下分别从算术集结和几何集结的角度提出直觉语言信息集结算子，以适应不同的决策环境。

### 2.2.1 直觉语言数算术集结算子

在定义 2—2 的基础上，王和李[64]将 WAA 算子[136]拓展至直觉语言环境下，定义了一种直觉语言数算术集结算子，即 ILWAA 算子。下面在 ILWAA 算子的基础上提出两种新的直觉语言数算术集结算子，即 ILOWA 算子和 ILHA 算子。

**定义 2—6**[64] 设 $\beta_j = \langle s_{\theta(\beta_j)}, \mu(\beta_j), \nu(\beta_j) \rangle (j = 1,2,\cdots,n)$ 为一组直觉语言数，令 ILWAA：$\Omega^n \rightarrow \Omega$，且

$$\mathrm{ILWAA}_w(\beta_1, \beta_2, \cdots, \beta_n) = w_1\beta_1 \oplus w_2\beta_2 \oplus \cdots \oplus w_n\beta_n \quad (2-3)$$

则称 ILWAA 为直觉语言加权平均（ILWAA）算子，其中 $\boldsymbol{w} = (w_1, w_2, \cdots, w_n)^{\mathrm{T}}$ 为 $\beta_j (j = 1,2,\cdots,n)$ 的加权向量，且满足 $w_j \in [0,1] (j = 1,2,\cdots,n)$ 和 $\sum_{j=1}^{n} w_j = 1$。特别地，如果 $\boldsymbol{w} = (1/n, 1/n, \cdots, 1/n)^{\mathrm{T}}$，则 ILWAA 算子退化为直觉语言平均（ILAA）算子：

$$\mathrm{ILAA}_w(\beta_1, \beta_2, \cdots, \beta_n) = \frac{1}{n}(\beta_1 \oplus \beta_2 \oplus \cdots \oplus \beta_n) \quad (2-4)$$

**定理 2—1**[64] 设 $\beta_j = \langle s_{\theta(\beta_j)}, \mu(\beta_j), \nu(\beta_j) \rangle (j = 1,2,\cdots,n)$ 为一组直觉语言数，$\boldsymbol{w} = (w_1, w_2, \cdots, w_n)^{\mathrm{T}}$ 为 $\beta_j (j = 1,2,\cdots,n)$ 的加权向量，满足 $w_j \in [0,$

$1](j=1,2,\cdots,n)$ 和 $\sum_{j=1}^{n} w_j = 1$，则由 ILWAA 算子集结得到的结果仍为直觉语言数，且有下式成立：

$$\mathrm{ILWAA}_w(\beta_1,\beta_2,\cdots,\beta_n)=\left\langle s_{\sum_{j=1}^{n} w_j\theta(\beta_j)},\frac{\sum_{j=1}^{n} w_j\theta(\beta_j)\mu(\beta_j)}{\sum_{j=1}^{n} w_j\theta(\beta_j)},\frac{\sum_{j=1}^{n} w_j\theta(\beta_j)\nu(\beta_j)}{\sum_{j=1}^{n} w_j\theta(\beta_j)}\right\rangle \tag{2-5}$$

**证明**：显然，根据定义 2—2 可知，由 ILWAA 算子集结得到的结果仍为直觉语言数。下面用数学归纳法证明式（2—5）。

（1）当 $n=2$ 时，因为

$$w_1\beta_1=\langle s_{w_1\theta(\beta_1)},\mu(\beta_1),\nu(\beta_1)\rangle,w_2\beta_2=\langle s_{w_2\theta(\beta_2)},\mu(\beta_2),\nu(\beta_2)\rangle$$

则

$$\mathrm{ILWAA}_w(\beta_1,\beta_2)=w_1\beta_1\oplus w_2\beta_2$$

$$=\left\langle s_{w_1\theta(\beta_1)+w_2\theta(\beta_2)},\frac{w_1\theta(\beta_1)\mu(\beta_1)+w_2\theta(\beta_2)\mu(\beta_2)}{w_1\theta(\beta_1)+w_2\theta(\beta_2)},\frac{w_1\theta(\beta_1)\nu(\beta_1)+w_2\theta(\beta_2)\nu(\beta_2)}{w_1\theta(\beta_1)+w_2\theta(\beta_2)}\right\rangle$$

$$=\left\langle s_{\sum_{j=1}^{2} w_j\theta(\beta_j)},\frac{\sum_{j=1}^{2} w_j\theta(\beta_j)\mu(\beta_j)}{\sum_{j=1}^{2} w_j\theta(\beta_j)},\frac{\sum_{j=1}^{2} w_j\theta(\beta_j)\nu(\beta_j)}{\sum_{j=1}^{2} w_j\theta(\beta_j)}\right\rangle$$

（2）假设当 $n=k$ 时式（2—5）成立，即

$$\mathrm{ILWAA}_w(\beta_1,\beta_2,\cdots,\beta_k)=\left\langle s_{\sum_{j=1}^{k} w_j\theta(\beta_j)},\frac{\sum_{j=1}^{k} w_j\theta(\beta_j)\mu(\beta_j)}{\sum_{j=1}^{k} w_j\theta(\beta_j)},\frac{\sum_{j=1}^{k} w_j\theta(\beta_j)\nu(\beta_j)}{\sum_{j=1}^{k} w_j\theta(\beta_j)}\right\rangle$$

那么当 $n=k+1$ 时，由定义 2—2 可得

$$\mathrm{ILWAA}_w(\beta_1,\beta_2,\cdots,\beta_k,\beta_{k+1})$$

$$= \left\langle s_{\sum_{j=1}^{k} w_j\theta(\beta_j)}, \frac{\sum_{j=1}^{k} w_j\theta(\beta_j)\mu(\beta_j)}{\sum_{j=1}^{k} w_j\theta(\beta_j)}, \frac{\sum_{j=1}^{k} w_j\theta(\beta_j)\nu(\beta_j)}{\sum_{j=1}^{k} w_j\theta(\beta_j)} \right\rangle \oplus w_{k+1}\langle s_{\theta(\beta_{k+1})},$$

$$\mu(\beta_{k+1}),\nu(\beta_{k+1})\rangle$$

$$= \left\langle s_{\sum_{j=1}^{k} w_j\theta(\beta_j)+w_{k+1}\theta(\beta_{k+1})}, \frac{\sum_{j=1}^{k} w_j\theta(\beta_j)\mu(\beta_j)+w_{k+1}\theta(\beta_{k+1})\mu(\beta_{k+1})}{\sum_{j=1}^{k} w_j\theta(\beta_j)+w_{k+1}\theta(\beta_{k+1})}, \right.$$

$$\left. \frac{\sum_{j=1}^{k} w_j\theta(\beta_j)\nu(\beta_j)+w_{k+1}\theta(\beta_{k+1})\nu(\beta_{k+1})}{\sum_{j=1}^{k} w_j\theta(\beta_j)+w_{k+1}\theta(\beta_{k+1})} \right\rangle$$

$$= \left\langle s_{\sum_{j=1}^{k+1} w_j\theta(\beta_j)}, \frac{\sum_{j=1}^{k+1} w_j\theta(\beta_j)\mu(\beta_j)}{\sum_{j=1}^{k+1} w_j\theta(\beta_j)}, \frac{\sum_{j=1}^{k+1} w_j\theta(\beta_j)\nu(\beta_j)}{\sum_{j=1}^{k+1} w_j\theta(\beta_j)} \right\rangle$$

即证当 $n=k+1$ 时式（2—5）也成立。

因此，由（1）和（2）可得，式（2—5）对任何正整数 $n$ 都成立。定理证毕。

考虑到 ILWAA 算子仅根据直觉语言数本身的重要性进行加权集结，应用范围有限，下面提出一种新的直觉语言数算术集结算子，即 ILOWA 算子，且建立它的若干性质。

**定义 2—7** 设 $\beta_j = \langle s_{\theta(\beta_j)}, \mu(\beta_j), \nu(\beta_j)\rangle (j=1,2,\cdots,n)$ 为一组直觉语言数。直觉语言有序加权（ILOWA）算子是一个映射 ILOWA：$\Omega^n \to \Omega$，使得

$$\mathrm{ILOWA}_{\boldsymbol{\omega}}(\beta_1,\beta_2,\cdots,\beta_n) = \omega_1\beta_{\tau(1)} \oplus \omega_2\beta_{\tau(2)} \oplus \cdots \oplus \omega_n\beta_{\tau(n)} \quad (2-6)$$

其中，$\boldsymbol{\omega} = (\omega_1,\omega_2,\cdots,\omega_n)^{\mathrm{T}}$ 是与 ILOWA 相关联的位置加权向量，满足 $\omega_j \in [0,1] (j=1,2,\cdots,n)$ 和 $\sum_{j=1}^{n}\omega_j = 1$；$(\tau(1),\tau(2),\cdots,\tau(n))$ 是 $(1,2,\cdots,n)$ 的一个置换，使得对任意 $j$ 满足 $\beta_{\tau(j-1)} \geqslant \beta_{\tau(j)}$。特别地，如果 $\boldsymbol{\omega} = (1/n,1/n,\cdots,1/n)^{\mathrm{T}}$，则 ILOWA 算子退化为 ILAA 算子。

ILOWA 算子的根本特点是：先对直觉语言数 $\beta_1$，$\beta_2$，…，$\beta_n$ 按从大到小的顺序进行排序，再利用位置加权向量 $\boldsymbol{\omega}$ 对排序后的数据进行加权集结，其中元素 $\beta_r$ 与 $\omega_r$ 没有任何联系，$\omega_r$ 只与集结过程中的第 $r$ 个位置有关。有关加权向量 $\boldsymbol{\omega}$ 可以利用类似于求 OWA[132] 加权向量的方法确定（如可以利用基于正态分布的赋权方法求取[191]）。

类似于定理 2—1，有下面的定理成立。

**定理 2—2** 设 $\beta_j=\langle s_{\theta(\beta_j)},\mu(\beta_j),\nu(\beta_j)\rangle(j=1,2,\cdots,n)$ 为一组直觉语言数，则由 ILOWA 算子集结得到的结果仍为直觉语言数，且有

$$\mathrm{ILOWA}_{\omega}(\beta_1,\beta_2,\cdots,\beta_n)$$

$$=\left\langle s_{\sum\limits_{j=1}^{n}\omega_j\theta(\beta_{\tau(j)})},\frac{\sum\limits_{j=1}^{n}\omega_j\theta(\beta_{\tau(j)})\mu(\beta_{\tau(j)})}{\sum\limits_{j=1}^{n}\omega_j\theta(\beta_{\tau(j)})},\frac{\sum\limits_{j=1}^{n}\omega_j\theta(\beta_{\tau(j)})\nu(\beta_{\tau(j)})}{\sum\limits_{j=1}^{n}\omega_j\theta(\beta_{\tau(j)})}\right\rangle \tag{2-7}$$

其中 $\boldsymbol{\omega}=(\omega_1,\omega_2,\cdots,\omega_n)^{\mathrm{T}}$ 是与 ILOWA 相关联的位置加权向量，满足 $\omega_j\in[0,1](j=1,2,\cdots,n)$ 和 $\sum\limits_{j=1}^{n}\omega_j=1$。

**例 2—1** 设 $\beta_1=\langle s_2,0.7,0.1\rangle,\beta_2=\langle s_6,0.8,0.1\rangle,\beta_3=\langle s_4,0.9,0.1\rangle,\beta_4=\langle s_5,0.7,0.2\rangle$ 和 $\beta_5=\langle s_3,0.6,0.3\rangle$ 均为直觉语言数，$\boldsymbol{\omega}=(0.1117,0.2365,0.3036,0.2365,0.1117)^{\mathrm{T}}$ 是与 ILOWA 相关的位置加权向量（由基于正态分布的赋权方法得到[191]），则

$$s_{\theta(\beta_1)}=s_2,\mu(\beta_1)=0.7,\nu(\beta_1)=0.1,$$
$$s_{\theta(\beta_2)}=s_6,\mu(\beta_2)=0.8,\nu(\beta_2)=0.1,$$
$$s_{\theta(\beta_3)}=s_4,\mu(\beta_3)=0.9,\nu(\beta_3)=0.1,$$
$$s_{\theta(\beta_4)}=s_5,\mu(\beta_4)=0.7,\nu(\beta_4)=0.2,$$
$$s_{\theta(\beta_5)}=s_3,\mu(\beta_5)=0.6,\nu(\beta_5)=0.3$$

利用式（2—1）计算得到 $\beta_j(j=1,2,\cdots,5)$ 的记分值为

$h(\beta_1)=3.2,h(\beta_2)=10.2,h(\beta_3)=7.2,h(\beta_4)=7.5,h(\beta_5)=3.9$

因为

$$h(\beta_2)>h(\beta_4)>h(\beta_3)>h(\beta_5)>h(\beta_1)$$

则

$$\beta_{\tau(1)}=\langle s_6,0.8,0.1\rangle,\beta_{\tau(2)}=\langle s_5,0.7,0.2\rangle,\beta_{\tau(3)}=\langle s_4,0.9,0.1\rangle,$$
$$\beta_{\tau(4)}=\langle s_3,0.6,0.3\rangle,\beta_{\tau(5)}=\langle s_2,0.7,0.1\rangle$$

于是，根据式（2—7）可得

$\mathrm{ILOWA}_{\boldsymbol{\omega}}(\beta_1,\beta_2,\beta_3,\beta_4,\beta_5)$

$$=\left\langle s_{\sum_{j=1}^{5}\omega_j\theta(\beta_{\tau(j)})},\frac{\sum_{j=1}^{5}\omega_j\theta(\beta_{\tau(j)})\mu(\beta_{\tau(j)})}{\sum_{j=1}^{5}\omega_j\theta(\beta_{\tau(j)})},\frac{\sum_{j=1}^{5}\omega_j\theta(\beta_{\tau(j)})\nu(\beta_{\tau(j)})}{\sum_{j=1}^{5}\omega_j\theta(\beta_{\tau(j)})}\right\rangle$$

$$=\langle s_{4.0000},0.7597,0.1650\rangle$$

ILOWA 算子具有下列优良性质：

**定理 2—3** 设 $\beta_j=\langle s_{\theta(\beta_j)},\mu(\beta_j),\nu(\beta_j)\rangle(j=1,2,\cdots,n)$ 为一组直觉语言数，$\boldsymbol{\omega}=(\omega_1,\omega_2,\cdots,\omega_n)^{\mathrm{T}}$ 是与 ILOWA 相关的位置权重向量，满足 $\omega_j\in[0,1](j=1,2,\cdots,n)$ 和 $\sum_{j=1}^{n}\omega_j=1$，则

（1）（幂等性）如果所有直觉语言数 $\beta_j(j=1,2,\cdots,n)$ 都相等，即 $\beta_j=\beta(j=1,2,\cdots,n)$，则

$$\mathrm{ILOWA}_{\boldsymbol{\omega}}(\beta_1,\beta_2,\cdots,\beta_n)=\beta$$

（2）（有界性）

$$\beta^-\leqslant\mathrm{ILOWA}_{\boldsymbol{\omega}}(\beta_1,\beta_2,\cdots,\beta_n)\leqslant\beta^+$$

其中

$$\beta^-=\left\langle\min_j\{s_{\theta(\beta_j)}\},\ \min_j\{\mu(\beta_j)\},\ \max_j\{\nu(\beta_j)\}\right\rangle$$

$$\beta^+=\left\langle\max_j\{s_{\theta(\beta_j)}\},\ \max_j\{\mu(\beta_j)\},\ \min_j\{\nu(\beta_j)\}\right\rangle$$

（3）（单调性）设 $\beta_j^*=\langle s_{\theta(\beta_j^*)},\mu(\beta_j^*),\nu(\beta_j^*)\rangle(j=1,2,\cdots,n)$ 为一组直觉语言数，如果对所有 $j$ 有 $\beta_j\leqslant\beta_j^*$，则

$$\mathrm{ILOWA}_{\boldsymbol{\omega}}(\beta_1,\beta_2,\cdots,\beta_n)\leqslant\mathrm{ILOWA}_{\boldsymbol{\omega}}(\beta_1^*,\beta_2^*,\cdots,\beta_n^*)$$

（4）（置换不变性）设 $\tilde{\beta}_j=\langle s_{\theta(\tilde{\beta}_j)},\mu(\tilde{\beta}_j),\nu(\tilde{\beta}_j)\rangle(j=1,2,\cdots,n)$ 为一组直觉语言数,则

$$\mathrm{ILOWA}_{\boldsymbol{\omega}}(\beta_1,\beta_2,\cdots,\beta_n)=\mathrm{ILOWA}_{\boldsymbol{\omega}}(\tilde{\beta}_1,\tilde{\beta}_2,\cdots,\tilde{\beta}_n)$$

其中 $(\widetilde{\beta}_1,\widetilde{\beta}_2,\cdots,\widetilde{\beta}_n)$ 是 $(\beta_1,\beta_2,\cdots,\beta_n)$ 的任一置换。

**定理 2—4** 设 $\beta_j=\langle s_{\theta(\beta_j)},\mu(\beta_j),\nu(\beta_j)\rangle(j=1,2,\cdots,n)$ 为一组直觉语言数，$\boldsymbol{\omega}=(\omega_1,\omega_2,\cdots,\omega_n)^{\mathrm{T}}$ 是与 ILOWA 相关的位置权重向量，满足 $\omega_j\in[0,1](j=1,2,\cdots,n)$ 和 $\sum_{j=1}^{n}\omega_j=1$，则

（1）如果 $\boldsymbol{\omega}=(1,0,\cdots,0)^{\mathrm{T}}$，则

$$\mathrm{ILOWA}_{\boldsymbol{\omega}}(\beta_1,\beta_2,\cdots,\beta_n)=\max_j\{\beta_j\}$$

（2）如果 $\boldsymbol{\omega}=(0,0,\cdots,1)^{\mathrm{T}}$，则

$$\mathrm{ILOWA}_{\boldsymbol{\omega}}(\beta_1,\beta_2,\cdots,\beta_n)=\min_j\{\beta_j\}$$

（3）如果 $\omega_j=1$，$\omega_r=0$，$r\neq j$，则

$$\mathrm{ILOWA}_{\boldsymbol{\omega}}(\beta_1,\beta_2,\cdots,\beta_n)=\beta_{\tau(j)}$$

其中 $\beta_{\tau(j)}$ 为 $\beta_r(r=1,2,\cdots,n)$ 中第 $j$ 个最大的直觉语言数。

从定义 2—6 和定义 2—7 可知，ILWAA 算子仅对直觉语言数本身加权，没有考虑直觉语言数所在位置的权重，而 ILOWA 算子仅对直觉语言数重新排序后所在的位置进行加权，没有考虑直觉语言数本身的重要性。为克服上述缺陷，下面提出另一种新的直觉语言数算术集结算子，即 ILHA 算子。

**定义 2—8** 设 $\beta_j=\langle s_{\theta(\beta_j)},\mu(\beta_j),\nu(\beta_j)\rangle(j=1,2,\cdots,n)$ 为一组直觉语言数。直觉语言混合加权算子（ILHA）是一个映射 ILHA：$\Omega^n\to\Omega$，使得

$$\mathrm{ILHA}_{w,\boldsymbol{\omega}}(\beta_1,\beta_2,\cdots,\beta_n)=\omega_1\beta'_{\tau(1)}\oplus\omega_2\beta'_{\tau(2)}\oplus\cdots\oplus\omega_n\beta'_{\tau(n)} \tag{2—8}$$

其中 $\boldsymbol{\omega}=(\omega_1,\omega_2,\cdots,\omega_n)^{\mathrm{T}}$ 是与 ILHA 相关的位置权重向量，满足 $\omega_j\in[0,1](j=1,2,\cdots,n)$ 和 $\sum_{j=1}^{n}\omega_j=1$。$\beta'_{\tau(j)}$ 是加权的直觉语言数组 $(nw_1\beta_1, nw_2\beta_2,\cdots,nw_n\beta_n)$ 中第 $j$ 个最大的元素，$\boldsymbol{w}=(w_1,w_2,\cdots,w_n)^{\mathrm{T}}$ 是 $\beta_j(j=1,2,\cdots,n)$ 的加权向量，满足 $w_j\in[0,1](j=1,2,\cdots,n)$ 和 $\sum_{j=1}^{n}w_j=1$，$n$ 是平衡系数。

**定理 2—5** 设 $\beta_j=\langle s_{\theta(\beta_j)},\mu(\beta_j),\nu(\beta_j)\rangle(j=1,2,\cdots,n)$ 为一组直觉语言数，$\beta'_{\tau(j)}=\langle s_{\theta(\beta'_{\tau(j)})},\mu(\beta'_{\tau(j)}),\nu(\beta'_{\tau(j)})\rangle(j=1,2,\cdots,n)$，则

$\mathrm{ILHA}_{w,\boldsymbol{\omega}}(\beta_1,\beta_2,\cdots,\beta_n)$

$$= \left\langle s_{\sum_{j=1}^{n}\omega_j\theta(\beta'_{\tau(j)})}, \frac{\sum_{j=1}^{n}\omega_j\theta(\beta'_{\tau(j)})\mu(\beta'_{\tau(j)})}{\sum_{j=1}^{n}\omega_j\theta(\beta'_{\tau(j)})}, \frac{\sum_{j=1}^{n}\omega_j\theta(\beta'_{\tau(j)})\nu(\beta'_{\tau(j)})}{\sum_{j=1}^{n}\omega_j\theta(\beta'_{\tau(j)})} \right\rangle \tag{2-9}$$

且由 ILHA 算子集结得到的结果仍为直觉语言数。

**例 2—2** 设 $\beta_1 = \langle s_4, 0.8, 0.1\rangle, \beta_2 = \langle s_6, 0.7, 0.2\rangle, \beta_3 = \langle s_5, 0.9, 0.1\rangle, \beta_4 = \langle s_3, 0.7, 0.1\rangle$ 和 $\beta_5 = \langle s_3, 0.8, 0.2\rangle$ 均为直觉语言数，$\boldsymbol{w} = (0.22, 0.26, 0.15, 0.17, 0.20)^{\mathrm{T}}$ 是 $\beta_j (j = 1,2,\cdots,5)$ 的加权向量，计算 $\mathrm{ILHA}_{w,\omega}(\beta_1, \beta_2, \beta_3, \beta_4, \beta_5)$。

首先，根据定义 2—2 中的运算法则，求得加权的直觉语言数为

$$\beta'_1 = \langle s_{4.40}, 0.8, 0.1\rangle, \beta'_2 = \langle s_{7.80}, 0.7, 0.2\rangle, \beta'_3 = \langle s_{3.75}, 0.9, 0.1\rangle,$$
$$\beta'_4 = \langle s_{2.55}, 0.7, 0.1\rangle, \beta'_5 = \langle s_{3.00}, 0.8, 0.2\rangle$$

又由式（2—1）求得 $\beta'_j (j = 1,2,\cdots,5)$ 的记分值为

$$h(\beta'_1) = 7.48, h(\beta'_2) = 11.70, h(\beta'_3) = 6.75, h(\beta'_4) = 4.08, h(\beta'_5) = 4.80$$

因为

$$h(\beta'_2) > h(\beta'_1) > h(\beta'_3) > h(\beta'_5) > h(\beta'_4)$$

则

$$\beta'_{\tau(1)} = \langle s_{7.80}, 0.7, 0.2\rangle, \beta'_{\tau(2)} = \langle s_{4.40}, 0.8, 0.1\rangle, \beta'_{\tau(3)} = \langle s_{3.75}, 0.9, 0.1\rangle,$$
$$\beta'_{\tau(4)} = \langle s_{3.00}, 0.8, 0.2\rangle, \beta'_{\tau(5)} = \langle s_{2.55}, 0.7, 0.1\rangle$$

假设利用基于正态分布的赋权法[191]得到与 ILHA 相关的位置权重向量为 $\omega = (0.1117, 0.2365, 0.3036, 0.2365, 0.1117)^{\mathrm{T}}$，则根据式（2—9）可得：

$\mathrm{ILHA}_{w,\omega}(\beta_1, \beta_2, \beta_3, \beta_4, \beta_5)$

$$= \left\langle s_{\sum_{j=1}^{5}\omega_j\theta(\beta'_{\tau(j)})}, \frac{\sum_{j=1}^{5}\omega_j\theta(\beta'_{\tau(j)})\mu(\beta'_{\tau(j)})}{\sum_{j=1}^{5}\omega_j\theta(\beta'_{\tau(j)})}, \frac{\sum_{j=1}^{5}\omega_j\theta(\beta'_{\tau(j)})\nu(\beta'_{\tau(j)})}{\sum_{j=1}^{5}\omega_j\theta(\beta'_{\tau(j)})} \right\rangle$$

$= \langle s_{4.0447}, 0.7996, 0.1391\rangle$。

**定理 2—6** 如果 $\boldsymbol{\omega} = (1/n, 1/n, \cdots, 1/n)^{\mathrm{T}}$，则 ILHA 算子退化为 ILWAA 算子。

**证明：** 因 $\boldsymbol{\omega} = (1/n, 1/n, \cdots, 1/n)^{\mathrm{T}}$，则

$\mathrm{ILHA}_{w,\omega}(\beta_1, \beta_2, \cdots, \beta_n) = \omega_1\beta'_{\tau(1)} \oplus \omega_2\beta'_{\tau(2)} \oplus \cdots \oplus \omega_n\beta'_{\tau(n)}$

$$= \frac{1}{n}(\beta'_1 \oplus \beta'_2 \oplus \cdots \oplus \beta'_n)$$
$$= w_1\beta_1 \oplus w_2\beta_2 \oplus \cdots \oplus w_n\beta_n$$
$$= \mathrm{ILWAA}_w(\beta_1, \beta_2, \cdots, \beta_n)$$

定理证毕。

**定理 2－7** 如果 $w = (1/n, 1/n, \cdots, 1/n)^{\mathrm{T}}$，则 ILHA 算子退化为 ILOWA算子。

**证明：** 因 $w = (1/n, 1/n, \cdots, 1/n)^{\mathrm{T}}$，则 $\beta'_j = \beta_j (j = 1, 2, \cdots, n)$，且

$$\mathrm{ILHA}_{w,\omega}(\beta_1, \beta_2, \cdots, \beta_n) = \omega_1\beta'_{\tau(1)} \oplus \omega_2\beta'_{\tau(2)} \oplus \cdots \oplus \omega_n\beta'_{\tau(n)}$$
$$= \omega_1\beta_{\tau(1)} \oplus \omega_2\beta_{\tau(2)} \oplus \cdots \oplus \omega_n\beta_{\tau(n)}$$
$$= \mathrm{ILOWA}_{\omega}(\beta_1, \beta_2, \cdots, \beta_n)$$

定理证毕。

显然，ILHA 算子同时推广了 ILWAA 算子和 ILOWA 算子，既考虑了直觉语言数本身的重要性程度，又考虑了直觉语言数重新排序后所在位置的重要性程度。

## 2.2.2 直觉语言数几何集结算子

当决策者利用积性语言标度[75]进行决策时，需要用几何类算子集结决策信息。类似于 2.2.1 节，下面提出几种直觉语言数几何集结算子，即 IL-OWG 算子和 ILHG 算子。

假设 $S_2 = \{s_\theta \mid \theta = 1/l, \cdots, 1/2, 1, 2, \cdots, l\}$，其中 $l$ 是一个正整数，$s_\theta$ 表示一个语言变量的可能取值（语言短语），且满足下列条件[75]：

（1）如果 $a > b$，则 $s_a > s_b$；

（2）存在互反算子：$\mathrm{rec}(s_a) = s_b$，使得 $ab = 1$。

那么，称 $S_2$ 为一个离散的积性语言短语集。

例如，当 $l = 5$ 时，$S_2$ 可定义为：

$S_2 = \{s_{1/5} =$ 极差$, s_{1/4} =$ 很差$, s_{1/3} =$ 差$, s_{1/2} =$ 略差$, s_1 =$ 一般$, s_2 =$ 略好$, s_3 =$ 好$, s_4 =$ 很好$, s_5 =$ 极好$\}$

为方便计算，并避免丢失决策信息，徐[75]将离散的积性语言短语集 $S_2$ 拓展到连续的积性语言短语集 $\bar{S}_2 = \{s_\theta \mid \theta \in [1/q, q]\}$，其中 $q(q > l)$ 是一个充分大的正整数。如果 $s_\theta \in S_2$，则称 $s_\theta$ 为本原短语；否则，称 $s_\theta$ 为虚拟短

语。拓展后的语言标度仍满足上述条件（1）和（2）。

设 $s_a$，$s_b$，$s_\theta \in \bar{S}_2$，上述语言标度具有下列运算法则[75]：

（1）$s_a \otimes s_b = s_{ab}$；

（2）$(s_\theta)^\lambda = s_{\theta^\lambda}$，$\lambda \in [0, 1]$。

将定义 2－1、定义 2－3 和定义 2－4 中的加性语言标度替换为积性语言标度，类似可定义直觉语言数及其记分函数和精确函数，且定义 2－5 提出的直觉语言数的比较与排序方法仍然是有效的。为了方便，以下仍沿用相关符号。

下面给出直觉语言数的积性运算法则[64]：

**定义 2－9**[64]　设 $\beta_1 = \langle s_{\theta(\beta_1)}, \mu(\beta_1), \nu(\beta_1) \rangle$ 和 $\beta_2 = \langle s_{\theta(\beta_2)}, \mu(\beta_2), \nu(\beta_2) \rangle$ 为两个直觉语言数，则

(1) $\beta_1 \otimes \beta_2 = \langle s_{\theta(\beta_1)\theta(\beta_2)}, \mu(\beta_1)\mu(\beta_2), \nu(\beta_1) + \nu(\beta_2) - \nu(\beta_1)\nu(\beta_2) \rangle$；

(2) $(\beta_1)^\lambda = \langle s_{(\theta(\beta_1))^\lambda}, (\mu(\beta_1))^\lambda, 1 - (1 - \nu(\beta_1))^\lambda \rangle, \lambda \in [0,1]$。

易证，上述运算结果仍为直觉语言数，且满足下列运算律：

（1）$\beta_1 \otimes \beta_2 = \beta_2 \otimes \beta_1$；

(2) $(\beta_1 \otimes \beta_2) \otimes \beta_3 = \beta_1 \otimes (\beta_2 \otimes \beta_3)$；

(3) $(\beta_1 \otimes \beta_2)^\lambda = (\beta_1)^\lambda \otimes (\beta_2)^\lambda, \lambda \in [0,1]$；

(4) $(\beta_1)^{\lambda_1} \otimes (\beta_1)^{\lambda_2} = (\beta_1)^{\lambda_1 + \lambda_2}, \lambda_1, \lambda_2 \in [0,1]$。

基于这些运算法则，王和李[64]将 WGA 算子[137]拓展至直觉语言环境下，给出了 ILWGA 算子。

**定义 2－10**[64]　设 $\beta_j = \langle s_{\theta(\beta_j)}, \mu(\beta_j), \nu(\beta_j) \rangle (j = 1,2,\cdots,n)$ 为一组直觉语言数，令 ILWGA：$\Omega^n \to \Omega$，且

$$\mathrm{ILWGA}_w(\beta_1, \beta_2, \cdots, \beta_n) = \beta_1^{w_1} \otimes \beta_2^{w_2} \otimes \cdots \otimes \beta_n^{w_n} \tag{2－10}$$

则称 ILWGA 为直觉语言加权几何（ILWGA）算子，其中 $\boldsymbol{w} = (w_1, w_2, \cdots, w_n)^\mathrm{T}$ 为 $\beta_j (j = 1,2,\cdots,n)$ 的加权向量，且满足 $w_j \in [0,1] (j = 1,2,\cdots,n)$ 和 $\sum_{j=1}^{n} w_j = 1$。特别地，如果 $\boldsymbol{w} = (1/n, 1/n, \cdots, 1/n)^\mathrm{T}$，则 ILWGA 算子退化为直觉语言几何（ILGA）算子：

$$\mathrm{ILGA}_w(\beta_1, \beta_2, \cdots, \beta_n) = (\beta_1 \otimes \beta_2 \otimes \cdots \otimes \beta_n)^{1/n} \tag{2－11}$$

**定理 2－8**　设 $\beta_j = \langle s_{\theta(\beta_j)}, \mu(\beta_j), \nu(\beta_j) \rangle (j = 1,2,\cdots,n)$ 为一组直觉语言

数，$\boldsymbol{w}=(w_1,w_2,\cdots,w_n)^{\mathrm{T}}$ 为 $\beta_j(j=1,2,\cdots,n)$ 的加权向量，满足 $w_j\in[0,1](j=1,2,\cdots,n)$ 和 $\sum_{j=1}^{n}w_j=1$，则由 ILWGA 算子集结得到的结果仍为直觉语言数，且有下式成立：

$$\mathrm{ILWGA}_{\boldsymbol{w}}(\beta_1,\beta_2,\cdots,\beta_n)=\left\langle s_{\prod_{j=1}^{n}(\theta(\beta_j))^{w_j}},\prod_{j=1}^{n}(\mu(\beta_j))^{w_j},1-\prod_{j=1}^{n}(1-\nu(\beta_j))^{w_j}\right\rangle \tag{2-12}$$

**证明：** 显然，根据定义 2—9 可知，由 ILWGA 算子集结得到的结果仍为直觉语言数。下面用数学归纳法证明式（2—12）。

（1）当 $n=2$ 时，因为

$$(\beta_1)^{w_1}=\langle s_{(\theta(\beta_1))^{w_1}},(\mu(\beta_1))^{w_1},1-(1-\nu(\beta_1))^{w_1}\rangle$$

$$(\beta_2)^{w_2}=\langle s_{(\theta(\beta_2))^{w_2}},(\mu(\beta_2))^{w_2},1-(1-\nu(\beta_2))^{w_2}\rangle$$

则

$$\begin{aligned}&\mathrm{ILWGA}_{\boldsymbol{w}}(\beta_1,\beta_2)=(\beta_1)^{w_1}\otimes(\beta_2)^{w_2}\\&=\langle s_{(\theta(\beta_1))^{w_1}(\theta(\beta_2))^{w_2}},(\mu(\beta_1))^{w_1}(\mu(\beta_2))^{w_2},\\&\quad(1-(1-\nu(\beta_1))^{w_1})+(1-(1-\nu(\beta_2))^{w_2})-(1-(1-\nu(\beta_1))^{w_1})\\&\quad(1-(1-\nu(\beta_2))^{w_2}))\rangle\\&=\left\langle s_{(\theta(\beta_1))^{w_1}(\theta(\beta_2))^{w_2}},(\mu(\beta_1))^{w_1}(\mu(\beta_2))^{w_2},1-(1-\nu(\beta_1))^{w_1}(1-\nu(\beta_2))^{w_2}\right\rangle\\&=\left\langle s_{\prod_{j=1}^{2}(\theta(\beta_j))^{w_j}},\prod_{j=1}^{2}(\mu(\beta_j))^{w_j},1-\prod_{j=1}^{2}(1-\nu(\beta_j))^{w_j}\right\rangle\end{aligned}$$

（2）假设当 $n=k$ 时式（2—12）成立，即

$$\mathrm{ILWGA}_{\boldsymbol{w}}(\beta_1,\beta_2,\cdots,\beta_k)=\left\langle s_{\prod_{j=1}^{k}(\theta(\beta_j))^{w_j}},\prod_{j=1}^{k}(\mu(\beta_j))^{w_j},1-\prod_{j=1}^{k}(1-\nu(\beta_j))^{w_j}\right\rangle$$

那么当 $n=k+1$ 时，由定义 2—9，可得

$$\begin{aligned}&\mathrm{ILWGA}_{\boldsymbol{w}}(\beta_1,\beta_2,\cdots,\beta_k,\beta_{k+1})\\&=\left\langle s_{\prod_{j=1}^{k}(\theta(\beta_j))^{w_j}},\prod_{j=1}^{k}(\mu(\beta_j))^{w_j},1-\prod_{j=1}^{k}(1-\nu(\beta_j))^{w_j}\right\rangle\otimes(\langle s_{\theta(\beta_{k+1})},\\&\mu(\beta_{k+1}),\nu(\beta_{k+1})\rangle)^{w_{k+1}}\end{aligned}$$

$$=\left\langle s_{\prod_{j=1}^{k}(\theta(\beta_j))^{w_j}(\theta(\beta_{k+1}))^{w_{k+1}}},\prod_{j=1}^{k}(\mu(\beta_j))^{w_j}(\mu(\beta_{k+1}))^{w_{k+1}},(1-\sum_{j=1}^{k}(1-\nu(\beta_j))^{w_j})+\right.$$

$$\left.(1-(1-\nu(\beta_{k+1}))^{w_{k+1}})-(1-\prod_{j=1}^{k}(1-\nu(\beta_j))^{w_j})(1-(1-\nu(\beta_{k+1}))^{w_{k+1}})\right\rangle$$

$$=\left\langle s_{\prod_{j=1}^{k+1}(\theta(\beta_j))^{w_j}},\prod_{j=1}^{k+1}(\mu(\beta_j))^{w_j},1-\prod_{j=1}^{k+1}(1-\nu(\beta_j))^{w_j}\right\rangle$$

即证 $n=k+1$ 时式（2—12）也成立。

因此，由（1）和（2）可得，式（2—12）对任何正整数 $n$ 都成立。定理证毕。

类似于 ILWAA 算子，ILWGA 算子仅根据直觉语言数本身的重要性进行加权集结，应用范围有限，下面提出一种新的直觉语言数几何集结算子，即 ILOWG 算子，且建立它的若干性质。

**定义 2—11** 设 $\beta_j=\langle s_{\theta(\beta_j)},\mu(\beta_j),\nu(\beta_j)\rangle(j=1,2,\cdots,n)$ 为一组直觉语言数。直觉语言有序加权几何（LOWG）算子是一个映射 ILOWG：$\Omega^n\rightarrow\Omega$，使得

$$\mathrm{ILOWG}_{\boldsymbol{\omega}}(\beta_1,\beta_2,\cdots,\beta_n)=\beta_{\tau(1)}^{\omega_1}\otimes\beta_{\tau(2)}^{\omega_2}\otimes\cdots\otimes\beta_{\tau(n)}^{\omega_n}\qquad(2-13)$$

其中 $\boldsymbol{\omega}=(\omega_1,\omega_2,\cdots,\omega_n)^{\mathrm{T}}$ 是与 ILOWG 相关联的位置加权向量，满足 $\omega_j\in[0,1](j=1,2,\cdots,n)$ 和 $\sum_{j=1}^{n}\omega_j=1$；$(\tau(1),\tau(2),\cdots,\tau(n))$ 是 $(1,2,\cdots,n)$ 的一个置换，使得对任意 $j$ 满足 $\beta_{\tau(j-1)}\geqslant\beta_{\tau(j)}$。特别地，如果 $\boldsymbol{\omega}=(1/n,1/n,\cdots,1/n)^{\mathrm{T}}$，则 ILOWG 算子退化为 ILGA 算子。

ILOWG 算子的根本特点是：对直觉语言数 $\beta_1$，$\beta_2$，…，$\beta_n$ 按从大到小的顺序重新排序后加权集结，且元素 $\beta_r$ 与 $\omega_r$ 没有任何联系，$\omega_r$ 只与集结过程中的第 $r$ 个位置有关。有关加权向量 $\boldsymbol{\omega}$ 可以利用类似于求 OWA[132] 加权向量的方法确定（如可以利用基于正态分布的赋权方法求取[191]）。

**定理 2—9** 设 $\beta_j=\langle s_{\theta(\beta_j)},\mu(\beta_j),\nu(\beta_j)\rangle(j=1,2,\cdots,n)$ 为一组直觉语言数，则由 ILOWG 算子集结得到的结果仍为直觉语言数，且有

$$\mathrm{ILOWG}_{\boldsymbol{\omega}}(\beta_1,\beta_2,\cdots,\beta_n)$$

$$=\left\langle s_{\prod_{j=1}^{n}(\theta(\beta_{\tau(j)}))^{\omega_j}},\prod_{j=1}^{n}(\mu(\beta_{\tau(j)}))^{\omega_j},1-\prod_{j=1}^{n}(1-\nu(\beta_{\tau(j)}))^{\omega_j}\right\rangle\quad(2-14)$$

其中 $\boldsymbol{\omega}=(\omega_1,\omega_2,\cdots,\omega_n)^{\mathrm{T}}$ 是与 ILOWG 相关联的位置加权向量，满足 $\omega_j$

$\in [0,1](j = 1,2,\cdots,n)$ 和 $\sum_{j=1}^{n}\omega_j = 1$。

**例 2—3** 设 $\beta_1 = \langle s_2, 0.7, 0.1\rangle, \beta_2 = \langle s_5, 0.8, 0.1\rangle, \beta_3 = \langle s_4, 0.9, 0.1\rangle, \beta_4 = \langle s_5, 0.7, 0.2\rangle$ 和 $\beta_5 = \langle s_3, 0.6, 0.3\rangle$ 均为直觉语言数，$\boldsymbol{\omega} = (0.1117, 0.2365, 0.3036, 0.2365, 0.1117)^{\mathrm{T}}$ 是与 ILOWG 相关的位置加权向量（由基于正态分布的赋权方法得到[191]），则

$$s_{\theta(\beta_1)} = s_2, \mu(\beta_1) = 0.7, \nu(\beta_1) = 0.1,$$
$$s_{\theta(\beta_2)} = s_5, \mu(\beta_2) = 0.8, \nu(\beta_2) = 0.1,$$
$$s_{\theta(\beta_3)} = s_4, \mu(\beta_3) = 0.9, \nu(\beta_3) = 0.1,$$
$$s_{\theta(\beta_4)} = s_5, \mu(\beta_4) = 0.7, \nu(\beta_4) = 0.2,$$
$$s_{\theta(\beta_5)} = s_3, \mu(\beta_5) = 0.6, \nu(\beta_5) = 0.3$$

利用式（2—1）计算得到 $\beta_j (j = 1,2,\cdots,5)$ 的记分值为

$h(\beta_1) = 3.2, h(\beta_2) = 8.5, h(\beta_3) = 7.2, h(\beta_4) = 7.5, h(\beta_5) = 3.9$

因为

$$h(\beta_2) > h(\beta_4) > h(\beta_3) > h(\beta_5) > h(\beta_1)$$

则

$$\beta_{\tau(1)} = \langle s_5, 0.8, 0.1\rangle, \beta_{\tau(2)} = \langle s_5, 0.7, 0.2\rangle, \beta_{\tau(3)} = \langle s_4, 0.9, 0.1\rangle,$$
$$\beta_{\tau(4)} = \langle s_3, 0.6, 0.3\rangle, \beta_{\tau(5)} = \langle s_2, 0.7, 0.1\rangle$$

于是，根据式（2—14）可得

$$\mathrm{ILOWG}_{\boldsymbol{\omega}}(\beta_1, \beta_2, \beta_3, \beta_4, \beta_5)$$
$$= \left\langle s_{\prod_{j=1}^{5}(\theta(\beta_{\tau(j)}))^{\omega_j}}, \prod_{j=1}^{5}(\mu(\beta_{\tau(j)}))^{\omega_j}, 1 - \prod_{j=1}^{5}(1 - \nu(\beta_{\tau(j)}))^{\omega_j} \right\rangle$$
$$= \langle s_{3.7379}, 0.7394, 0.1752\rangle$$

ILOWG 算子具有与 ILOWA 算子类似的性质。

**定理 2—10** 设 $\beta_j = \langle s_{\theta(\beta_j)}, \mu(\beta_j), \nu(\beta_j)\rangle (j = 1,2,\cdots,n)$ 为一组直觉语言数，$\boldsymbol{\omega} = (\omega_1, \omega_2, \cdots, \omega_n)^{\mathrm{T}}$ 是与 ILOWG 相关的位置权重向量，满足 $\omega_j \in [0, 1](j = 1,2,\cdots,n)$ 和 $\sum_{j=1}^{n}\omega_j = 1$，则

（1）（幂等性）如果所有直觉语言数 $\beta_j (j = 1,2,\cdots,n)$ 都相等，即 $\beta_j = \beta (j = 1,2,\cdots,n)$，则

$$\mathrm{ILOWG}_{\boldsymbol{\omega}}(\beta_1, \beta_2, \cdots, \beta_n) = \beta$$

(2)(有界性)

$$\beta^{-} \leqslant \text{ILOWG}_{\boldsymbol{\omega}}(\beta_1, \beta_2, \cdots, \beta_n) \leqslant \beta^{+}$$

其中

$$\beta^{-} = \left\langle \min_j \{s_{\theta(\beta_j)}\}, \min_j \{\mu(\beta_j)\}, \max_j \{\nu(\beta_j)\} \right\rangle$$

$$\beta^{+} = \left\langle \max_j \{s_{\theta(\beta_j)}\}, \max_j \{\mu(\beta_j)\}, \min_j \{\nu(\beta_j)\} \right\rangle$$

(3)(单调性)设 $\beta_j^* = \langle s_{\theta(\beta_j^*)}, \mu(\beta_j^*), \nu(\beta_j^*) \rangle (j = 1, 2, \cdots, n)$ 为一组直觉语言数，如果对所有 $j$ 有 $\beta_j \leqslant \beta_j^*$，则

$$\text{ILOWG}_{\boldsymbol{\omega}}(\beta_1, \beta_2, \cdots, \beta_n) \leqslant \text{ILOWG}_{\boldsymbol{\omega}}(\beta_1^*, \beta_2^*, \cdots, \beta_n^*)$$

(4)(置换不变性)设 $\widetilde{\beta}_j = \langle s_{\theta(\widetilde{\beta}_j)}, \mu(\widetilde{\beta}_j), \nu(\widetilde{\beta}_j) \rangle (j = 1, 2, \cdots, n)$ 为一组直觉语言数，则

$$\text{ILOWG}_{\boldsymbol{\omega}}(\beta_1, \beta_2, \cdots, \beta_n) = \text{ILOWG}_{\boldsymbol{\omega}}(\widetilde{\beta}_1, \widetilde{\beta}_2, \cdots, \widetilde{\beta}_n)$$

其中 $(\widetilde{\beta}_1, \widetilde{\beta}_2, \cdots, \widetilde{\beta}_n)$ 是 $(\beta_1, \beta_2, \cdots, \beta_n)$ 的任一置换。

**定理 2—11** 设 $\beta_j = \langle s_{\theta(\beta_j)}, \mu(\beta_j), \nu(\beta_j) \rangle (j = 1, 2, \cdots, n)$ 为一组直觉语言数，$\omega = (\omega_1, \omega_2, \cdots, \omega_n)^{\mathrm{T}}$ 为与 ILOWG 相关的位置权重向量，满足 $\omega_j \in [0, 1] (j = 1, 2, \cdots, n)$ 和 $\sum_{j=1}^{n} \omega_j = 1$，则

(1) 如果 $\boldsymbol{\omega} = (1, 0, \cdots, 0)^{\mathrm{T}}$，则

$$\text{ILOWG}_{\boldsymbol{\omega}}(\beta_1, \beta_2, \cdots, \beta_n) = \max_j \{\beta_j\}$$

(2) 如果 $\boldsymbol{\omega} = (0, 0, \cdots, 1)^{\mathrm{T}}$，则

$$\text{ILOWG}_{\boldsymbol{\omega}}(\beta_1, \beta_2, \cdots, \beta_n) = \min_j \{\beta_j\}$$

(3) 如果 $\omega_j = 1$，$\omega_r = 0$，$r \neq j$，则

$$\text{ILOWG}_{\boldsymbol{\omega}}(\beta_1, \beta_2, \cdots, \beta_n) = \beta_{\tau(j)}$$

其中 $\beta_{\tau(j)}$ 为 $\beta_r$ $(r = 1, 2, \cdots, n)$ 中第 $j$ 个最大的直觉语言数。

从定义 2—10 和定义 2—11 可知，ILWGA 算子仅对直觉语言数本身加权，没有考虑直觉语言数所在位置的权重，而 ILOWG 算子仅对直觉语言数重新排序后所在的位置进行加权，没有考虑直觉语言数本身的重要性。为克服上述缺陷，下面提出另一种新的直觉语言数几何集结算子，即 ILHG 算子。

**定义 2—12** 设 $\beta_j=\langle s_{\theta(\beta_j)},\mu(\beta_j),\nu(\beta_j)\rangle(j=1,2,\cdots,n)$ 为一组直觉语言数。直觉语言混合几何算子（ILHG）是一个映射 ILHG：$\Omega^n\to\Omega$，使得

$$\mathrm{ILHG}_{\boldsymbol{w},\boldsymbol{\omega}}(\beta_1,\beta_2,\cdots,\beta_n)=(\beta'_{\tau(1)})^{\omega_1}\otimes(\beta'_{\tau(2)})^{\omega_2}\otimes\cdots\otimes(\beta'_{\tau(n)})^{\omega_n} \tag{2—15}$$

其中 $\boldsymbol{\omega}=(\omega_1,\omega_2,\cdots,\omega_n)^{\mathrm{T}}$ 是与 ILHG 相关的位置权重向量，满足 $\omega_j\in[0,1](j=1,2,\cdots,n)$ 和 $\sum_{j=1}^{n}\omega_j=1$。$\beta'_{\tau(j)}$ 是加权的直觉语言数组 $\beta'_j(\beta'_j=\beta_j^{nw_j}$，$j=1,2,\cdots,n)$ 中第 $j$ 个最大的元素，$\boldsymbol{w}=(w_1,w_2,\cdots,w_n)^{\mathrm{T}}$ 是 $\beta_j(j=1,2,\cdots,n)$ 的加权向量，满足 $w_j\in[0,1](j=1,2,\cdots,n)$ 和 $\sum_{j=1}^{n}w_j=1$，$n$ 是平衡系数。

**定理 2—12** 设 $\beta_j=\langle s_{\theta(\beta_j)},\mu(\beta_j),\nu(\beta_j)\rangle(j=1,2,\cdots,n)$ 为一组直觉语言数，$\beta'_{\tau(j)}=\langle s_{\theta(\beta'_{\tau(j)})},\mu(\beta'_{\tau(j)}),\nu(\beta'_{\tau(j)})\rangle(j=1,2,\cdots,n)$，则

$$\begin{aligned}&\mathrm{ILHG}_{\boldsymbol{w},\boldsymbol{\omega}}(\beta_1,\beta_2,\cdots,\beta_n)\\&=\left\langle s_{\prod_{j=1}^{n}(\theta(\beta'_{\tau(j)}))^{\omega_j}},\prod_{j=1}^{n}(\mu(\beta'_{\tau(j)}))^{\omega_j},1-\prod_{j=1}^{n}(1-\nu(\beta'_{\tau(j)}))^{\omega_j}\right\rangle\end{aligned} \tag{2—16}$$

且由 ILHG 算子集结所得到的结果仍为直觉语言数。

**例 2—4** 设 $\beta_1=\langle s_4,0.8,0.1\rangle$，$\beta_2=\langle s_5,0.7,0.1\rangle$，$\beta_3=\langle s_5,0.9,0.1\rangle$，$\beta_4=\langle s_3,0.7,0.1\rangle$ 和 $\beta_5=\langle s_3,0.8,0.2\rangle$ 均为直觉语言数，$\boldsymbol{w}=(0.22,0.26,0.15,0.17,0.20)^{\mathrm{T}}$ 是 $\beta_j(j=1,2,\cdots,5)$ 的加权向量，计算 $\mathrm{ILHG}_{\boldsymbol{w},\boldsymbol{\omega}}(\beta_1,\beta_2,\beta_3,\beta_4,\beta_5)$。

首先，根据定义 2—9 中的运算法则，求得加权的直觉语言数为

$$\beta'_1=\langle s_{4.5948},0.7823,0.1094\rangle,\ \beta'_2=\langle s_{8.1033},0.6290,0.1280\rangle,$$
$$\beta'_3=\langle s_{3.3437},0.9240,0.0760\rangle,\ \beta'_4=\langle s_{2.5442},0.7385,0.0857\rangle,$$
$$\beta'_5=\langle s_{3.0000},0.8000,0.2000\rangle$$

又由式（2—1）求得 $\beta'_j(j=1,2,\cdots,5)$ 的记分值为

$$h(\beta'_1)=7.6867,\ h(\beta'_2)=12.1628,\ h(\beta'_3)=6.1793,$$
$$h(\beta'_4)=4.2051,\ h(\beta'_5)=4.8000$$

因为

$$h(\beta'_2)>h(\beta'_1)>h(\beta'_3)>h(\beta'_5)>h(\beta'_4)$$

则

$$\beta'_{\tau(1)}=\langle s_{8.1033},0.6290,0.1280\rangle,\ \beta'_{\tau(2)}=\langle s_{4.5948},0.7823,0.1094\rangle,$$
$$\beta'_{\tau(3)}=\langle s_{3.3437},0.9240,0.0760\rangle,\ \beta'_{\tau(4)}=\langle s_{3.0000},0.8000,0.2000\rangle,$$
$$\beta'_{\tau(5)}=\langle s_{2.5442},0.7385,0.0857\rangle$$

假设利用基于正态分布的赋权法[191]得到与 ILHG 相关的位置权重向量为 $\boldsymbol{\omega}=(0.1117,0.2365,0.3036,0.2365,0.1117)^{\mathrm{T}}$，则根据式（2－16）可得：

$$\begin{aligned}
&\mathrm{ILHG}_{\boldsymbol{w},\boldsymbol{\omega}}(\beta_1,\beta_2,\beta_3,\beta_4,\beta_5)\\
&=\left\langle s_{\prod_{j=1}^{5}(\theta(\beta'_{\tau(j)}))^{\omega_j}},\prod_{j=1}^{5}(\mu(\beta'_{\tau(j)}))^{\omega_j},1-\prod_{j=1}^{5}(1-\nu(\beta'_{\tau(j)}))^{\omega_j}\right\rangle\\
&=\langle s_{3.7620},0.8021,0.1214\rangle
\end{aligned}$$

**定理 2－13** 如果 $\boldsymbol{\omega}=(1/n,1/n,\cdots,1/n)^{\mathrm{T}}$，则 ILHG 算子退化为 ILWGA 算子。

**证明：** 因 $\omega=(1/n,1/n,\cdots,1/n)^{\mathrm{T}}$，则

$$\begin{aligned}
\mathrm{ILHG}_{\boldsymbol{w},\boldsymbol{\omega}}(\beta_1,\beta_2,\cdots,\beta_n)&=(\beta'_{\tau(1)})^{\omega_1}\otimes(\beta'_{\tau(2)})^{\omega_2}\otimes\cdots\otimes(\beta'_{\tau(n)})^{\omega_n}\\
&=(\beta'_1\otimes\beta'_2\otimes\cdots\otimes\beta'_n)^{1/n}\\
&=\beta_1^{w_1}\otimes\beta_2^{w_2}\otimes\cdots\otimes\beta_n^{w_n}\\
&=\mathrm{ILWGA}_{w}(\beta_1,\beta_2,\cdots,\beta_n)
\end{aligned}$$

定理证毕。

**定理 2－14** 如果 $\boldsymbol{w}=(1/n,1/n,\cdots,1/n)^{T}$，则 ILHG 算子退化为 ILOWG 算子。

**证明：** 因 $\boldsymbol{w}=(1/n,1/n,\cdots,1/n)^{\mathrm{T}}$，则 $\beta'_j=\beta_j(j=1,2,\cdots,n)$，且

$$\begin{aligned}
\mathrm{ILHG}_{\boldsymbol{w},\boldsymbol{\omega}}(\beta_1,\beta_2,\cdots,\beta_n)&=(\beta'_{\tau(1)})^{\omega_1}\otimes(\beta'_{\tau(2)})^{\omega_2}\otimes\cdots\otimes(\beta'_{\tau(n)})^{\omega_n}\\
&=\beta_{\tau(1)}^{\omega_1}\otimes\beta_{\tau(2)}^{\omega_2}\otimes\cdots\otimes\beta_{\tau(n)}^{\omega_n}\\
&=\mathrm{ILOWG}_{\boldsymbol{\omega}}(\beta_1,\beta_2,\cdots,\beta_n)
\end{aligned}$$

定理证毕。

显然，ILHG 算子同时推广了 ILWGA 算子和 ILOWG 算子，既考虑了直觉语言数本身的重要性程度，又考虑了直觉语言数重新排序后所在的位置的重要性程度。

# 2.3 基于集结算子的直觉语言多准则决策方法

## 2.3.1 单人决策情形下的直觉语言多准则决策方法及实例分析

上述算子均可用于单人决策情形。鉴于ILHA算子和ILHG算子的优点，下面提出一种基于ILHA算子（或ILHG算子）的直觉语言多准则决策方法。

对于某一多准则决策问题，设$X=\{X_1, X_2, \cdots, X_m\}$为方案集，$C=\{C_1, C_2, \cdots, C_n\}$为准则集，$\boldsymbol{w}=(w_1, w_2, \cdots, w_n)^{\mathrm{T}}$为准则$C_j$ $(j=1, 2, \cdots, n)$的权重向量，其中$w_j\in[0, 1]$ $(j=1, 2, \cdots, n)$，$\sum_{j=1}^{n} w_j=1$。假设决策者应用语言短语集$\bar{S}_1$（或$\bar{S}_2$）对各方案进行评价，方案$X_i$在准则$C_j$下的准则值用直觉语言数$\beta_{ij}=\langle s_{\theta(\beta_{ij})},\mu(\beta_{ij}),\nu(\beta_{ij})\rangle(i=1,2,\cdots,m;j=1,2,\cdots,n)$表示，决策矩阵为$\boldsymbol{R}=(\beta_{ij})_{m\times n}$，其中$s_{\theta(\beta_{ij})}\in\bar{S}_1$（或$s_{\theta(\beta_{ij})}\in\bar{S}_2$）是方案$X_i$在准则$C_j$下的语言评价值，$\mu(\beta_{ij})$表示方案$X_i$在准则$C_j$下属于语言评价值$s_{\theta(\beta_{ij})}$的程度，$\nu(\beta_{ij})$表示方案$X_i$在准则$C_j$下不属于语言评价值$s_{\theta(\beta_{ij})}$的程度，满足$0\leqslant\mu(\beta_{ij})+\nu(\beta_{ij})\leqslant 1$。

为确定方案的排序并择优，下面给出基于ILHA算子（或ILHG算子）的直觉语言多准则决策方法的步骤。

**步骤1** 对决策矩阵$\boldsymbol{R}=(\beta_{ij})_{m\times n}$进行规范化处理，得到决策矩阵$\bar{\boldsymbol{R}}=(\bar{\beta}_{ij})_{m\times n}$。一般，准则分为效益型和成本型两类。效益型准则的准则值越大越好，而成本型准则的准则值越小越好。在直觉语言多准则决策中，对于效益型准则，不需要进行处理；对于成本型准则，采用下列公式对其中的语言短语进行规范化即可。

$$s_{\theta(\bar{\beta}_{ij})}=\mathrm{neg}(s_{\theta(\beta_{ij})})=s_{2l-\theta(\beta_{ij})},\quad s_{\theta(\beta_{ij})}\in\bar{S}_1 \qquad (2-17)$$

$$s_{\theta(\bar{\beta}_{ij})}=\mathrm{rec}(s_{\theta(\beta_{ij})})=s_{1/\theta(\beta_{ij})},\quad s_{\theta(\beta_{ij})}\in\bar{S}_2 \qquad (2-18)$$

**步骤2** 利用ILHA算子

$$\bar{\beta}_i = \mathrm{ILHA}_{w,\omega}(\bar{\beta}_1, \bar{\beta}_2, \cdots, \bar{\beta}_n) \quad (2-19)$$

或 ILHG 算子

$$\bar{\beta}_i = \mathrm{ILHG}_{w,\omega}(\bar{\beta}_1, \bar{\beta}_2, \cdots, \bar{\beta}_n) \quad (2-20)$$

对决策矩阵 $\bar{\boldsymbol{R}}=(\bar{\beta}_{ij})_{m\times n}$ 中第 $i$ 行的直觉语言准则值进行加权集结，得到方案 $X_i$ 的综合评价值 $\bar{\beta}_i$（$i=1, 2, \cdots, m$），其中 $\boldsymbol{\omega}=(\omega_1, \omega_2, \cdots, \omega_n)^{\mathrm{T}}$ 是与 ILHA（或 ILHG）相关联的位置加权向量，满足 $\omega_j \in [0,1](j=1, 2,\cdots,n)$ 和 $\sum_{j=1}^{n}\omega_j = 1$，可以利用基于正态分布的赋权方法确定[191]或其他类似于求 OWA[132]权重的方法确定。

**步骤 3** 利用式（2—1）和式（2—2）计算 $\bar{\beta}_i$ 的记分值 $h(\bar{\beta}_i)$ 和精确度 $H(\bar{\beta}_i)$（$i=1, 2, \cdots, m$）。

**步骤 4** 根据定义 2—5，利用 $h(\bar{\beta}_i)$ 和 $H(\bar{\beta}_i)$ 对所有方案 $X_i$（$i=1, 2, \cdots, m$）进行排序，并确定最优方案。

**例 2—5** 考虑某顾客想购买一辆汽车的问题（改编自参考文献 [9]）。该顾客通过初步的比较分析后确定从 5 种车型（方案）$X_i$（$i=1, 2, \cdots, 5$）中进行选择，并通过分析和参考别人意见确定了 5 个评估准则：①$C_1$—安全性；②$C_2$—车型设计；③$C_3$—燃油经济性；④$C_4$—舒适性；⑤$C_5$—价格。准则 $C_j$（$j=1, 2, \cdots, 5$）的权重向量为 $\boldsymbol{w}=(0.15,0.28,0.18,0.26,0.13)^{\mathrm{T}}$。假设该顾客应用语言短语集 $\bar{S}_1$ 对 5 种车型进行评价，得到车型 $X_i$ 在准则 $C_j$ 下的直觉语言特征信息为 $\beta_{ij}=\langle s_{\theta(\beta_{ij})},\mu(\beta_{ij}),\nu(\beta_{ij})\rangle(i=1,2,\cdots,5;j=1,2,\cdots,5)$，决策矩阵为 $\boldsymbol{R}=(\beta_{ij})_{5\times 5}$，见表 2—1。

**表 2—1 决策矩阵 $\boldsymbol{R}=(\beta_{ij})_{5\times 5}$**

| | $C_1$ | $C_2$ | $C_3$ | $C_4$ | $C_5$ |
|---|---|---|---|---|---|
| $X_1$ | $\langle s_5,0.7,0.2\rangle$ | $\langle s_7,0.8,0.2\rangle$ | $\langle s_6,0.7,0.2\rangle$ | $\langle s_6,0.9,0.1\rangle$ | $\langle s_4,0.8,0.1\rangle$ |
| $X_2$ | $\langle s_7,0.8,0.1\rangle$ | $\langle s_6,0.8,0.1\rangle$ | $\langle s_5,0.8,0.1\rangle$ | $\langle s_7,0.7,0.1\rangle$ | $\langle s_5,0.6,0.3\rangle$ |
| $X_3$ | $\langle s_6,0.7,0.1\rangle$ | $\langle s_7,0.7,0.1\rangle$ | $\langle s_6,0.8,0.1\rangle$ | $\langle s_6,0.7,0.2\rangle$ | $\langle s_6,0.8,0.1\rangle$ |
| $X_4$ | $\langle s_3,0.6,0.2\rangle$ | $\langle s_6,0.9,0.1\rangle$ | $\langle s_7,0.7,0.2\rangle$ | $\langle s_5,0.9,0.1\rangle$ | $\langle s_2,0.7,0.1\rangle$ |
| $X_5$ | $\langle s_4,0.7,0.1\rangle$ | $\langle s_7,0.8,0.1\rangle$ | $\langle s_8,0.7,0.1\rangle$ | $\langle s_7,0.7,0.2\rangle$ | $\langle s_3,0.8,0.2\rangle$ |

为了对车型进行排序并择优，下面给出利用 ILHA 算子进行决策的具体步骤。

**步骤 1** 利用式（2—17）对决策矩阵 $\boldsymbol{R}=(\beta_{ij})_{5\times5}$ 进行规范化处理，得到决策矩阵 $\bar{\boldsymbol{R}}=(\bar{\beta}_{ij})_{5\times5}$，见表 2—2，其中 $C_5$（价格）是成本型准则，其他均为效益型准则。

**表 2—2 规范化的决策矩阵 $\bar{\boldsymbol{R}}=(\bar{\beta}_{ij})_{5\times5}$**

| | $C_1$ | $C_2$ | $C_3$ | $C_4$ | $C_5$ |
|---|---|---|---|---|---|
| $X_1$ | $\langle s_5, 0.7, 0.2\rangle$ | $\langle s_7, 0.8, 0.2\rangle$ | $\langle s_6, 0.7, 0.2\rangle$ | $\langle s_6, 0.9, 0.1\rangle$ | $\langle s_4, 0.8, 0.1\rangle$ |
| $X_2$ | $\langle s_7, 0.8, 0.2\rangle$ | $\langle s_6, 0.8, 0.1\rangle$ | $\langle s_5, 0.8, 0.1\rangle$ | $\langle s_7, 0.7, 0.1\rangle$ | $\langle s_3, 0.6, 0.3\rangle$ |
| $X_3$ | $\langle s_6, 0.7, 0.1\rangle$ | $\langle s_7, 0.7, 0.1\rangle$ | $\langle s_6, 0.8, 0.1\rangle$ | $\langle s_6, 0.7, 0.2\rangle$ | $\langle s_2, 0.8, 0.1\rangle$ |
| $X_4$ | $\langle s_3, 0.6, 0.2\rangle$ | $\langle s_6, 0.9, 0.1\rangle$ | $\langle s_7, 0.7, 0.2\rangle$ | $\langle s_5, 0.9, 0.1\rangle$ | $\langle s_6, 0.7, 0.1\rangle$ |
| $X_5$ | $\langle s_4, 0.7, 0.1\rangle$ | $\langle s_7, 0.8, 0.1\rangle$ | $\langle s_8, 0.7, 0.1\rangle$ | $\langle s_7, 0.7, 0.2\rangle$ | $\langle s_5, 0.8, 0.2\rangle$ |

**步骤 2** 利用 ILHA 算子即式（2—19）对决策矩阵 $\bar{\boldsymbol{R}}=(\bar{\beta}_{ij})_{5\times5}$ 中第 $i$ 行的直觉语言准则值进行加权集结，得到方案 $X_i$ 的综合评价值 $\bar{\beta}_i$（$i=1, 2, \cdots, 5$），其中与 ILHA 相关的位置权重向量根据基于正态分布的赋权法[191]确定为 $\boldsymbol{\omega}=(0.1117, 0.2365, 0.3036, 0.2365, 0.1117)^{\mathrm{T}}$：

$$\bar{\beta}_1=\langle s_{5.7561}, 0.7882, 0.1629\rangle, \bar{\beta}_2=\langle s_{5.8790}, 0.7753, 0.1074\rangle,$$

$$\bar{\beta}_3=\langle s_{5.7883}, 0.7308, 0.1319\rangle, \bar{\beta}_4=\langle s_{5.5619}, 0.7845, 0.1389\rangle,$$

$$\bar{\beta}_5=\langle s_{6.5365}, 0.7285, 0.1447\rangle$$

**步骤 3** 利用式（2—1）计算 $\bar{\beta}_i$ 的记分值 $h(\bar{\beta}_i)(i=1,2,\cdots,5)$：

$$h(\bar{\beta}_1)=9.3551, h(\bar{\beta}_2)=9.8056, h(\bar{\beta}_3)=9.2552,$$

$$h(\bar{\beta}_4)=9.1526, h(\bar{\beta}_5)=10.3526$$

因此

$$h(\bar{\beta}_5)>h(\bar{\beta}_2)>h(\bar{\beta}_1)>h(\bar{\beta}_3)>h(\bar{\beta}_4)$$

**步骤 4** 根据定义 2—5 对所有方案 $X_i$（$i=1, 2, \cdots, 5$）进行排序：

$$X_5 \succ X_2 \succ X_1 \succ X_3 \succ X_4$$

所以，最优方案为 $X_5$。

假设该顾客应用语言短语集 $\bar{S}_2$ 对 5 种车型进行评价，则车型 $X_i$（$i=1$，2，…，5）在准则 $C_j$（$j=1$，2，…，5）下的直觉语言特征信息可用决策矩阵 $\tilde{\boldsymbol{R}}=(\tilde{\beta}_{ij})_{5\times5}$ 表示，见表 2—3。

**表 2—3　决策矩阵 $\tilde{\boldsymbol{R}}=(\tilde{\beta}_{ij})_{5\times5}$**

| | $C_1$ | $C_2$ | $C_3$ | $C_4$ | $C_5$ |
|---|---|---|---|---|---|
| $X_1$ | $\langle s_2,0.7,0.2\rangle$ | $\langle s_4,0.8,0.2\rangle$ | $\langle s_3,0.7,0.2\rangle$ | $\langle s_3,0.9,0.1\rangle$ | $\langle s_1,0.8,0.1\rangle$ |
| $X_2$ | $\langle s_4,0.8,0.1\rangle$ | $\langle s_3,0.8,0.1\rangle$ | $\langle s_2,0.8,0.1\rangle$ | $\langle s_4,0.7,0.1\rangle$ | $\langle s_2,0.6,0.3\rangle$ |
| $X_3$ | $\langle s_3,0.7,0.1\rangle$ | $\langle s_4,0.7,0.1\rangle$ | $\langle s_3,0.8,0.1\rangle$ | $\langle s_3,0.7,0.2\rangle$ | $\langle s_3,0.8,0.1\rangle$ |
| $X_4$ | $\langle s_{1/2},0.6,0.2\rangle$ | $\langle s_3,0.9,0.1\rangle$ | $\langle s_4,0.7,0.2\rangle$ | $\langle s_2,0.9,0.1\rangle$ | $\langle s_{1/3},0.7,0.1\rangle$ |
| $X_5$ | $\langle s_1,0.7,0.1\rangle$ | $\langle s_4,0.8,0.1\rangle$ | $\langle s_5,0.7,0.1\rangle$ | $\langle s_4,0.7,0.2\rangle$ | $\langle s_{1/2},0.8,0.2\rangle$ |

下面给出利用 ILHG 算子进行决策的具体步骤。

**步骤 1**　利用式（2—18）对决策矩阵 $\tilde{\boldsymbol{R}}=(\tilde{\beta}_{ij})$ 5×5进行规范化处理，得到决策矩阵 $\bar{\bar{\boldsymbol{R}}}=(\bar{\bar{\beta}}_{ij})_{5\times5}$，见表 2—4，其中 $C_5$（价格）是成本型准则，其他均为效益型准则。

**表 2—4　规范化的决策矩阵 $\bar{\bar{\boldsymbol{R}}}=(\bar{\bar{\beta}}_{ij})_{5\times5}$**

| | $C_1$ | $C_2$ | $C_3$ | $C_4$ | $C_5$ |
|---|---|---|---|---|---|
| $X_1$ | $\langle s_2,0.7,0.2\rangle$ | $\langle s_4,0.8,0.2\rangle$ | $\langle s_3,0.7,0.2\rangle$ | $\langle s_3,0.9,0.1\rangle$ | $\langle s_1,0.8,0.1\rangle$ |
| $X_2$ | $\langle s_4,0.8,0.1\rangle$ | $\langle s_3,0.8,0.1\rangle$ | $\langle s_2,0.8,0.1\rangle$ | $\langle s_4,0.7,0.1\rangle$ | $\langle s_{1/2},0.6,0.3\rangle$ |
| $X_3$ | $\langle s_3,0.7,0.1\rangle$ | $\langle s_4,0.7,0.1\rangle$ | $\langle s_3,0.8,0.1\rangle$ | $\langle s_3,0.7,0.2\rangle$ | $\langle s_{1/3},0.8,0.1\rangle$ |
| $X_4$ | $\langle s_{1/2},0.6,0.2\rangle$ | $\langle s_3,0.9,0.1\rangle$ | $\langle s_4,0.7,0.2\rangle$ | $\langle s_2,0.9,0.1\rangle$ | $\langle s_3,0.7,0.1\rangle$ |
| $X_5$ | $\langle s_1,0.7,0.1\rangle$ | $\langle s_4,0.8,0.1\rangle$ | $\langle s_5,0.7,0.1\rangle$ | $\langle s_4,0.7,0.2\rangle$ | $\langle s_2,0.8,0.2\rangle$ |

**步骤 2**　利用 ILHG 算子即式（2—20）对决策矩阵 $\bar{\bar{\boldsymbol{R}}}=(\bar{\bar{\beta}}_{ij})_{m\times n}$ 中第 $i$ 行的直觉语言准则值进行加权集结，得到方案 $X_i$ 的综合评价值 $\bar{\bar{\beta}}_i$（$i=1$，2，…，5），其中与 ILHG 相关的位置权重向量仍根据基于正态分布的赋权法[191]确定为 $\boldsymbol{\omega}=(0.1117,0.2365,0.3036,0.2365,0.1117)^{\mathrm{T}}$：

$$\bar{\bar{\beta}}_1=\langle s_{2.6583},0.7833,0.1610\rangle,\ \bar{\bar{\beta}}_2=\langle s_{2.6589},0.7702,0.1153\rangle,$$

$$\bar{\bar{\beta}}_3=\langle s_{2.6375},0.7365,0.1308\rangle,\ \bar{\bar{\beta}}_4=\langle s_{2.3426},0.7933,0.1310\rangle,$$

$$\bar{\bar{\beta}}_5=\langle s_{3.2849},0.7362,0.1453\rangle$$

**步骤 3** 利用式（2—1）计算$\bar{\bar{\beta}}_i$ 的记分值$h$（$\bar{\bar{\beta}}_i$）（$i$=1，2，…，5）：

$$h(\bar{\bar{\beta}}_1)=4.3127, h(\bar{\bar{\beta}}_2)=4.4004, h(\bar{\bar{\beta}}_3)=4.2349,$$
$$h(\bar{\bar{\beta}}_4)=3.8939, h(\bar{\bar{\beta}}_5)=5.2260$$

因此

$$h(\bar{\bar{\beta}}_5)>h(\bar{\bar{\beta}}_2)>h(\bar{\bar{\beta}}_1)>h(\bar{\bar{\beta}}_3)>h(\bar{\bar{\beta}}_4)$$

**步骤 4** 根据定义 2—5 对所有方案 $X_i$（$i$=1，2，…，5）进行排序：

$$X_5 \succ X_2 \succ X_1 \succ X_3 \succ X_4$$

所以，最优方案也为 $X_5$。

可以看到，在例 2—5 中，虽然使用的集结算子不同，但得到的方案排序结果相同。值得注意的是，如果方案的排序结果发生了变化，则需考虑所使用的集结算子不同是原因之一，因为 ILHA 算子是“和性”的，侧重于强调各数据的整体影响，允许各数据之间有一定的互补性；而 ILHG 算子是“积性”的，侧重于强调单个数据的作用，特别地，不允许出现“短板”现象，是“木桶原理”的高度体现[192]。

### 2.3.2 群决策情形下的直觉语言多准则决策方法及实例分析

由于现代社会更加注重民主性和科学性，故遇到大的问题往往是多个决策者共同参与决策。下面提出一种基于 ILWAA 算子和 ILHA 算子（或 ILWGA 算子和 ILHG 算子）的直觉语言多准则群决策方法。

对于某一多准则群决策问题，设 $X$=｛$X_1$，$X_2$，…，$X_m$｝为方案集，$C$=｛$C_1$，$C_2$，…，$C_n$｝为准则集，$\boldsymbol{w}=(w_1, w_2, \cdots, w_n)^{\mathrm{T}}$ 为准则 $C_j$（$j$=1，2，…，$n$）的权重向量，其中 $w_j \in [0, 1]$（$j$=1，2，…，$n$），$\sum_{j=1}^{n} w_j=1$。又设 $D$=｛$d_1$，$d_2$，…，$d_t$｝为决策者集，$\boldsymbol{e}=(e_1, e_2, \cdots, e_t)^{\mathrm{T}}$ 为决策者 $d_k$（$k$=1，2，…，$t$）的权重向量，其中 $e_k \in [0, 1]$（$k$=1，2，…，$t$），$\sum_{k=1}^{t} e_k=1$。假设决策者 $d_k$（$k$=1，2，…，$t$）应用语言短语集 $\bar{S}_1$（或 $\bar{S}_2$）对各方案进行评价，方案 $X_i$（$i$=1，2，…，$m$）在准则 $C_j$（$j$=1，2，…，$n$）下的准则值用直觉语言数 $\beta_{ij}^{(k)}=\langle s_{\theta(\beta_{ij}^{(k)})}, \mu(\beta_{ij}^{(k)}), \nu(\beta_{ij}^{(k)})\rangle$（$i$=1，2，…，

$m$；$j=1, 2, \cdots, n$；$k=1, 2, \cdots, t$）表示，决策矩阵为$\boldsymbol{R}^{(k)}=(\beta_{ij}^{(k)})_{m\times n}$（$k=1, 2, \cdots, t$），其中$s_{\theta(\beta_{ij}^{(k)})}\in\bar{S}_1$（或$s_{\theta(\beta_{ij}^{(k)})}\in\bar{S}_2$）是决策者$d_k$给出的方案$X_i$在准则$C_j$下的语言评价值，$\mu(\beta_{ij}^{(k)})$表示决策者$d_k$给出的关于方案$X_i$在准则$C_j$下属于语言评价值$s_{\theta(\beta_{ij}^{(k)})}$的程度，$\nu(\beta_{ij}^{(k)})$表示决策者$d_k$给出的关于方案$X_i$在准则$C_j$下不属于语言评价值$s_{\theta(\beta_{ij}^{(k)})}$的程度，满足$0\leqslant\mu(\beta_{ij}^{(k)})+\nu(\beta_{ij}^{(k)})\leqslant 1$。

为确定方案的排序并择优，下面给出一种基于 ILWAA 算子和 ILHA 算子（或 ILWGA 算子和 ILHG 算子）的直觉语言多准则群决策方法，具体步骤如下。

**步骤 1**　对决策矩阵$\boldsymbol{R}^{(k)}=(\beta_{ij}^{(k)})_{m\times n}$进行规范化处理，得到决策矩阵$\bar{\boldsymbol{R}}^{(k)}=(\bar{\beta}_{ij}^{(k)})_{m\times n}$（$k=1, 2, \cdots, t$）。对于效益型准则，不需要进行处理；对于成本型准则，可采用下列公式进行规范化：

$$s_{\theta(\bar{\beta}_{ij}^{(k)})}=\mathrm{neg}\left(s_{\theta(\beta_{ij}^{(k)})}\right)=s_{2l-\theta(\beta_{ij}^{(k)})},\ s_{\theta(\beta_{ij}^{(k)})}\in\bar{S}_1 \tag{2-21}$$

$$s_{\theta(\bar{\beta}_{ij}^{(k)})}=\mathrm{rec}\left(s_{\theta(\beta_{ij}^{(k)})}\right)=s_{1/\theta(\beta_{ij}^{(k)})},\ s_{\theta(\beta_{ij}^{(k)})}\in\bar{S}_2 \tag{2-22}$$

**步骤 2**　利用 ILWAA 算子

$$\bar{\beta}_i^{(k)}=\mathrm{ILWAA}_w\left(\bar{\beta}_{i1}^{(k)}, \bar{\beta}_{i2}^{(k)}, \cdots, \bar{\beta}_{in}^{(k)}\right) \tag{2-23}$$

或 ILWGA 算子

$$\bar{\beta}_i^{(k)}=\mathrm{ILWGA}_w\left(\bar{\beta}_{i1}^{(k)}, \bar{\beta}_{i2}^{(k)}, \cdots, \bar{\beta}_{in}^{(k)}\right) \tag{2-24}$$

对决策矩阵$\bar{\boldsymbol{R}}^{(k)}=(\bar{\beta}_{ij}^{(k)})_{m\times n}$中第$i$行的直觉语言准则值进行加权集结，得到决策者$d_k$给出的关于方案$X_i$的个体综合评价值$\bar{\beta}_i^{(k)}$（$i=1, 2, \cdots, m$；$k=1, 2, \cdots, t$）。

**步骤 3**　利用 ILHA 算子

$$\bar{\beta}_i=\mathrm{ILHA}_{e,v}\left(\bar{\beta}_i^{(1)}, \bar{\beta}_i^{(2)}, \cdots, \bar{\beta}_i^{(t)}\right)=v_1\bar{\beta}_i'^{(\tau(1))}\oplus v_2\bar{\beta}_i'^{(\tau(2))}\oplus\cdots\oplus v_t\bar{\beta}_i'^{(\tau(t))} \tag{2-25}$$

或 ILHG 算子

$$\bar{\beta}_i = \mathrm{ILHG}_{\boldsymbol{e},\boldsymbol{v}}\left(\bar{\beta}_i^{(1)}, \bar{\beta}_i^{(2)}, \cdots, \bar{\beta}_i^{(t)}\right) = \left(\bar{\beta}_i'^{(\tau(1))}\right)^{v_1} \otimes \left(\bar{\beta}_i'^{(\tau(2))}\right)^{v_2} \otimes \cdots \otimes \left(\bar{\beta}_i'^{(\tau(t))}\right)^{v_t} \tag{2-26}$$

对个体综合评价值 $\bar{\beta}_i^{(1)}$，$\bar{\beta}_i^{(2)}$，…，$\bar{\beta}_i^{(t)}$ 进行加权集结，得到方案 $X_i$ 的群体综合评价值 $\bar{\beta}_i$（$i=1$，2，…，$m$），其中 $\bar{\beta}_i'^{(\tau(k))}$ 是加权的直觉语言数组（$te_1\bar{\beta}_i^{(1)}$，$te_2\bar{\beta}_i^{(2)}$，…，$te_t\bar{\beta}_i^{(t)}$）或（$(\bar{\beta}_i^{(1)})^{te_1}$，$(\bar{\beta}_i^{(2)})^{te_2}$，…，$(\bar{\beta}_i^{(t)})^{te_t}$）中第 $k$ 个最大的元素，（$\tau(1)$，$\tau(2)$，…，$\tau(n)$）是（1，2，…，$n$）的一个置换，$t$ 是平衡系数。$v=(v_1, v_2, \cdots, v_t)^{\mathrm{T}}$ 是与 ILHA（或 ILHG）相关联的位置加权向量，满足 $v_k \in [0,1](k=1,2,\cdots,t)$ 和 $\sum_{k=1}^{t} v_k = 1$，可以利用基于正态分布的赋权方法确定[191]或其他类似于求 OWA[132]权重的方法确定。

**步骤 4** 利用式（2—1）和式（2—2）计算 $\bar{\beta}_i$ 的记分值 $h(\bar{\beta}_i)$ 和精确度 $H(\bar{\beta}_i)$（$i=1$，2，…，$m$）。

**步骤 5** 根据定义 2—5，利用 $h(\bar{\beta}_i)$ 和 $H(\bar{\beta}_i)$ 对所有方案 $X_i$（$i=1$，2，…，$m$）进行排序，并确定最优方案。

**例 2—6** 某一风险投资公司决定选择一个项目进行投资（改编自参考文献 [193]）。现有 4 个投资方案 $X_i$（$i=1$，2，3，4）可供选择，由 3 位专家（决策者）$d_k$（$k=1$，2，3）（权重向量为 $\boldsymbol{e}=(0.3,0.4,0.3)^{\mathrm{T}}$）利用以下 3 个评估准则对投资方案 $X_i$（$i=1$，2，3，4）进行评估：①$C_1$—盈利能力；②$C_2$—竞争能力；③$C_3$—风险承担能力。假设 $\boldsymbol{w}=(0.3727,0.3500,0.2773)^T$ 为准则 $C_j$（$j=1$，2，3）的权重向量，专家 $d_k$ 给出的关于方案 $X_i$ 在准则 $C_j$ 下的特征信息用直觉语言数 $\beta_{ij}^{(k)} = \langle s_{\theta(\beta_{ij}^{(k)})}, \mu(\beta_{ij}^{(k)}), \nu(\beta_{ij}^{(k)})\rangle$（$i=1$，2，3，4；$j=1$，2，3；$k=1$，2，3）表示，决策矩阵 $\boldsymbol{R}^{(k)} = (\ _{ij}^{(k)})_{4\times3}$（k=1，2，3）见表 2—5～表 2—7。

**表 2—5 决策矩阵 $\boldsymbol{R}^{(1)} = (\beta_{ij}^{(1)})_{4\times3}$**

| | $C_1$ | $C_2$ | $C_3$ |
|---|---|---|---|
| $X_1$ | $\langle s_4, 0.8, 0.1\rangle$ | $\langle s_4, 0.7, 0.2\rangle$ | $\langle s_5, 0.7, 0.3\rangle$ |
| $X_2$ | $\langle s_5, 0.8, 0.2\rangle$ | $\langle s_4, 0.8, 0.1\rangle$ | $\langle s_4, 0.8, 0.2\rangle$ |
| $X_3$ | $\langle s_5, 0.7, 0.1\rangle$ | $\langle s_5, 0.7, 0.3\rangle$ | $\langle s_6, 0.9, 0.1\rangle$ |
| $X_4$ | $\langle s_4, 0.8, 0.1\rangle$ | $\langle s_4, 0.9, 0.1\rangle$ | $\langle s_5, 0.8, 0.1\rangle$ |

表 2—6　决策矩阵 $\boldsymbol{R}^{(2)}=(\beta_{ij}^{(2)})_{4\times3}$

| | $C_1$ | $C_2$ | $C_3$ |
|---|---|---|---|
| $X_1$ | $\langle s_4, 0.9, 0.1\rangle$ | $\langle s_6, 0.7, 0.2\rangle$ | $\langle s_4, 0.8, 0.2\rangle$ |
| $X_2$ | $\langle s_3, 0.8, 0.2\rangle$ | $\langle s_5, 0.7, 0.1\rangle$ | $\langle s_5, 0.9, 0.1\rangle$ |
| $X_3$ | $\langle s_4, 0.7, 0.1\rangle$ | $\langle s_7, 0.8, 0.2\rangle$ | $\langle s_5, 0.7, 0.2\rangle$ |
| $X_4$ | $\langle s_5, 0.8, 0.2\rangle$ | $\langle s_5, 0.9, 0.1\rangle$ | $\langle s_4, 0.8, 0.1\rangle$ |

表 2—7　决策矩阵 $\boldsymbol{R}^{(3)}=(\beta_{ij}^{(3)})_{4\times3}$

| | $C_1$ | $C_2$ | $C_3$ |
|---|---|---|---|
| $X_1$ | $\langle s_4, 0.7, 0.3\rangle$ | $\langle s_6, 0.7, 0.3\rangle$ | $\langle s_5, 0.9, 0.1\rangle$ |
| $X_2$ | $\langle s_3, 0.7, 0.2\rangle$ | $\langle s_5, 0.8, 0.1\rangle$ | $\langle s_6, 0.8, 0.2\rangle$ |
| $X_3$ | $\langle s_5, 0.8, 0.2\rangle$ | $\langle s_7, 0.9, 0.1\rangle$ | $\langle s_5, 0.7, 0.2\rangle$ |
| $X_4$ | $\langle s_3, 0.9, 0.1\rangle$ | $\langle s_5, 0.7, 0.2\rangle$ | $\langle s_6, 0.9, 0.1\rangle$ |

为了对投资方案进行排序并择优，下面给出利用 ILWAA 算子和 ILHA 算子进行群决策的具体步骤。

**步骤 1**　由于所有的准则均为效益型，不需要对决策矩阵 $\boldsymbol{R}^{(k)}=(\beta_{ij}^{(k)})_{4\times3}$（$k=1$，2，3）进行规范化处理，故 $\overline{\boldsymbol{R}}^{(k)}=\boldsymbol{R}^{(k)}=(\beta_{ij}^{(k)})_{4\times3}$。

**步骤 2**　利用 ILWAA 算子，即式（2—23）对决策矩阵 $\overline{\boldsymbol{R}}^{(k)}$ 中第 $i$ 行的直觉语言准则值进行加权集结，得到决策者 $d_k$ 给出的关于方案 $X_i$ 的个体综合评价值 $\overline{\beta}_i^{(k)}$（$i=1$，2，3，4；$k=1$，2，3）：

$$\overline{\beta}_1^{(1)}=\langle s_{4.2773}, 0.7349, 0.1976\rangle, \overline{\beta}_1^{(2)}=\langle s_{4.7000}, 0.7870, 0.1683\rangle,$$

$$\overline{\beta}_1^{(3)}=\langle s_{4.9773}, 0.7557, 0.2443\rangle, \overline{\beta}_2^{(1)}=\langle s_{4.3727}, 0.8000, 0.1680\rangle,$$

$$\overline{\beta}_2^{(2)}=\langle s_{4.2546}, 0.7915, 0.1263\rangle, \overline{\beta}_2^{(3)}=\langle s_{4.5319}, 0.7753, 0.1614\rangle,$$

$$\overline{\beta}_3^{(1)}=\langle s_{5.2773}, 0.7631, 0.1663\rangle, \overline{\beta}_3^{(2)}=\langle s_{5.3273}, 0.7460, 0.1720\rangle,$$

$$\overline{\beta}_3^{(3)}=\langle s_{5.7000}, 0.8187, 0.1570\rangle, \overline{\beta}_4^{(1)}=\langle s_{4.2773}, 0.8327, 0.1000\rangle,$$

$$\overline{\beta}_4^{(2)}=\langle s_{4.7227}, 0.8371, 0.1395\rangle, \overline{\beta}_4^{(3)}=\langle s_{4.5319}, 0.8228, 0.1386\rangle$$

**步骤 3**　利用 ILHA 算子，即式（2—25）对个体综合评价值 $\overline{\beta}_i^{(1)}$，$\overline{\beta}_i^{(2)}$，

$\bar{\beta}_i^{(3)}$ 进行加权集结，得到方案 $X_i$ 的群体综合评价值 $\bar{\beta}_i$（$i=1, 2, 3, 4$），其中与 ILHA 相关的位置权重向量根据基于正态分布的赋权法[191]确定为 $\boldsymbol{\omega}=(0.2429, 0.5142, 0.2429)^{\mathrm{T}}$：

$$\bar{\beta}_1=\langle s_{4.6084}, 0.7608, 0.2122\rangle, \bar{\beta}_2=\langle s_{4.2933}, 0.7855, 0.1527\rangle,$$

$$\bar{\beta}_3=\langle s_{5.3924}, 0.7854, 0.1634\rangle, \bar{\beta}_4=\langle s_{4.4089}, 0.8294, 0.1307\rangle$$

**步骤 4** 利用式（2—1）计算 $\bar{\beta}_i$ 的记分值 $h(\bar{\beta}_i)$（$i=1, 2, 3, 4$）：

$h(\bar{\beta}_1)=7.1364, h(\bar{\beta}_2)=7.0099, h(\bar{\beta}_3)=8.7464, h(\bar{\beta}_4)=7.4893$

因此

$$h(\bar{\beta}_3)>h(\bar{\beta}_4)>h(\bar{\beta}_1)>h(\bar{\beta}_2)$$

**步骤 5** 根据定义 2—5 对所有方案 $X_i$（$i=1, 2, 3, 4$）进行排序：

$$X_3 \succ X_4 \succ X_1 \succ X_2$$

所以，最优方案为 $X_3$。

假设专家应用语言短语集 $\bar{S}_2$ 对 4 个项目进行评价，则项目 $X_i$（$i=1, 2, 3, 4$）在准则 $C_j$（$j=1, 2, 3$）下的直觉语言特征信息可用决策矩阵 $\tilde{\boldsymbol{R}}^{(k)}=(\tilde{\beta}_{ij}^{(k)})_{4\times 3}$（$k=1, 2, 3$）表示，见表 2—8～表 2—10。

**表 2—8 决策矩阵 $\tilde{\boldsymbol{R}}^{(1)}=(\tilde{\beta}_{ij}^{(1)})_{4\times 3}$**

| | $C_1$ | $C_2$ | $C_3$ |
|---|---|---|---|
| $X_1$ | $\langle s_1, 0.8, 0.1\rangle$ | $\langle s_1, 0.7, 0.2\rangle$ | $\langle s_2, 0.7, 0.3\rangle$ |
| $X_2$ | $\langle s_2, 0.8, 0.2\rangle$ | $\langle s_1, 0.8, 0.1\rangle$ | $\langle s_1, 0.8, 0.2\rangle$ |
| $X_3$ | $\langle s_2, 0.7, 0.1\rangle$ | $\langle s_2, 0.7, 0.3\rangle$ | $\langle s_3, 0.9, 0.1\rangle$ |
| $X_4$ | $\langle s_1, 0.8, 0.1\rangle$ | $\langle s_1, 0.9, 0.1\rangle$ | $\langle s_2, 0.8, 0.1\rangle$ |

**表 2—9 决策矩阵 $\tilde{\boldsymbol{R}}^{(2)}=(\tilde{\beta}_{ij}^{(2)})_{4\times 3}$**

| | $C_1$ | $C_2$ | $C_3$ |
|---|---|---|---|
| $X_1$ | $\langle s_1, 0.9, 0.1\rangle$ | $\langle s_3, 0.7, 0.2\rangle$ | $\langle s_1, 0.8, 0.2\rangle$ |
| $X_2$ | $\langle s_{1/2}, 0.8, 0.2\rangle$ | $\langle s_2, 0.7, 0.1\rangle$ | $\langle s_2, 0.9, 0.1\rangle$ |
| $X_3$ | $\langle s_1, 0.7, 0.1\rangle$ | $\langle s_4, 0.8, 0.2\rangle$ | $\langle s_2, 0.7, 0.2\rangle$ |
| $X_4$ | $\langle s_2, 0.8, 0.2\rangle$ | $\langle s_2, 0.9, 0.1\rangle$ | $\langle s_1, 0.8, 0.1\rangle$ |

表 2—10 决策矩阵 $\widetilde{\boldsymbol{R}}^{(3)}=(\tilde{\beta}_{ij}^{(3)})_{4\times 3}$

| | $C_1$ | $C_2$ | $C_3$ |
|---|---|---|---|
| $X_1$ | $\langle s_1,0.7,0.3\rangle$ | $\langle s_3,0.7,0.3\rangle$ | $\langle s_2,0.9,0.1\rangle$ |
| $X_2$ | $\langle s_{1/2},0.7,0.2\rangle$ | $\langle s_2,0.8,0.1\rangle$ | $\langle s_3,0.8,0.2\rangle$ |
| $X_3$ | $\langle s_2,0.8,0.2\rangle$ | $\langle s_4,0.9,0.1\rangle$ | $\langle s_2,0.7,0.2\rangle$ |
| $X_4$ | $\langle s_{1/2},0.9,0.1\rangle$ | $\langle s_2,0.7,0.2\rangle$ | $\langle s_3,0.9,0.1\rangle$ |

下面给出利用 ILWGA 算子和 ILHG 算子进行群决策的具体步骤。

**步骤 1** 由于所有的准则均为效益型，不需要对决策矩阵 $\widetilde{\boldsymbol{R}}^{(k)}=(\tilde{\beta}_{ij}^{(k)})_{4\times 3}$ （$k=1$，2，3）进行规范化处理，故$\bar{\bar{\boldsymbol{R}}}^{(k)}=\widetilde{\boldsymbol{R}}^{(k)}=(\tilde{\beta}_{ij}^{(k)})_{4\times 3}$。

**步骤 2** 利用 ILWGA 算子，即式（2—24）对决策矩阵$\bar{\bar{\boldsymbol{R}}}^{(k)}$中第 $i$ 行的直觉语言准则值进行加权集结，得到决策者 $d_k$ 给出的关于方案 $X_i$ 的个体综合评价值$\bar{\bar{\beta}}_i^{(k)}$（$i=1$，2，3，4；$k=1$，2，3）：

$\bar{\bar{\beta}}_1^{(1)}=\langle s_{1.2119}，0.7357，0.1945\rangle$，$\bar{\bar{\beta}}_1^{(2)}=\langle s_{1.4689}，0.7977，0.1641\rangle$，

$\bar{\bar{\beta}}_1^{(3)}=\langle s_{1.7802}，0.7505，0.2495\rangle$，$\bar{\bar{\beta}}_2^{(1)}=\langle s_{1.2948}，0.8000，0.1663\rangle$，

$\bar{\bar{\beta}}_2^{(2)}=\langle s_{1.1930}，0.7888，0.1387\rangle$，$\bar{\bar{\beta}}_2^{(3)}=\langle s_{1.3350}，0.7612，0.1663\rangle$，

$\bar{\bar{\beta}}_3^{(1)}=\langle s_{2.2380}，0.7505，0.1758\rangle$，$\bar{\bar{\beta}}_3^{(2)}=\langle s_{1.9688}，0.7335，0.1641\rangle$，

$\bar{\bar{\beta}}_3^{(3)}=\langle s_{2.5491}，0.8034，0.1663\rangle$，$\bar{\bar{\beta}}_4^{(1)}=\langle s_{1.2119}，0.8337，0.1000\rangle$，

$\bar{\bar{\beta}}_4^{(2)}=\langle s_{1.6503}，0.8337，0.1387\rangle$，$\bar{\bar{\beta}}_4^{(3)}=\langle s_{1.3350}，0.8242，0.1363\rangle$

**步骤 3** 利用 ILHG 算子，即式（2—26）对个体综合评价值$\bar{\bar{\beta}}_i^{(1)}$，$\bar{\bar{\beta}}_i^{(2)}$，$\bar{\bar{\beta}}_i^{(3)}$ 进行加权集结，得到方案 $X_i$ 的群体综合评价值$\bar{\bar{\beta}}_i$（$i=1$，2，3，4），其中与 ILHG 相关的位置权重向量根据基于正态分布的赋权法[191]确定为 $\boldsymbol{\omega}=(0.2429，0.5142，0.2429)^{\mathrm{T}}$：

$$\bar{\bar{\beta}}_1=\langle s_{1.4998},0.7639,0.1980\rangle,\bar{\bar{\beta}}_2=\langle s_{1.2638},0.7929,0.1542\rangle,$$

$$\bar{\bar{\beta}}_3=\langle s_{2.2226},0.7395,0.1752\rangle,\bar{\bar{\beta}}_4=\langle s_{1.3795},0.8334,0.1257\rangle$$

**步骤 4** 利用式（2—1）计算$\bar{\bar{\beta}}_i$ 的记分值 $h(\bar{\bar{\beta}}_i)$（$i=1$，2，3，4）：

$$h(\bar{\bar{\beta}}_1)=2.3487,h(\bar{\bar{\beta}}_2)=2.0710,h(\bar{\bar{\beta}}_3)=3.4766,h(\bar{\bar{\beta}}_4)=2.3557$$

因此

$$h(\bar{\bar{\beta}}_3) > h(\bar{\bar{\beta}}_4) > h(\bar{\bar{\beta}}_1) > h(\bar{\bar{\beta}}_2)$$

**步骤 5** 根据定义 2—5 对所有方案 $X_i$（$i=1, 2, \cdots, m$）进行排序：

$$X_3 \succ X_4 \succ X_1 \succ X_2$$

所以，最优方案也为 $X_3$。

由上述可知，在例 2—6 中，虽然使用的集结算子不同，但得到的方案排序结果是相同的。值得指出的是，如果方案的排序结果发生了变化，则要考虑到原因之一是使用的集结算子不同，因为 ILWAA 算子和 ILHA 算子是“和性”的，而 ILWGA 算子和 ILHG 算子是“积性”的，而在群决策过程中，“和性”算子侧重于强调专家群体的作用，而“积性”算子则侧重于突出单个专家的作用，如采用“一票否决制”等[194]。

## 2.4 本章小结

本章对准则值为直觉语言数而准则权重确知的多准则决策问题进行了探究。在直觉语言加权算术平均（ILWAA）算子和直觉语言加权几何平均（ILWGA）算子的基础上，定义了几种新的直觉语言集结算子，包括 ILOWA 算子、ILHA 算子、ILOWG 算子和 ILHG 算子，并建立了这些算子的优良性质。这些算子的主要特点有：（1）ILOWA 算子和 ILOWG 算子都是根据所给直觉语言数据重新排序后所在的位置进行加权集结，没有考虑直觉语言数据本身的重要性；（2）ILHA 算子同时推广了 ILOWA 算子和 ILWAA 算子，而 ILHG 算子同时推广了 ILOWG 算子和 ILWGA 算子，这两种算子不仅考虑了直觉语言数据本身的重要性程度，而且考虑了这些数据所处位置的重要性程度；（3）ILOWA 算子、ILHA 算子、ILOWG 算子和 ILHG 算子的权重向量可由基于正态分布的赋权法等方法获取，它通过对评价过高或过低的数据赋予相对较小的权重，以尽可能减少或消除不公正因素的影响（实际决策过程中，个别决策者由于受到个人感情等主观因素的影响，可能会对某些方案给出过高或过低的评价），增强决策结果的合理性；（4）ILHA 算子和 ILOWA 算子属于“和性”算子，而 ILHG 算子和 ILOWG 算子属于“积性”算子，各有不同的侧重点。在实际决策过程中，若需要侧重强调各数据的整体影响或侧重强调专家群体的作用，则 ILHA 算子和 ILOWA 算子是合适的选择；若需要侧重强调单个数据的作用或侧重突出单个专家的作用，则

ILHG 算子和 ILOWG 算子是合适的选择。进一步，本章将这些算子用于多准则决策，提出了一种基于 ILHA 算子（或 ILHG 算子）的直觉语言多准则决策方法和一种基于 ILHA 算子和 ILWAA 算子（或 ILHG 算子和 ILWGA 算子）的直觉语言多准则群决策方法，并详细讨论了这些方法的实现步骤。本章的工作丰富了信息集结算子理论和语言多准则决策理论，所提出的直觉语言集结算子可广泛应用于人工智能、模式识别、数据挖掘、专家系统等诸多领域；所提出的直觉语言多准则决策方法可广泛应用于供应链管理、网上拍卖、项目评估、人事考核、医疗诊断、武器系统性能评定以及虚拟企业领域中的合作伙伴选择等相关实际决策问题中。

# 3 基于拓展 VIKOR 的直觉语言多准则群决策方法

VIKOR（VlseKriterijumska Optimizacija I Kompromisno Resenje）方法首先由南斯拉夫 Opricovic 于 1998 年提出[195]，是一种基于理想点并利用折衷优化思想对备选方案进行排序的方法。之后，Opricovic 和 Tzeng[119,196]从集结函数、规范化方法和主要特征等方面将 VIKOR 方法与 TOPSIS 方法、ELECTRE 方法[115,116]和 PROMETHEE 方法[117]进行了详细的比较，并指出 TOPSIS 方法没有完全反映出各备选方案与理想方案和负理想方案的接近程度，PROMETHEE 方法仅考虑了群体效用的最大化，ELECTRE 方法仅考虑了个体遗憾的最小化，而 VIKOR 方法则不仅能弥补 TOPSIS 方法的不足，而且同时考虑了群体效用的最大化和个体遗憾的最小化，还能将决策者的主观偏好融入其中，有助于保证决策结果的有效性和合理性[119,196]。Opricovic 和 Tzeng[196]还在级别高关系的基础上将 VIKOR 方法进行了推广。目前，有研究者将 VIKOR 方法进行了拓展，例如，Sayadi 等[197]、孙和张[198]以及苏等[199]分别将其拓展至准则值为区间数的多准则决策中，Sanayei 等[200]、Liu 等[201]分别将其拓展至准则值为三角模糊数的多准则决策中，张和郭[152]将其拓展至准则值为语言数的多准则群决策中，索[87]将其拓展至准则值为不确定语言数的多准则群决策中，Devi[178]、Park 等[179]将其拓展至准则值为直觉模糊数的多准则决策中，Tan 和 Chen[202]、Zhao 等[203]将其拓展至准则值为区间直觉模糊数的多准则群决策中，Zhang 和 Wei[204]、Liao 和 Xu[205]将其拓展至准则值为犹豫模糊数的多准则决策中，索和樊[206]将其拓展至准则值为数值、区间数和模糊数的混合型多准则决策中。同时，VIKOR 方法在实践中得到了广泛应用，如被用于解决供应商选择[200]、机器人选择[178]、风险投资决策[87,152,202]、空调选择[198]、第三方逆向物流服务商选择[199]、水资源管理[207]、软件评价[160]等实际决策问题。本章将针对准则值为直觉语言数而准则权重确知的多准则群决策问题，利用 ILWAA 算子集结各决策者给出的直觉语言评价信息，并将 VIKOR 方法拓展至直觉语言环境以确定备选方案的排序和选择最优方案。

本章内容安排如下：3.1 节介绍 VIKOR 方法的基本思想；3.2 节给出直觉语言数之间距离的定义；3.3 节，基于直觉语言数之间距离的定义，提出一种基于拓展 VIKOR 的直觉语言多准则群决策方法，同时，为便于进行比较分析，提出一种基于拓展 TOPSIS 的直觉语言多准则群决策方法；3.4 节给出一个实例，分别用本章提出的两种方法求解，并进行比较分析；3.5 节与其他方法进行比较；3.6 节对本章进行小结。

## 3.1 VIKOR 方法的基本思想

VIKOR 方法的基本思想是首先确定理想解和负理想解（理想解是指各备选方案关于各评价准则的最优值，负理想解是指各备选方案关于各评价准则的最劣值；理想解构成理想方案，负理想解构成负理想方案），然后通过考察各备选方案与理想方案和负理想方案的接近程度，即通过计算群体效用值、个体遗憾值和两者的折衷解，并考虑可接受的条件来确定方案排序，所追求的是最大化的群体效益和最小化的个体遗憾。

利用 VIKOR 方法进行决策一般包括以下步骤。

**步骤 1** 确定各方案关于各准则的理想解和负理想解。设 $X_i$ 表示第 $i$ 个方案，$C_j$ 表示第 $j$ 个准则，$f_{ij}$ 为方案 $X_i$ 在准则 $C_j$ 下的实数型准则值，$f_j^+$ 为准则 $C_j$ 下的正理想解，$f_j^-$ 为准则 $C_j$ 下的负理想解（$i=1, 2, \cdots, m$；$j=1, 2, \cdots, n$）。另设 $A$ 为效益型准则的集合，$B$ 为成本型准则的集合，则有

$$f_j^+=\max_i\{f_{ij}\}，f_j^-=\min_i\{f_{ij}\}，j\in A \tag{3-1}$$

$$f_j^+=\min_i\{f_{ij}\}，f_j^-=\max_i\{f_{ij}\}，j\in B \tag{3-2}$$

**步骤 2** 计算各方案的群体效用值 $S_i$ 和个体遗憾值 $R_i$（$i=1, 2, \cdots, m$）：

$$S_i=\sum_{j=1}^{n}\frac{w_j(f_j^+-f_{ij})}{f_j^+-f_j^-} \tag{3-3}$$

$$R_i=\max_j\left\{\frac{w_j\ (f_j^+-f_{ij})}{f_j^+-f_j^-}\right\} \tag{3-4}$$

其中，$\boldsymbol{w}=(w_1, w_2, \cdots, w_n)^{\mathrm{T}}$ 为准则 $C_j$（$j=1, 2, \cdots, n$）的权重向量，$w_j\in[0, 1]$（$j=1, 2, \cdots, n$），$\sum_{j=1}^{n}w_j=1$。

**步骤 3** 计算各方案的折衷评价值 $Q_i$（$i=1, 2, \cdots, m$）：

$$Q_i=\rho\frac{S_i-S^+}{S^--S^+}+(1-\rho)\frac{R_i-R^+}{R^--R^+} \tag{3-5}$$

其中

$$S^+=\min_i\{S_i\},\ S^-=\max_i\{S_i\} \tag{3-6}$$

$$R^+=\min_i\{R_i\},\ R^-=\max_i\{R_i\} \tag{3-7}$$

$\rho$ 为折衷系数，且 $0\leqslant\rho\leqslant1$。$\rho>0.5$ 时，表示根据群体效用最大化策略进行决策；$\rho<0.5$ 时，表示根据个体遗憾最小化策略进行决策；$\rho=0.5$ 时，表示根据群体效用最大化和个体遗憾最小化的均衡策略进行决策。一般取 $\rho=0.5$，表示从均衡的视角进行决策。

**步骤 4** 分别利用 $S_i$、$R_i$ 和 $Q_i$（$i=1, 2, \cdots, m$）的值对方案进行排序，值越小，方案越好，排序越靠前。

**步骤 5** 确定最优折衷方案。设 $Q_i$（$i=1, 2, \cdots, m$）中最小值对应的方案为 $X_{(1)}$，若其同时满足下面两个条件，则 $X_{(1)}$ 为最优方案。

**条件 1** $Q(X_{(2)})-Q(X_{(1)})\geqslant\frac{1}{m-1}$，其中 $X_{(2)}$ 为 $Q_i$（$i=1, 2, \cdots, m$）中第二小值对应的方案，$Q(X_{(1)})$、$Q(X_{(2)})$ 分别为方案 $X_{(1)}$ 和 $X_{(2)}$ 的折衷评价值。

**条件 2** 在 $S_i$ 和 $R_i$（$i=1, 2, \cdots, m$）的排序中，$X_{(1)}$ 至少有一个排序为最靠前。

如果有一个条件不满足，则得到一个折衷解集：(1) 如果条件 1 满足而条件 2 不满足，则折衷解集为 $\{X_{(1)}, X_{(2)}\}$；(2) 如果条件 1 不满足而条件 2 满足，这时可以在满足不等式 $Q(X_{(i)})-Q(X_{(1)})<\frac{1}{m-1}$ 的 $i$ 值中确定一个最大值 $M$，从而得到折衷解集为 $\{X_{(1)}, X_{(2)}, \cdots, X_{(M)}\}$。

需指出的是，VIKOR 方法中的多准则测度是以折衷规划中的 $L_p$－测度作为基础发展起来的[208]。$L_p$－测度的表达式为

$$L_{pi}=\left\{\sum_{j=1}^{n}\left[\frac{w_j\ (f_j^{+}-f_{ij})^{p}}{f_j^{+}-f_j^{-}}\right]^{\frac{1}{p}}\right. \tag{3-8}$$

其中，$1\leqslant p\leqslant\infty$，$i=1$，2，…，$m$，$m$ 表示备选方案的个数。在 VIKOR 方法中，$L_{1i}$（$S_i$ 使用）和 $L_{\infty i}$（$R_i$ 使用）被用来作为排序的测度公式。

另外，上述 VIKOR 方法中的准则值均为实数，已有研究在拓展 VIKOR 方法处理准则值为区间数、三角模糊数、语言数、不确定语言数、直觉模糊数、区间直觉模糊数、犹豫模糊数等的决策问题时，一般有两种方式：（1）以处理准则值为区间数的情形为例[197,199]，先分别就端点利用 VIKOR 方法进行处理，得到区间数型的折衷评价值，然后按照区间数的排序方法对方案进行排序；（2）以处理准则值为犹豫模糊数的情形为例[204]，先定义犹豫模糊数之间的距离公式，然后利用下列公式计算各方案的群体效用值 $S_i$ 和个体遗憾值 $R_i$（$i=1$，2，…，$m$），其他过程类似：

$$S_i=\sum_{j=1}^{n}\frac{w_j d\ (f_j^{+},\ f_{ij})}{d\ (f_j^{+},\ f_j^{-})} \tag{3-9}$$

$$R_i=\max_{j}\left\{\frac{w_j d\ (f_j^{+},\ f_{ij})}{d\ (f_j^{+},\ f_j^{-})}\right\} \tag{3-10}$$

本章采用后一种方式对准则值为直觉语言数的多准则群决策问题进行处理，下面先定义直觉语言数之间距离的计算公式。

## 3.2 直觉语言数的距离测度

在多准则决策中，假设准则值以直觉语言数形式 $\beta=\langle s_{\theta(\beta)},\ \mu\ (\beta),\ \nu\ (\beta)\rangle$ 给出且已经规范化，其中 $\mu\ (\beta)$ 和 $\nu\ (\beta)$ 分别表示论域中元素属于语言评价值 $s_{\theta(\beta)}$ 的隶属度和非隶属度。根据直觉语言数的定义可知，$\beta=\langle s_{\theta(\beta)},\ \mu\ (\beta),\ \nu\ (\beta)\rangle$ 反映了决策者对他/她所给出的语言评价值 $s_{\theta(\beta)}$ 的信心程度和犹豫程度，且决策者对语言评价值 $s_{\theta(\beta)}$ 的信心程度为区间数 $[\mu\ (\beta),\ 1-\nu\ (\beta)]$[64]，故实际的准则值在 $s_{\theta(\beta)\mu(\beta)}$ 和 $s_{\theta(\beta)(1-\nu(\beta))}$ 之间波动，即属于区间语言数 $[s_{\theta(\beta)\mu(\beta)},\ s_{\theta(\beta)(1-\nu(\beta))}]$。参照区间数之间的距离公式[209]和区间语言数之间的距离公式[65]，下面分别利用 Hamming 距离和 Euclidean 距离的思想给出直觉语言数之间距离的定义。

**定义 3－1** 设 $\beta_1=\langle s_{\theta(\beta_1)}, \mu(\beta_1), \nu(\beta_1)\rangle$ 和 $\beta_2=\langle s_{\theta(\beta_2)}, \mu(\beta_2), \nu(\beta_2)\rangle$ 为两个直觉语言数，$\Omega$ 为直觉语言数的集合，$d$ 是一个映射，即 $d$：$\Omega\times\Omega\rightarrow R$，若

(1) 令

$$d_H(\beta_1,\beta_2)=|\theta(\beta_1)\mu(\beta_1)-\theta(\beta_2)\mu(\beta_2)|+ \\ |\theta(\beta_1)(1-\nu(\beta_1))-\theta(\beta_2)(1-\nu(\beta_2))| \tag{3-11}$$

则称 $d_H(\beta_1, \beta_2)$ 为直觉语言数 $\beta_1$ 和 $\beta_2$ 之间的 Hamming 距离。

(2) 令

$$d_E(\beta_1,\beta_2)= \\ \sqrt{(\theta(\beta_1)\mu(\beta_1)-\theta(\beta_2)\mu(\beta_2))^2+(\theta(\beta_1)(1-\nu(\beta_1))-\theta(\beta_2)(1-\nu(\beta_2)))^2} \tag{3-12}$$

则称 $d_E(\beta_1, \beta_2)$ 为直觉语言数 $\beta_1$ 和 $\beta_2$ 之间的 Euclidean 距离。

**定理 3－1** 设 $\beta_1=\langle s_{\theta(\beta_1)}, \mu(\beta_1), \nu(\beta_1)\rangle$ 和 $\beta_2=\langle s_{\theta(\beta_2)}, \mu(\beta_2), \nu(\beta_2)\rangle$ 为两个直觉语言数，则它们之间的距离 $d_H(\beta_1, \beta_2)$ 和 $d_E(\beta_1, \beta_2)$ 具有如下性质：

(1) $d(\beta_1, \beta_2)\geqslant 0$；$d(\beta_1, \beta_2)=0$，当且仅当 $\beta_1=\beta_2$；

(2) $d(\beta_1, \beta_2)=d(\beta_2, \beta_1)$；

(3) 设 $\beta_3=\langle s_{\theta(\beta_3)}, \mu(\beta_3), \nu(\beta_3)\rangle$ 为任意的直觉语言数，则 $d(\beta_1, \beta_3)\leqslant d(\beta_1, \beta_2)+d(\beta_2, \beta_3)$。

**证明：** 这里只证明 $d(\beta_1, \beta_2)=0$ 当且仅当 $\beta_1=\beta_2$ 成立，其他根据 Hamming 距离和 Euclidean 距离的定义可证明。

若 $d(\beta_1, \beta_2)=0$，则根据定义 3－1 可知，下面两式同时成立：

$$\theta(\beta_1)\mu(\beta_1)=\theta(\beta_2)\mu(\beta_2)$$

$$\theta(\beta_1)(1-\nu(\beta_1))=\theta(\beta_2)(1-\nu(\beta_2))$$

两式相加得

$$\theta(\beta_1)(1+\mu(\beta_1)-\nu(\beta_1))=\theta(\beta_2)(1+\mu(\beta_2)-\nu(\beta_2))$$

即

$$h(\beta_1)=h(\beta_2)$$

两式相减得

$$\theta(\beta_1)(1-\mu(\beta_1)-\nu(\beta_1))=\theta(\beta_2)(1-\mu(\beta_2)-\nu(\beta_2))$$

即

$$H(\beta_1) = H(\beta_2)$$

因此，由定义 2—5 可得：

$$\beta_1 = \beta_2$$

由于上述过程是可逆的，故有 $d(\beta_1, \beta_2)=0$ 当且仅当 $\beta_1=\beta_2$ 成立。定理证毕。

由上述可知，$d(\beta_1, \beta_2)$ 的值越小，$\beta_1$ 和 $\beta_2$ 之间的距离越近。

# 3.3 基于拓展 VIKOR 的直觉语言多准则群决策方法

## 3.3.1 问题描述

考虑某一直觉语言多准则群决策问题，设 $X=\{X_1, X_2, \cdots, X_m\}$ 为方案集，$C=\{C_1, C_2, \cdots, C_n\}$ 为准则集，$\boldsymbol{w}=(w_1, w_2, \cdots, w_n)^{\mathrm{T}}$ 为准则 $C_j$（$j=1, 2, \cdots, n$）的权重向量，其中 $w_j \in [0, 1]$（$j=1, 2, \cdots, n$），$\sum\limits_{j=1}^{n} w_j=1$。又设 $D=\{d_1, d_2, \cdots, d_t\}$ 为决策者集，$\boldsymbol{e}=(e_1, e_2, \cdots, e_t)^{\mathrm{T}}$ 为决策者 $d_k$（$k=1, 2, \cdots, t$）的权重向量，其中 $e_k \in [0, 1]$（$k=1, 2, \cdots, t$），$\sum\limits_{k=1}^{t} e_k=1$。假设决策者 $d_k$（$k=1, 2, \cdots, t$）应用语言短语集 $\overline{S}_1$（或 $\overline{S}_2$）对各方案进行评价，方案 $X_i$（$i=1, 2, \cdots, m$）在准则 $C_j$（$j=1, 2, \cdots, n$）下的准则值用直觉语言数 $\beta_{ij}^{(k)}=\langle s_{\theta(\beta_{ij}^{(k)})}, \mu(\beta_{ij}^{(k)}), \nu(\beta_{ij}^{(k)})\rangle$（$i=1, 2, \cdots, m$；$j=1, 2, \cdots, n$；$k=1, 2, \cdots, t$）表示，决策矩阵为 $\boldsymbol{R}^{(k)}=(\beta_{ij}^{(k)})_{m\times n}$（$k=1, 2, \cdots, t$），其中 $s_{\theta(\beta_{ij}^{(k)})} \in \overline{S}_1$（或 $s_{\theta(\beta_{ij}^{(k)})} \in \overline{S}_2$）是决策者 $d_k$ 给出的方案 $X_i$ 在准则 $C_j$ 下的语言评价值，$\mu(\beta_{ij}^{(k)})$ 表示决策者 $d_k$ 给出的关于方案 $X_i$ 在准则 $C_j$ 下属于语言评价值 $s_{\theta(\beta_{ij}^{(k)})}$ 的程度，$\nu(\beta_{ij}^{(k)})$ 表示决策者 $d_k$ 给出的关于方案 $X_i$ 在准则 $C_j$ 下不属于语言评价值 $s_{\theta(\beta_{ij}^{(k)})}$ 的程度，满足 $0 \leqslant \mu(\beta_{ij}^{(k)})+\nu(\beta_{ij}^{(k)}) \leqslant 1$。试确定方案的排序，并确定最优方案。

## 3.3.2 群决策方法的具体步骤

针对该直觉语言多准则群决策问题，下面对 VIKOR 方法进行拓展，提出解决该问题的具体步骤。

**步骤 1**　利用式（2—21）和式（2—22）对决策矩阵 $\boldsymbol{R}^{(k)}=(\beta_{ij}^{(k)})_{m\times n}$ 进行规范化处理，得到决策矩阵 $\overline{\boldsymbol{R}}^{(k)}=(\overline{\beta}_{ij}^{(k)})_{m\times n}$（$k=1, 2, \cdots, t$）。

**步骤 2**　利用 ILWAA 算子

$$\overline{\beta}_{ij}=\mathrm{ILWAA}_{e}(\overline{\beta}_{ij}^{(1)}, \overline{\beta}_{ij}^{(2)}, \cdots, \overline{\beta}_{ij}^{(t)}) \tag{3—13}$$

对各决策者给出的决策矩阵 $\overline{\boldsymbol{R}}^{(k)}=(\overline{\beta}_{ij}^{(k)})_{m\times n}$（$k=1, 2, \cdots, t$）进行加权集结，得到决策矩阵 $\overline{\boldsymbol{R}}=(\overline{\beta}_{ij})_{m\times n}$，其中 $\overline{\beta}_{ij}$ 为方案 $X_i$ 关于准则 $C_j$ 的群体综合评价值（$i=1, 2, \cdots, m$；$j=1, 2, \cdots, n$）。

**步骤 3**　确定各方案关于各准则的理想解和负理想解：

$$\overline{\beta}_j^{+}=\langle\max_i\{s_{\theta(\overline{\beta}_{ij})}\}, \max_i\{\mu(\overline{\beta}_{ij})\}, \min_i\{\nu(\overline{\beta}_{ij})\}\rangle \tag{3—14}$$

$$\overline{\beta}_j^{-}=\langle\min_i\{s_{\theta(\overline{\beta}_{ij})}\}, \min_i\{\mu(\overline{\beta}_{ij})\}, \max_i\{\nu(\overline{\beta}_{ij})\}\rangle \tag{3—15}$$

**步骤 4**　选择直觉语言数之间的距离公式（3—11）或式（3—12）计算各方案的群体效用值 $S_i$ 和个体遗憾值 $R_i$（$i=1, 2, \cdots, m$）：

$$S_i=\sum_{j=1}^{n}\frac{w_j d_H(\overline{\beta}_j^{+}, \overline{\beta}_{ij})}{d_H(\overline{\beta}_j^{+}, \overline{\beta}_j^{-})} \tag{3—16}$$

$$R_i=\max_j\left\{\frac{w_j d_H(\overline{\beta}_j^{+}, \overline{\beta}_{ij})}{d_H(\overline{\beta}_j^{+}, \overline{\beta}_j^{-})}\right\} \tag{3—17}$$

或

$$S_i=\sum_{j=1}^{n}\frac{w_j d_E(\overline{\beta}_j^{+}, \overline{\beta}_{ij})}{d_E(\overline{\beta}_j^{+}, \overline{\beta}_j^{-})} \tag{3—18}$$

$$R_i=\max_j\left\{\frac{w_j d_E(\overline{\beta}_j^{+}, \overline{\beta}_{ij})}{d_E(\overline{\beta}_j^{+}, \overline{\beta}_j^{-})}\right\} \tag{3—19}$$

**步骤 5**　利用下列公式计算各方案的折衷评价值 $Q_i$（$i=1, 2, \cdots, m$）：

$$Q_i=\rho\frac{S_i-S^{+}}{S^{-}-S^{+}}+(1-\rho)\frac{R_i-R^{+}}{R^{-}-R^{+}} \tag{3—20}$$

其中

$$S^{+}=\min_i\{S_i\}, \quad S^{-}=\max_i\{S_i\} \tag{3—21}$$

$$R^{+}=\min_{i}\{R_i\},\ R^{-}=\max_{i}\{R_i\} \tag{3-22}$$

$\rho$为折衷系数，一般取$\rho=0.5$。

**步骤 6** 分别利用$S_i$、$R_i$和$Q_i$（$i=1, 2, \cdots, m$）的值对方案进行排序，值越小，方案越好。

**步骤 7** 确定最优折衷方案。如果$Q_i$（$i=1, 2, \cdots, m$）中最小值对应的方案为$X_{(1)}$，且其同时满足下面两个条件，则$X_{(1)}$为最优折衷方案。

**条件 1** $Q(X_{(2)})-Q(X_{(1)})\geqslant\frac{1}{m-1}$，其中$X_{(2)}$为$Q_i$（$i=1, 2, \cdots, m$）中第二小值对应的方案，$Q(X_{(1)})$、$Q(X_{(2)})$分别为方案$X_{(1)}$和$X_{(2)}$的折衷评价值。

**条件 2** 在$S_i$和$R_i$（$i=1, 2, \cdots, m$）的排序中，$X_{(1)}$至少有一个排序为最靠前。

如果有一个条件不满足，则得到一个折衷解集：（1）如果只有条件 1 满足，则折衷解集为$\{X_{(1)}, X_{(2)}\}$；（2）如果只有条件 2 满足，这时可以在满足不等式$Q(X_{(i)})-Q(X_{(1)})<\frac{1}{m-1}$的$i$值中确定一个最大值$M$，得到折衷解集为$\{X_{(1)}, X_{(2)}, \cdots, X_{(M)}\}$。

# 3.4 实例分析

考虑一个企业合作伙伴选择问题（改编自参考文献[185]）。某摩托车公司为提升自己的市场竞争力，拟从 5 个同行$X_i$（$i=1, 2, \cdots, 5$）中选择一最佳企业建立合作联盟。该公司聘请了 3 位专家（决策者）$d_k$（$k=1, 2, 3$）（权重向量为$\boldsymbol{e}=(0.35, 0.35, 0.30)^{\mathrm{T}}$）组成决策小组，分别利用语言短语集$\overline{S}_1$根据下列 3 个指标（准则）对这些企业进行评价：①$C_1$—生产能力；②$C_2$—研发实力；③$C_3$—资金周转能力。这些指标均为效益型指标，权重向量为$\boldsymbol{w}=(0.45, 0.20, 0.35)^{\mathrm{T}}$。专家$d_k$给出的关于方案$X_i$在准则$C_j$下的特征信息用直觉语言数$\beta_{ij}^{(k)}=\langle s_{\theta(\beta_{ij}^{(k)})}, \mu(\beta_{ij}^{(k)}), \nu(\beta_{ij}^{(k)})\rangle$（$k=1, 2, 3$；$i=1, 2, \cdots, 5$；$j=1, 2, 3$）表示，决策矩阵为$\boldsymbol{R}^{(k)}=(\beta_{ij}^{(k)})_{5\times 3}$（$k=1, 2, 3$），见表 3—1～表 3—3。试确定最佳合作企业。

表 3—1 决策矩阵 $\boldsymbol{R}^{(1)}=(\beta_{ij}^{(1)})_{5\times 3}$

| | $C_1$ | $C_2$ | $C_3$ |
|---|---|---|---|
| $X_1$ | $\langle s_6, 0.8, 0.1\rangle$ | $\langle s_7, 0.7, 0.2\rangle$ | $\langle s_6, 0.7, 0.2\rangle$ |
| $X_2$ | $\langle s_7, 0.7, 0.1\rangle$ | $\langle s_6, 0.8, 0.1\rangle$ | $\langle s_5, 0.8, 0.1\rangle$ |
| $X_3$ | $\langle s_6, 0.7, 0.2\rangle$ | $\langle s_7, 0.7, 0.1\rangle$ | $\langle s_6, 0.8, 0.1\rangle$ |
| $X_4$ | $\langle s_5, 0.8, 0.1\rangle$ | $\langle s_6, 0.7, 0.1\rangle$ | $\langle s_7, 0.7, 0.2\rangle$ |
| $X_5$ | $\langle s_7, 0.7, 0.2\rangle$ | $\langle s_7, 0.8, 0.1\rangle$ | $\langle s_8, 0.7, 0.1\rangle$ |

表 3—2 决策矩阵 $\boldsymbol{R}^{(2)}=(\beta_{ij}^{(2)})_{5\times 3}$

| | $C_1$ | $C_2$ | $C_3$ |
|---|---|---|---|
| $X_1$ | $\langle s_7, 0.7, 0.2\rangle$ | $\langle s_6, 0.7, 0.2\rangle$ | $\langle s_7, 0.6, 0.2\rangle$ |
| $X_2$ | $\langle s_8, 0.8, 0.1\rangle$ | $\langle s_7, 0.7, 0.2\rangle$ | $\langle s_6, 0.7, 0.2\rangle$ |
| $X_3$ | $\langle s_7, 0.6, 0.2\rangle$ | $\langle s_6, 0.8, 0.1\rangle$ | $\langle s_7, 0.8, 0.1\rangle$ |
| $X_4$ | $\langle s_5, 0.8, 0.1\rangle$ | $\langle s_7, 0.8, 0.0\rangle$ | $\langle s_8, 0.6, 0.2\rangle$ |
| $X_5$ | $\langle s_6, 0.7, 0.1\rangle$ | $\langle s_7, 0.8, 0.1\rangle$ | $\langle s_6, 0.8, 0.1\rangle$ |

表 3—3 决策矩阵 $\boldsymbol{R}^{(3)}=(\beta_{ij}^{(3)})_{5\times 3}$

| | $C_1$ | $C_2$ | $C_3$ |
|---|---|---|---|
| $X_1$ | $\langle s_5, 0.8, 0.1\rangle$ | $\langle s_6, 0.7, 0.2\rangle$ | $\langle s_6, 0.8, 0.1\rangle$ |
| $X_2$ | $\langle s_8, 0.7, 0.2\rangle$ | $\langle s_4, 0.6, 0.1\rangle$ | $\langle s_7, 0.7, 0.1\rangle$ |
| $X_3$ | $\langle s_7, 0.6, 0.1\rangle$ | $\langle s_4, 0.7, 0.2\rangle$ | $\langle s_8, 0.7, 0.1\rangle$ |
| $X_4$ | $\langle s_6, 0.8, 0.1\rangle$ | $\langle s_6, 0.8, 0.1\rangle$ | $\langle s_6, 0.7, 0.2\rangle$ |
| $X_5$ | $\langle s_6, 0.7, 0.1\rangle$ | $\langle s_7, 0.9, 0.0\rangle$ | $\langle s_6, 0.8, 0.1\rangle$ |

下面利用本章提出的基于拓展 VIKOR 的直觉语言多准则群决策方法进行求解。

**步骤 1** 由于所有的准则均为效益型，不需要对决策矩阵 $\boldsymbol{R}^{(k)}=(\beta_{ij}^{(k)})_{5\times 3}$（$k=1, 2, 3$）进行规范化，故 $\bar{\boldsymbol{R}}^{(k)}=\boldsymbol{R}^{(k)}=(\beta_{ij}^{(k)})_{5\times 3}$（$k=1, 2, 3$）。

**步骤 2** 利用 ILWAA 算子，即式（3—13）对决策矩阵 $\bar{\boldsymbol{R}}^{(k)}=(\bar{\beta}_{ij}^{(k)})_{5\times 3}$（$k=1, 2, 3$）进行加权集结，得到决策矩阵 $\bar{\boldsymbol{R}}=(\bar{\beta}_{ij})_{5\times 3}$，见表 3—4。

表 3—4 决策矩阵 $\bar{R}=(\bar{\beta}_{ij})_{5\times3}$

| | $C_1$ | $C_2$ | $C_3$ |
|---|---|---|---|
| $X_1$ | $\langle s_{6.0500},0.7595,0.1405\rangle$ | $\langle s_{6.3500},0.7000,0.2000\rangle$ | $\langle s_{6.3500},0.6898,0.1717\rangle$ |
| $X_2$ | $\langle s_{7.6500},0.7366,0.1314\rangle$ | $\langle s_{5.7500},0.7157,0.1426\rangle$ | $\langle s_{5.9500},0.7294,0.1353\rangle$ |
| $X_3$ | $\langle s_{6.6500},0.6316,0.1684\rangle$ | $\langle s_{5.7500},0.7365,0.1209\rangle$ | $\langle s_{6.9500},0.7655,0.1000\rangle$ |
| $X_4$ | $\langle s_{5.3000},0.8000,0.1000\rangle$ | $\langle s_{6.3500},0.7669,0.0614\rangle$ | $\langle s_{7.0500},0.6603,0.2000\rangle$ |
| $X_5$ | $\langle s_{6.3500},0.7000,0.1386\rangle$ | $\langle s_{7.0000},0.8300,0.0700\rangle$ | $\langle s_{6.7000},0.7582,0.1000\rangle$ |

**步骤 3** 利用式（3—14）和式（3—15）确定各准则的理想解和负理想解：

$\bar{\beta}_1^+=\langle s_{7.6500}, 0.8000, 0.1000\rangle$，$\bar{\beta}_2^+=\langle s_{7.0000}, 0.8300, 0.0614\rangle$，

$\bar{\beta}_3^+=\langle s_{7.0500}, 0.7655, 0.1000\rangle$，$\bar{\beta}_1^-=\langle s_{5.3000}, 0.6316, 0.1684\rangle$，

$\bar{\beta}_2^-=\langle s_{5.7500}, 0.7000, 0.2000\rangle$，$\bar{\beta}_3^-=\langle s_{5.9500}, 0.6603, 0.2000\rangle$

在下面的步骤中，由于涉及直觉语言数的距离公式的选择，故分成两部分进行阐述。

（1）利用直觉语言数的 Hamming 距离公式（3—11）计算的情形。

**步骤 4** 利用式（3—11）、式（3—16）和式（3—17）计算各方案的群体效用值 $S_i$ 和个体遗憾值 $R_i$（$i=1, 2, \cdots, 5$），见表 3—5。

表 3—5 群体效用值 $S_i$、个体遗憾值 $R_i$ 和折衷评价值 $Q_i$

（利用 Hamming 距离公式（3—11）计算的情形）

| | $X_1$ | $X_2$ | $X_3$ | $X_4$ | $X_5$ | 方案排序 |
|---|---|---|---|---|---|---|
| $S_i$ | 0.6682 | 0.4985 | 0.4644 | 0.5909 | 0.3405 | $X_5\succ X_3\succ X_2\succ X_4\succ X_1$ |
| $R_i$ | 0.2751 | 0.2587 | 0.2807 | 0.3424 | 0.2649 | $X_2\succ X_5\succ X_1\succ X_3\succ X_4$ |
| $Q_i$ | 0.5979 | 0.2411 | 0.3205 | 0.8820 | 0.0370 | $X_5\succ X_2\succ X_3\succ X_1\succ X_4$ |

**步骤 5** 先利用式（3—21）和式（3—22）求得：

$$S^+=0.3405，S^-=0.6682，R^+=0.2587，R^-=0.3424$$

再利用式（3—20）计算得到各方案的折衷评价值 $Q_i$（$i=1, 2, \cdots, 5$），见表 3—5（这里取 $\rho=0.5$）。

**步骤 6** 分别利用 $S_i$、$R_i$ 和 $Q_i$（$i=1, 2, \cdots, 5$）的值对方案进行排序，结果见表 3—5。

**步骤7** 从利用$Q_i$（$i=1,2,\cdots,5$）的值对方案进行排序的结果可知，$X_{(1)}=X_5$，$X_{(2)}=X_2$。由于$Q(X_{(2)})-Q(X_{(1)})=0.2040<\frac{1}{5-1}=0.25$，但使用$S_i$（$i=1,2,\cdots,5$）排序时，$X_{(1)}=X_5$排在首位，故$X_{(1)}$只满足条件2而不满足条件1。此时，又由于$Q(X_{(3)})-Q(X_{(1)})=0.2835>\frac{1}{5-1}$，故在满足不等式$Q(X_{(i)})-Q(X_{(1)})<\frac{1}{m-1}$的$i$值中，最大值$M=2$。因此，得到本实例的折衷解集为$\{X_5, X_2\}$。

（2）利用直觉语言数的Euclidean距离公式（3—12）计算的情形。

**步骤4** 利用式（3—12）、式（3—18）和式（3—19）计算各方案的群体效用值$S_i$和个体遗憾值$R_i$（$i=1,2,\cdots,5$），见表3—6。

**表3—6 群体效用值$S_i$、个体遗憾值$R_i$和折衷评价值$Q_i$**

（利用Euclidean距离公式（3—12）计算的情形）

| | $X_1$ | $X_2$ | $X_3$ | $X_4$ | $X_5$ | 方案排序 |
|---|---|---|---|---|---|---|
| $S_i$ | 0.6680 | 0.5020 | 0.4680 | 0.5926 | 0.3423 | $X_5\succ X_3\succ X_2\succ X_4\succ X_1$ |
| $R_i$ | 0.2750 | 0.2590 | 0.2844 | 0.3425 | 0.2654 | $X_2\succ X_5\succ X_1\succ X_3\succ X_4$ |
| $Q_i$ | 0.5958 | 0.2451 | 0.3450 | 0.8842 | 0.0383 | $X_5\succ X_2\succ X_3\succ X_1\succ X_4$ |

**步骤5** 先利用式（3—21）和式（3—22）求得：

$$S^+=0.3423,\ S^-=0.6680,\ R^+=0.2590,\ R^-=0.3425$$

再利用式（3—20）计算得到各方案的折衷评价值$Q_i$（$i=1,2,\cdots,5$），见表3—6（这里取$\rho=0.5$）。

**步骤6** 分别利用$S_i$、$R_i$和$Q_i$（$i=1,2,\cdots,5$）的值对方案进行排序，结果见表3—6。

**步骤7** 从利用$Q_i$（$i=1,2,\cdots,5$）的值对方案进行排序的结果可知，$X_{(1)}=X_5$，$X_{(2)}=X_2$。由于$Q(X_{(2)})-Q(X_{(1)})=0.2068<\frac{1}{5-1}=0.25$，但使用$S_i$（$i=1,2,\cdots,5$）排序时，$X_{(1)}=X_5$排在首位，故$X_{(1)}$只满足条件2而不满足条件1。此时，又由于$Q(X_{(3)})-Q(X_{(1)})=0.3068>\frac{1}{5-1}$，故在满足不等式$Q(X_{(i)})-Q(X_{(1)})<\frac{1}{m-1}$的$i$值中，最大值$M=2$。因

此，得到本实例的折衷解集也为 $\{X_5, X_2\}$。

由上述可知，应用基于拓展 VIKOR 的直觉语言多准则群决策方法求解本实例时，利用直觉语言数的 Hamming 距离公式（3－11）和 Euclidean 距离公式（3－12）计算得到的方案排序和折衷解集完全一致。

## 3.5 与其他方法的比较

为了进行对比，这里先将经典的 TOPSIS 方法拓展到直觉语言环境下，提出一种基于拓展 TOPSIS 的直觉语言多准则群决策方法，其具体步骤为。

**步骤 1～步骤 2** 同基于拓展 VIKOR 的直觉语言多准则群决策方法的步骤 1 和步骤 2。

**步骤 3** 确定理想方案和负理想方案：

$$X^{+} = (\bar{\beta}_1^{+}, \bar{\beta}_2^{+}, \cdots, \bar{\beta}_n^{+}) \tag{3-23}$$

$$X^{-} = (\bar{\beta}_1^{-}, \bar{\beta}_2^{-}, \cdots, \bar{\beta}_n^{-}) \tag{3-24}$$

其中

$$\bar{\beta}_j^{+} = \left\langle \max_i \{s_{\theta(\bar{\beta}_{ij})}\}, \max_i \{\mu(\bar{\beta}_{ij})\}, \min_i \{\nu(\bar{\beta}_{ij})\} \right\rangle \tag{3-25}$$

$$\bar{\beta}_j^{-} = \left\langle \min_i \{s_{\theta(\bar{\beta}_{ij})}\}, \min_i \{\mu(\bar{\beta}_{ij})\}, \max_i \{\nu(\bar{\beta}_{ij})\} \right\rangle \tag{3-26}$$

分别为各方案关于各准则的理想解和负理想解。

**步骤 4** 选择直觉语言数之间的距离公式（3－11）或式（3－12）计算各方案到理想方案的距离 $D_i^{+}$ 以及到负理想方案的距离 $D_i^{-}$（$i=1, 2, \cdots, m$）：

$$D_i^{+} = \sum_{j=1}^{n} w_j d_H(\bar{\beta}_j^{+}, \bar{\beta}_{ij}) \tag{3-27}$$

$$D_i^{-} = \sum_{j=1}^{n} w_j d_H(\bar{\beta}_j^{-}, \bar{\beta}_{ij}) \tag{3-28}$$

或

$$D_i^{+} = \sum_{j=1}^{n} w_j d_E(\bar{\beta}_j^{+}, \bar{\beta}_{ij}) \tag{3-29}$$

$$D_i^- = \sum_{j=1}^{n} w_j d_E(\bar{\beta}_j^-, \bar{\beta}_{ij}) \tag{3-30}$$

**步骤5** 利用下式计算各方案与理想方案的贴近度 $D_i$（$i=1, 2, \cdots, m$）：

$$D_i = \frac{D_i^-}{D_i^- + D_i^+} \tag{3-31}$$

**步骤6** 利用 $D_i$（$i=1, 2, \cdots, m$）的值对方案进行排序，值越大，方案越好。

下面利用基于拓展 TOPSIS 的直觉语言多准则群决策方法对 3.4 节中的实例进行求解。

**步骤1～步骤2** 同 3.4 节中方法 3－1 的步骤 1 和步骤 2。

**步骤3** 利用式（3－23）～式（3－26）确定理想方案和负理想方案：

$X^+ = (\langle s_{7.6500}, 0.8000, 0.1000\rangle, \langle s_{7.0000}, 0.8300, 0.0614\rangle, \langle s_{7.0500}, 0.7655, 0.1000\rangle)$

$X^- = (\langle s_{5.3000}, 0.6316, 0.1684\rangle, \langle s_{5.7500}, 0.7000, 0.2000\rangle, \langle s_{5.9500}, 0.6603, 0.2000\rangle)$

在下面的步骤中，由于涉及直觉语言数的距离公式的选择，故分成两部分进行阐述。

（1）利用直觉语言数的 Hamming 距离公式（3－11）计算的情形。

**步骤4** 利用式（3－11）、式（3－27）和式（3－28）计算得到各方案到理想方案的距离 $D_i^+$ 以及到负理想方案的距离 $D_i^-$（$i=1, 2, \cdots, 5$），见表 3－7。

**表 3－7 各方案到正、负理想方案的距离 $D_i^+$ 和 $D_i^-$ 以及贴近度 $D_i$**

（利用 Hamming 距离公式（3－11）计算的情形）

| | $X_1$ | $X_2$ | $X_3$ | $X_4$ | $X_5$ |
|---|---|---|---|---|---|
| $D_i^+$ | 2.7512 | 1.7832 | 2.1502 | 2.6142 | 1.6237 |
| $D_i^-$ | 1.4309 | 2.3989 | 2.0319 | 1.5679 | 2.5584 |
| $D_i$ | 0.3422 | 0.5736 | 0.4859 | 0.3749 | 0.6118 |

**步骤5** 利用式（3－31）计算得到各方案与理想方案的贴近度 $D_i$（$i=1, 2, \cdots, 5$），见表 3－7。

**步骤6** 利用 $D_i$（$i=1, 2, \cdots, 5$）的值对方案进行排序，有

$$X_5 \succ X_2 \succ X_3 \succ X_4 \succ X_1$$

故最优方案为 $X_5$。

（2）利用直觉语言数的 Euclidean 距离公式（3—12）计算的情形。

**步骤 4** 利用式（3—12）、式（3—29）和式（3—30）计算得到各方案到理想方案的距离 $D_i^+$ 以及到负理想方案的距离 $D_i^-$（$i=1, 2, \cdots, 5$），见表 3—8。

**表 3—8 各方案到正、负理想方案的距离 $D_i^+$ 和 $D_i^-$ 以及贴近度 $D_i$**

（利用 Euclidean 距离公式（3—12）计算的情形）

| | $X_1$ | $X_2$ | $X_3$ | $X_4$ | $X_5$ |
|---|---|---|---|---|---|
| $D_i^+$ | 1.9473 | 1.2749 | 1.5360 | 1.8557 | 1.1551 |
| $D_i^-$ | 1.0284 | 1.7055 | 1.4493 | 1.1531 | 1.8102 |
| $D_i$ | 0.3456 | 0.5722 | 0.4855 | 0.3832 | 0.6105 |

**步骤 5** 利用式（3—31）计算得到各方案与理想方案的贴近度 $D_i$（$i=1, 2, \cdots, 5$），见表 3—8。

**步骤 6** 利用 $D_i$（$i=1, 2, \cdots, 5$）的值对方案进行排序，有

$$X_5 \succ X_2 \succ X_3 \succ X_4 \succ X_1$$

故最优方案也为 $X_5$。

由上述可知，应用基于拓展 TOPSIS 的直觉语言多准则群决策方法求解本章实例时，利用直觉语言数的 Hamming 距离公式（3—11）和 Euclidean 距离公式（3—12）计算得到的方案排序和最优方案完全一致。

作为对比，基于拓展 VIKOR 的直觉语言多准则群决策方法得到的方案排序结果是：$X_5 \succ X_2 \succ X_3 \succ X_1 \succ X_4$，折衷解集为 $\{X_5, X_2\}$；基于拓展 TOPSIS 的直觉语言多准则群决策方法得到的方案排序结果是：$X_5 \succ X_2 \succ X_3 \succ X_4 \succ X_1$，最优方案为 $X_5$，其次是 $X_2$。虽然两种方法的排序结果在最后两个位置上存在差异，但最优方案相同，从而也验证了本章方法的有效性。

## 3.6 本章小结

针对决策者评价信息为直觉语言数的多准则群决策问题，利用 VIKOR 方法的基本原理，本章提出了一种基于拓展 VIKOR 的直觉语言多准则群决策方法。为了进行比较，结合 TOPSIS 方法的基本思想，本章还提出了一种基于拓展 TOPSIS 的直觉语言多准则群决策方法。实例分析表明了本章方法

的有效性。值得注意的是，基于拓展 TOPSIS 的方法属于“排序”导向，试图得到各方案间的一个完全序或部分序，而基于拓展 VIKOR 的方法属于“选择”导向，目的在选择而不在排序，可以得到一个折衷解集，从而有可能从中再进一步挑选方案。VIKOR 方法引入折衷系数，既考虑了群体效用的最大化，又考虑了个体遗憾的最小化，还考虑了决策者的主观偏好，能克服 TOPSIS 方法、ELECTRE 方法和 PROMETHEE 方法的一些不足，有助于增强决策结果的有效性。

# 4 基于二元联系数的直觉语言多准则群决策方法

从前述章节的讨论中可以看出，直觉语言多准则决策中对不确定性的处理是解决这类问题的关键。我们知道，处理语言多准则决策中不确定性的方法之一是将语言数据转化为模糊数，然后利用基于模糊数的多准则决策方法求解[71,125]。目前，利用模糊集的相关理论（包括模糊集理论的拓展，如直觉模糊集理论、犹豫模糊集理论和模糊软集理论等）进行模糊多准则决策已取得了巨大的成功[7,9-12,71,210]，但是，现有模糊多准则决策方法仍存在不足，例如，国外有些研究主要借助于 α 截集的方法，如 Bass 和 Kwakernaak[211]、Kwakernaak[212]、Dubois 和 Prade[213,214] 以及 Bonissone[215] 的工作，可 Dubois 和 Prade 的方法需要 α 遍历区间 [0，1] 内的所有实数，这很不现实；而 Bonissone 的方法计算烦琐，模糊极大集、极小集等隶属函数表达式难于理解，同时，工程技术人员也难以运用于实际。国内有些研究[216]虽然采用隶属函数的表达形式，但决策信息在建模之前就已经被精确化，造成了决策信息的丢失，实际从严格意义上讲，这些方法并没有脱离经典多准则决策的范畴。另外，由于直觉语言数在语言数的基础上又增加了隶属度和非隶属度两个参数，故直觉语言数的模糊不确定性比语言数要大一些。所以，利用模糊数处理直觉语言多准则决策问题会更加困难和不方便。

处理语言多准则决策中不确定性的另一种方法是利用二元语义表示语言标度并进行运算和处理。这类方法能避免决策信息的丢失，能克服以往研究方法的某些不足，但二元语义模型的叙述较为烦琐，计算不大方便，其实用性受到影响。又由于直觉语言数的模糊不确定性比语言数要大一些，故利用二元语义模型处理直觉语言多准则决策问题会更加烦琐，不便于操作，不利于应用。因此，有必要寻求新的途径和方法处理直觉语言多准则决策问题。

集对分析（Set Pair Analysis，SPA）是我国赵克勤于 1989 年提出的一种新的不确定性理论[217]，其核心思想是把对客观事物的确定性测度与不确定性测度作为一个系统进行分析。集对分析为处理模糊不确定多准则决策问题提供了一种新的途径，能有效克服模糊多准则决策的一些缺陷，受到许多研究人员的高度关注[218−225]。集对分析的主要数学工具是联系数[218]，其相关研究导致了联系数学的发展。二元联系数作为联系数的一种，目前其相关研究已取得了一些成果，例如，黄和赵[226]、高和刘[227]利用二元联系数描述和处理网络计划和系统调度中的不确定性，赵[228]、陆和王[229]对二元联系数的理论基础（如运算法则）进行了研究，汪[230,231]、刘和赵[232]已将二元联系数用于多准则决策领域。

本章对二元联系数进行进一步的研究和探索，并用于解决直觉语言多准则决策问题。为此，本章的内容安排如下：4.1 节介绍二元联系数的有关概念；4.2 节介绍直觉语言数转化为二元联系数的方法；4.3 节完善二元联系数的运算法则，并基于这些运算法则，定义一些二元联系数信息集结算子；4.4 节通过将直觉语言数转化为二元联系数，提出两种准则值为直觉语言数而准则权重信息不完全确定的多准则群决策方法；4.5 节给出一个实例；4.6 节对本章进行小结。

# 4.1 二元联系数及其比较

## 4.1.1 二元联系数

赵[217]给出了三元联系数的如下定义：

**定义 4−1**[217] 给定两个有一定联系的集合 $F$ 和 $G$，它们组成集对 $Y=(F,G)$。在某一具体问题背景下，集对 $Y$ 中两个集合 $F$ 和 $G$ 的所有关系可分为同关系（同一、等同、协同等关系）、反关系（对立、矛盾、相互否定等关系）和异关系（既不是同关系，也不是反关系，与同关系、反关系均有一定差异）3 大类。一般用

$$U=A+Bi+Cj \tag{4-1}$$

表示两个集合同、异、反关系数及其相互联系，其中$A$为同关系数，$B$为异关系数，$C$为反关系数，$j=-1$，$i\in[-1, 1]$。令$N=A+B+C$，则$N$为两个集合的关系总数，也称联系范数，表示两个集合联系范围的大小。用$N$除式（4—1）两边，并令$u=\frac{U}{N}$，$a=\frac{A}{N}$，$b=\frac{B}{N}$，$c=\frac{C}{N}$，则由式（4—1）可得

$$u=a+bi+cj \tag{4—2}$$

其中，$a$，$b$，$c$依次称为两个集合$F$和$G$的同一度、差异度和对立度，$U$和$u$统称为三元联系数。

若式（4—1）和式（4—2）简化为如下形式

$$u=a+bi, U=A+Bi \tag{4—3}$$

$$u=a+cj, U=A+Cj \tag{4—4}$$

其中$i\in[-1, 1]$，$j=-1$，则$U$和$u$统称为二元联系数。

一般仅使用式（4—3）类型的二元联系数。刘和赵[232]约定此种二元联系数中的$i\in[0, 1]$，本章认为其更适合表达决策信息，只是其中的$A$，$B$均为自然数，$a$，$b\in[0, 1]$，限制了它们的使用范围。本章将其推广，给出如下定义。

**定义 4—2** 若$\mu$，$\eta$为任意非负实数，且

$$\beta=\mu+\eta i \tag{4—5}$$

则称$\beta$为二元联系数。其中，$\mu$称为确定数，$\eta i$称为不确定数，$\eta$称为不确定度，$i\in[0, 1]$，且$i$需根据问题的具体情境不确定取值，有时$i$也可仅作为一个不确定量的标记使用。如无特别说明，本章所指均为此种类型的二元联系数，并记$\Theta$为所有这种二元联系数组成的集合。

在实际的多准则决策过程中，可直接以二元联系数的形式给出准则值，也可将其他形式的准则值转化为二元联系数的形式。例如，设$[x, y]$为非负区间数（若不为非负区间数则需先进行规范化，根据数据规范化处理的知识可知，规范化后的区间数均为非负区间数），则可将其改写为二元联系数的形式，即

$$\beta=x+(y-x)i, i\in[0, 1] \tag{4—6}$$

二元联系数中$i$的取值具有不确定性。从形式上看，其意义在于把一个具体的数与这个数所在的范围联系起来，但从深层次看，其意义更在于把一

个具体的数与这个数所在范围内的确定性与不确定性联系起来，使得一定范围内的确定性与不确定性的相互联系、渗透、制约与转化在数量上得到客观的反映。例如，参考文献[232]实例中图书馆空调系统选择的固定成本为[3.5，4.5]（单位：万元），用二元联系数表示则为（$3.5+i$）万元，$i\in[0,1]$。这里3.5万元是确定的，$i$万元是由于若干不确定性所引起的波动成本，1万元是成本的不确定度，表示波动的最大范围，即固定成本最少需要3.5万元，最多需要4.5万元。取区间数[3.5，4.5]的中点或在二元联系数$3.5+i$中令$i=0.5$，可得固定成本的期望值为4万元。

### 4.1.2 二元联系数的比较

由上述可知，二元联系数$\beta=\mu+\eta i$转化成区间数即为$[\mu,\mu+\eta]$。对于区间数$[\mu,\mu+\eta]$，研究者很少说明准则值落在该区间数内的规律[209]，但也有少数研究者进行了说明，例如，张等人[233]、徐和吴[6]认为准则值在$[\mu,\mu+\eta]$内服从均匀分布，此时$[\mu,\mu+\eta]$的期望值为$\frac{[\mu+(\mu+\eta)]}{2}=\mu+0.5\eta$，均方差为$\sqrt{\frac{[(\mu+\eta)-\mu]^2}{12}}=\frac{\eta}{\sqrt{12}}$。参照此可定义二元联系数的期望值和均方差。

**定义 4—3** 设$\beta=\mu+\eta i$为二元联系数，称

$$E(\beta)=\mu+0.5\eta\text{（令}i=0.5\text{即得）} \tag{4-7}$$

$$\sigma(\beta)=\frac{\eta}{\sqrt{12}} \tag{4-8}$$

分别为$\beta$的期望值和均方差。

根据期望—方差准则，以下给出一种二元联系数的比较与排序方法。

**定义 4—4** 设$\beta_1=\mu_1+\eta_1 i$和$\beta_2=\mu_2+\eta_2 i$为两个二元联系数，则

(1) 若$E(\beta_1)<E(\beta_2)$，则$\beta_1<\beta_2$；

(2) 若$E(\beta_1)=E(\beta_2)$，则

①当$\sigma(\beta_1)=\sigma(\beta_2)$时，$\beta_1=\beta_2$；

②当$\sigma(\beta_1)<\sigma(\beta_2)$时，$\beta_1>\beta_2$；

③当$\sigma(\beta_1)>\sigma(\beta_2)$时，$\beta_1<\beta_2$。

# 4.2 直觉语言数的二元联系数表示

如前所述，在多准则决策中，假设准则值以直觉语言数形式 $\alpha=\langle s_{\theta(\alpha)}, \mu(\alpha), \nu(\alpha)\rangle$ 给出且已经规范化，其中 $\mu(\alpha)$ 和 $\nu(\alpha)$ 分别表示论域中元素属于语言评价值 $s_{\theta(\alpha)}$ 的隶属度和非隶属度，则其反映了决策者对他/她所给出的语言评价的信心程度和犹豫程度。根据直觉语言数的定义可知，决策者对语言评价值 $s_{\theta(\alpha)}$ 完全有把握的程度为 $\mu(\alpha)$，完全没有把握的程度为 $\nu(\alpha)$，犹豫的程度为 $1-\mu(\alpha)-\nu(\alpha)$，即决策者对语言评价值 $s_{\theta(\alpha)}$ 的信心程度为区间数 $[\mu(\alpha), 1-\nu(\alpha)]$[64]，故实际的准则值在 $s_{\theta(\alpha)\mu(\alpha)}$ 和 $s_{\theta(\alpha)(1-\nu(\alpha))}$ 之间波动，即属于区间语言数 $[s_{\theta(\alpha)\mu(\alpha)}, s_{\theta(\alpha)(1-\nu(\alpha))}]$，但决策者对语言评价 $s_{\theta(\alpha)\mu(\alpha)}$ 是确定的，并认为 $s_{\theta(\alpha)(1-\nu(\alpha))}$ 是最好的结果。由式（4－6）可知，与区间数 $[\mu(\alpha),1-\nu(\alpha)]$ 对应的二元联系数为 $\mu(\alpha)+(1-\mu(\alpha)-\nu(\alpha))i$ $(i\in[0, 1])$，故与直觉语言数 $\alpha=\langle s_{\theta(\alpha)}, \mu(\alpha), \nu(\alpha)\rangle$ 对应的二元联系数为

$$\beta=\theta(\alpha)\mu(\alpha)+\theta(\alpha)(1-\mu(\alpha)-\nu(\alpha))i,\ i\in[0, 1] \tag{4-9}$$

因此，通过式（4－9）把直觉语言数转化为二元联系数，可将基于直觉语言数的多准则决策问题转化为基于二元联系数的多准则决策问题，从而可利用二元联系数的相关知识进行处理。下面先介绍几种二元联系数信息集结算子，再提出两种基于二元联系数的直觉语言多准则群决策方法。

# 4.3 二元联系数集结算子

## 4.3.1 二元联系数算术集结算子

赵[228]将二元联系数的加法法则定义为

$$\beta_1\oplus\beta_2=\mu_1+\mu_2+(\eta_1+\eta_2)i \tag{4-10}$$

但本章认为其有不合理之处，现给出如下定义。

**定义 4—5** 设 $\beta_1=\mu_1+\eta_1 i$ 和 $\beta_2=\mu_2+\eta_2 i$ 为任意的两个二元联系数，则

其加法法则为

$$\beta_1 \oplus \beta_2 = \mu_1 + \mu_2 + \sqrt{\eta_1^2 + \eta_2^2}\, i \tag{4-11}$$

设 $\beta = \mu + \eta i$ 为二元联系数，则由式（4—11）可得

$2\beta =(\mu + \eta i) \oplus (\mu + \eta i) = \mu + \mu + \sqrt{\eta^2 + \eta^2}\, i = 2\mu + \sqrt{2}\,\eta i$

$3\beta =(2\mu + \sqrt{2}\,\eta i) \oplus (\mu + \eta i) = 2\mu + \mu + \sqrt{(\sqrt{2}\,\eta)^2 + \eta^2}\, i = 3\mu + \sqrt{3}\,\eta i$

$4\beta = 4\mu + \sqrt{4}\,\eta i$

……

参照此可定义二元联系数的数乘运算法则：

$$\lambda\beta = \lambda\mu + \sqrt{\lambda}\,\eta i,\ \lambda \geqslant 0 \tag{4-12}$$

易知，上述加法和数乘运算法则满足以下运算律：

(1) $\beta_1 \oplus \beta_2 = \beta_2 \oplus \beta_1$；

(2) $(\beta_1 \oplus \beta_2) \oplus \beta_3 = \beta_1 \oplus (\beta_2 \oplus \beta_3)$；

(3) $\lambda(\beta_1 \oplus \beta_2) = \lambda\beta_1 \oplus \lambda\beta_2$，$\lambda \geqslant 0$；

(4) $\lambda_1\beta_1 \oplus \lambda_2\beta_1 = (\lambda_1 + \lambda_2)\beta_1$，$\lambda_1$，$\lambda_2 \geqslant 0$。

基于二元联系数的加性运算法则式（4—11）和式（4—12），以下给出一些二元联系数算术集结算子，即二元联系数加权算术平均（BCNWAA）算子、二元联系数有序加权平均（BCNOWA）算子和二元联系数混合集结（BCNHA）算子，以便对二元联系数信息进行集结。

**定义 4—6** 设 $\beta_r = \mu_r + \eta_r i$（$r=1, 2, \cdots, n$）为一组二元联系数，令 BCNWAA：$\Theta^n \to \Theta$，且

$$\mathrm{BCNWAA}_w(\beta_1, \beta_2, \cdots, \beta_n) = w_1\beta_1 \oplus w_2\beta_2 \oplus \cdots \oplus w_n\beta_n \tag{4-13}$$

其中，$\boldsymbol{w} = (w_1, w_2, \cdots, w_n)^{\mathrm{T}}$ 为 $\beta_1, \beta_2, \cdots, \beta_n$ 的加权向量，$w_r \geqslant 0$（$r=1, 2, \cdots, n$），$\sum_{r=1}^{n} w_r = 1$，则称函数 BCNWAA 为二元联系数加权算术平均（BCNWAA）算子。特别地，若 $\boldsymbol{w} = (\frac{1}{n}, \frac{1}{n}, \cdots, \frac{1}{n})^{\mathrm{T}}$，则 BCNWAA 算子退化为二元联系数算术平均（BCNAA）算子：

$$\mathrm{BCNAA}_w(\beta_1, \beta_2, \cdots, \beta_n) = \frac{1}{n}(\beta_1 \oplus \beta_2 \oplus \cdots \oplus \beta_n) \tag{4-14}$$

**定理 4—1** 设 $\beta_r = \mu_r + \eta_r i$（$r=1, 2, \cdots, n$）为一组二元联系数，$\boldsymbol{w} = (w_1, w_2, \cdots, w_n)^{\mathrm{T}}$ 为 $\beta_1, \beta_2, \cdots, \beta_n$ 的加权向量，$w_r \geqslant 0$（$r=1, 2, \cdots,$

$n$)，$\sum_{r=1}^{n} w_r=1$，则由式（4—13）集结得到的结果仍为二元联系数，且

$$\mathrm{BCNWAA}_w\ (\beta_1,\ \beta_2,\ \cdots,\ \beta_n)=\sum_{r=1}^{n} w_r\mu_r+\sqrt{\sum_{r=1}^{n} w_r\eta_r^2}\,i \tag{4—15}$$

**证明：**显然，由式（4—15）集结得到的结果仍为二元联系数。下面用数学归纳法证明式（4—15）。

（1）当 $n=2$ 时，由于

$$w_1\beta_1=w_1\mu_1+\sqrt{w_1}\,\eta_1 i,\quad w_2\beta_2=w_2\mu_2+\sqrt{w_2}\,\eta_2 i$$

则

$$\mathrm{BCNWAA}_w\ (\beta_1,\ \beta_2)=w_1\beta_1\oplus w_2\beta_2$$

$$=w_1\mu_1+w_2\mu_2+\sqrt{(\sqrt{w_1}\,\eta_1)^2+(\sqrt{w_2}\,\eta_2)^2}\,i$$

$$=\sum_{r=1}^{2} w_r\mu_r+\sqrt{\sum_{r=1}^{2} w_r\eta_r^2}\,i$$

（2）假设当 $n=k$ 时，式（4—15）成立，即

$$\mathrm{BCNWAA}_w\ (\beta_1,\ \beta_2,\ \cdots,\ \beta_k)=\sum_{r=1}^{k} w_r\mu_r+\sqrt{\sum_{r=1}^{k} w_r\eta_r^2}\,i$$

则当 $n=k+1$ 时，由运算法则式（4—11）和式（4—12）可得：

$$\mathrm{BCNWAA}_w(\beta_1,\beta_2,\cdots,\beta_k,\beta_{k+1})=\left(\sum_{r=1}^{k} w_r\mu_r+\sqrt{\sum_{r=1}^{k} w_r\eta_r^2}\,i\right)\oplus w_{k+1}(\mu_{k+1}+\eta_{k+1}i)$$

$$=\sum_{r=1}^{k} w_r\mu_r+w_{k+1}\mu_{k+1}+\sqrt{\left(\sqrt{\sum_{r=1}^{k} w_r\eta_r^2}\right)^2+(\sqrt{w_{k+1}}\,\eta_{k+1})^2}\,i$$

$$=\sum_{r=1}^{k+1} w_r\mu_r+\sqrt{\sum_{r=1}^{k+1} w_r\eta_r^2}\,i$$

即当 $n=k+1$ 时，式（4—15）也成立。

综合（1）和（2）可知，对一切正整数 $n$，式（4—15）均成立。定理证毕。

**注：**式（4—15）中 BCNWAA 算子的不确定度为 $\eta_{\mathrm{BCNWAA}}=\sqrt{\sum_{r=1}^{n} w_r\eta_r^2}$，这类似于统计学中的均方根（Root Mean Square，RMS）。在统计学中，RMS 值就是一组统计数据的平方的平均值的平方根，即对于一组数据 $x_1$，

$x_2$，…，$x_n$，其 RMS 值为 $x_{\text{RMS}}=\sqrt{\frac{1}{n}\sum_{r=1}^{n}x_r^2}$。若考虑到数据 $x_1$，$x_2$，…，$x_n$ 的权重向量为 $\boldsymbol{w}=(w_1, w_2, \cdots, w_n)^{\mathrm{T}}$，$w_r\geqslant 0$（$r=1, 2, \cdots, n$），$\sum_{r=1}^{n}w_r=1$，则 $x_{\text{RMS}}=\sqrt{\sum_{r=1}^{n}w_r x_r^2}$。令数据 $x_1$，$x_2$，…，$x_n$ 的加权算术平均值为 $\bar{x}=\sum_{r=1}^{n}w_r x_r$，均方差为 $\sigma_x=\sqrt{\sum_{r=1}^{n}w_r(x_r-\bar{x})^2}$，则有关系式 $x_{\text{RMS}}^2=\bar{x}^2+\sigma_x^2$ 成立[234]。RMS 的意义与均方差类似，都反映了样本数据的离散程度。定义二元联系数的运算应采取稳妥全面的原则，否则容易造成信息的失真。数据 $\eta_1$，$\eta_2$，…，$\eta_n$ 本身分别表示二元联系数 $\beta_r=\mu_r+\eta_r i$（$r=1, 2, \cdots, n$）的不确定度，采用 BCNWAA 算子集结后的不确定度应该充分反映各个二元联系数 $\beta_r$（$r=1, 2, \cdots, n$）的不确定性。如果利用式（4—10）计算，则得到 BCNWAA 算子的不确定度为 $\sum_{r=1}^{n}w_r\eta_r$，这仅考虑了数据 $\eta_1$，$\eta_2$，…，$\eta_n$ 的算术平均值。而本章方法得到的 BCNWAA 算子的不确定度为 $\eta_{\text{BCNWAA}}=\sqrt{\sum_{r=1}^{n}w_r\eta_r^2}$，由关系式 $x_{\text{RMS}}^2=\bar{x}^2+\sigma_x^2$ 可知，$\eta_{\text{BCNWAA}}=\sqrt{\bar{\eta}^2+\sigma_\eta^2}$，它不仅考虑了数据 $\eta_1$，$\eta_2$，…，$\eta_n$ 的算术平均值，而且考虑了它们的均方差，能更有效地表示该数据组的离散程度，也就能更好地表示这些数据的不确定程度。因此，本章给出的二元联系数的加法法则式（4—11）比式（4—10）更合理些。

**定义 4—7** 设 $\beta_r=\mu_r+\eta_r i$（$r=1, 2, \cdots, n$）为一组二元联系数，令 BCNOWA：$\Theta^n\to\Theta$，且

$$\text{BCNOWA}_v(\beta_1, \beta_2, \cdots, \beta_n)=v_1\beta_{\tau(1)}\oplus v_2\beta_{\tau(2)}\oplus\cdots\oplus v_n\beta_{\tau(n)} \tag{4—16}$$

其中，$\boldsymbol{v}=(v_1, v_2, \cdots, v_n)^{\mathrm{T}}$ 是与函数 BCNOWA 相关联的加权向量（位置向量），$v_r\geqslant 0$（$r=1, 2, \cdots, n$），且 $\sum_{r=1}^{n}v_r=1$，且（$\tau(1)$，$\tau(2)$，…，$\tau(n)$）是（1，2，…，$n$）的一个置换，使得对任意 $r$，有 $\beta_{\tau(r-1)}\geqslant\beta_{\tau(r)}$，则称函数 BCNOWA 为二元联系数有序加权平均（BCNOWA）算子。特别地，若 $\boldsymbol{v}=\left(\frac{1}{n}, \frac{1}{n}, \cdots, \frac{1}{n}\right)^{\mathrm{T}}$，则 BCNOWA 算子退化为 BCNAA 算子。

**定理 4－2** 设 $\beta_r=\mu_r+\eta_r i$（$r=1, 2, \cdots, n$）为一组二元联系数，$(\beta_{\tau(1)}, \beta_{\tau(2)}, \cdots, \beta_{\tau(n)})$ 是 $(\beta_1, \beta_2, \cdots, \beta_n)$ 的一个置换，使得对任意 $r$，有 $\beta_{\tau(r-1)}\geqslant\beta_{\tau(r)}$，且设 $\beta_{\tau(r)}=\mu_{\tau(r)}+\eta_{\tau(r)}i$，则由式（4－16）集结得到的结果仍为二元联系数，且

$$\mathrm{BCNOWA}_v(\beta_1, \beta_2, \cdots, \beta_n)=\sum_{r=1}^{n}\nu_r\mu_{\tau(r)}+\sqrt{\sum_{r=1}^{n}\nu_r\eta_{\tau(r)}^2}\,i \tag{4－17}$$

其中，$\boldsymbol{v}=(v_1, v_2, \cdots, v_n)^{\mathrm{T}}$ 是 BCNOWA 算子的加权向量，$v_r\geqslant 0$（$r=1, 2, \cdots, n$），且 $\sum_{r=1}^{n}v_r=1$。

由于 BCNWA 算子仅考虑了每个二元联系数自身的重要性程度，BCNOWA 算子仅对每个二元联系数所在的位置进行加权，二者均有一定的片面性。为克服此缺陷，下面给出二元联系数混合集结（BCNHA）算子。

**定义 4－8** 设 $\beta_r=\mu_r+\eta_r i$（$r=1, 2, \cdots, n$）为一组二元联系数，令 BCNHA：$\Theta^n\to\Theta$，且

$$\mathrm{BCNHA}_{w,v}(\beta_1, \beta_2, \cdots, \beta_n)=v_1\beta'_{\tau(1)}\oplus v_2\beta'_{\tau(2)}\oplus\cdots\oplus v_n\beta'_{\tau(n)} \tag{4－18}$$

其中，$v=(v_1, v_2, \cdots, v_n)^{\mathrm{T}}$ 是与函数 BCNHA 相关联的加权向量（位置向量），$v_r\geqslant 0$（$r=1, 2, \cdots, n$），$\sum_{r=1}^{n}v_r=1$，且 $\beta'_{\tau(r)}$ 是加权的二元联系数组 $\beta'_k$（$k=1, 2, \cdots, n$）中第 $r$ 个最大的元素，这里 $\beta'_k=nw_k\beta_k$（$k=1, 2, \cdots, n$），$\boldsymbol{w}=(w_1, w_2, \cdots, w_n)^{\mathrm{T}}$ 是二元联系数组 $\beta_1, \beta_2, \cdots, \beta_n$ 的加权向量，$w_k\geqslant 0$（$k=1, 2, \cdots, n$），$\sum_{k=1}^{n}w_k=1$，且 $n$ 是平衡因子，则称函数 BCNHA 为二元联系数混合集结（BCNHA）算子。

若令 $\beta'_k=\mu'_k+\eta'_k i$，$\beta'_{\tau(r)}=\mu'_{\tau(r)}+\eta'_{\tau(r)}i$，则可推得，由式（4－18）集结得到的结果仍为二元联系数，且

$$\mathrm{BCNHA}_{w,v}(\beta_1, \beta_2, \cdots, \beta_n)=\sum_{r=1}^{n}\nu_r\mu'_{\tau(r)}+\sqrt{\sum_{r=1}^{n}\nu_r\eta'^2_{\tau(r)}}\,i \tag{4－19}$$

**定理 4－3** BCNWAA 算子是 BCNHA 算子的一个特例，这时取 $\boldsymbol{v}$

$=\left(\frac{1}{n},\ \frac{1}{n},\ \cdots,\ \frac{1}{n}\right)^{\mathrm{T}}$。

**定理 4－4** BCNOWA 算子是 BCNHA 算子的一个特例，这时取 $\boldsymbol{w}=\left(\frac{1}{n},\ \frac{1}{n},\ \cdots,\ \frac{1}{n}\right)^{\mathrm{T}}$。

由定理 4－3 和定理 4－4 可知，BCNHA 算子同时推广了 BCNWAA 算子和 BCNOWA 算子，它不仅体现了二元联系数自身的重要性程度，而且还反映了二元联系数所在位置的重要性程度。

## 4.3.2 二元联系数几何集结算子

赵[228]、陆和王[229]以及刘和赵[232]对二元联系数的运算法则进行了分析，给出二元联系数的乘法法则如下。

**定义 4－9**[228,229,232] 设 $\beta_1=\mu_1+\eta_1 i$ 和 $\beta_2=\mu_2+\eta_2 i$ 为任意的两个二元联系数，则

$$\beta_1\otimes\beta_2=(\mu_1+\eta_1 i)\otimes(\mu_2+\eta_2 i)=\mu_1\mu_2+(\mu_1\eta_2+\mu_2\eta_1+\eta_1\eta_2)i \tag{4-20}$$

设 $\beta=\mu+\eta i$ 为二元联系数，则由式（4－20）可得

$$\beta^2=(\mu+\eta i)^2=(\mu+\eta i)\otimes(\mu+\eta i)$$
$$=\mu^2+(2\mu\eta+\eta^2)i=\mu^2+\langle(\mu+\eta)^2-\mu^2\rangle i$$
$$\beta^3=(\mu+\eta i)^3=[\mu^2+(2\mu\eta+\eta^2)i]\otimes(\mu+\eta i)$$
$$=\mu^3+(\mu^2\eta+2\mu^2\eta+\mu\eta^2+2\mu\eta^2+\eta^3)i=\mu^3+[(\mu+\eta)^3-\mu^3]i$$
$$\beta^4=(\mu+\eta i)^4=\mu^4+[(\mu+\eta)^4-\mu^4]i$$

……

参照此可定义二元联系数的乘方运算法则：

$$\beta^\lambda=(\mu+\eta i)^\lambda=\mu^\lambda+\langle(\mu+\eta)^\lambda-\mu^\lambda\rangle i,\ \lambda\geqslant 0 \tag{4-21}$$

易知，二元联系数的乘法和乘方运算法则满足以下运算律：

（1）$\beta_1\otimes\beta_2=\beta_2\otimes\beta_1$；

（2）$(\beta_1\otimes\beta_2)\otimes\beta_3=\beta_1\otimes(\beta_2\otimes\beta_3)$；

（3）$(\beta_1\otimes\beta_2)^\lambda=\beta_1^\lambda\otimes\beta_2^\lambda$，$\lambda\geqslant 0$；

（4）$\beta_1^{\lambda_1}\otimes\beta_1^{\lambda_2}=\beta_1^{\lambda_1+\lambda_2}$，$\lambda_1$，$\lambda_2\geqslant 0$。

基于二元联系数的积性运算法则式（4－20）和式（4－21），以下给出一

些二元联系数信息集结的几何算子，包括二元联系数加权几何（BCNWG）算子、二元联系数有序加权几何（BCNOWG）算子和二元联系数混合几何（BCNHG）算子。

**定义 4—10** 设 $\beta_r=\mu_r+\eta_r i$（$r=1, 2, \cdots, n$）为一组二元联系数，令 BCNWG：$\Theta^n\rightarrow\Theta$，且

$$\mathrm{BCNWG}_w(\beta_1, \beta_2, \cdots, \beta_n)=\beta_1^{w_1}\otimes\beta_2^{w_2}\otimes\cdots\otimes\beta_n^{w_n} \tag{4—22}$$

其中，$w=(w_1, w_2, \cdots, w_n)^{\mathrm{T}}$ 为 $\beta_1, \beta_2, \cdots, \beta_n$ 的加权向量，$w_r\in[0, 1]$（$r=1, 2, \cdots, n$），$\sum_{r=1}^{n}w_r=1$，则称函数 BCNWG 为二元联系数加权几何（BCNWG）算子。特别地，若 $w=\left(\frac{1}{n}, \frac{1}{n}, \cdots, \frac{1}{n}\right)^{\mathrm{T}}$，则 BCNWG 算子退化为二元联系数几何平均（BCNGA）算子：

$$\mathrm{BCNGA}_w(\beta_1, \beta_2, \cdots, \beta_n)=(\beta_1\otimes\beta_2\otimes\cdots\otimes\beta_n)^{\frac{1}{n}} \tag{4—23}$$

根据运算法则式（4—20）和式（4—21），可对式（4—22）进一步推导得：

**定理 4—5** 设 $\beta_r=\mu_r+\eta_r i$（$r=1, 2, \cdots, n$）为一组二元联系数，$w=(w_1, w_2, \cdots, w_n)^{\mathrm{T}}$ 为 $\beta_1, \beta_2, \cdots, \beta_n$ 的加权向量，$w_r\in[0, 1]$（$r=1, 2, \cdots, n$），$\sum_{r=1}^{n}w_r=1$，则由式（4—22）集结得到的结果仍为二元联系数，且

$$\mathrm{BCNWG}_w(\beta_1,\beta_2,\cdots,\beta_n)=\prod_{r=1}^{n}\mu_r{}^{w_r}+\left[\prod_{r=1}^{n}(\mu_r+\eta_r)^{w_r}-\prod_{r=1}^{n}\mu_r{}^{w_r}\right]i \tag{4—24}$$

**证明：**显然，由式（4—22）集结得到的结果仍为二元联系数。下面用数学归纳法证明式（4—24）。

（1）当 $n=2$ 时，由于

$\beta_1{}^{w_1}=\mu_1{}^{w_1}+[(\mu_1+\eta_1)^{w_1}-\mu_1{}^{w_1}]i$，$\beta_2{}^{w_2}=\mu_2{}^{w_2}+[(\mu_2+\eta_2)^{w_2}-\mu_2{}^{w_2}]i$

则

$$\begin{aligned}\beta_1^{w_1}\otimes\beta_2^{w_2}&=\{\mu_1^{w_1}+[(\mu_1+\eta_1)^{w_1}-\mu_1^{w_1}]i\}\otimes\{\mu_2^{w_2}+[(\mu_2+\eta_2)^{w_2}-\mu_2^{w_2}]i\}\\&=\mu_1^{w_1}\mu_2^{w_2}+\{u_1^{w_1}[(\mu_2+\eta_2)^{w_2}-\mu_2^{w_2}]+\mu_2^{w_2}[(\mu_1+\eta_1)^{w_1}-\mu_1^{w_1}]+\\&\quad[(\mu_1+\eta_1)^{w_1}-\mu_1^{w_1}][(\mu_2+\eta_2)^{w_2}-\mu_2^{w_2}]\}i\\&=\mu_1^{w_1}\mu_2^{w_2}+[\mu_1^{w_1}(\mu_2+\eta_2)^{w_2}-\mu_1^{w_1}\mu_2^{w_2}+\mu_2^{w_2}(\mu_1+\eta_1)^{w_1}-\mu_2^{w_2}\mu_1^{w_1}+\end{aligned}$$

$$(\mu_1+\eta_1)^{w_1}(\mu_2+\eta_2)^{w_2}-(\mu_1+\eta_1)^{w_1}\mu_2^{w_2}-\mu_1^{w_1}(\mu_2+\eta_2)^{w_2}+\mu_1^{w_1}\mu_2^{w_2}]i$$

$$=\mu_1^{w_1}\mu_2^{w_2}+[(\mu_1+\eta_1)^{w_1}(\mu_2+\eta_2)^{w_2}-\mu_1^{w_1}\mu_2^{w_2}]i$$

$$=\prod_{r=1}^{2}\mu_r^{w_r}+\left[\prod_{r=1}^{2}(\mu_r+\eta_r)^{w_r}-\prod_{r=1}^{2}\mu_r^{w_r}\right]i$$

(2) 假设当 $n=k$ 时，式（4—24）成立，即

$$\mathrm{BCNWG}_w(\beta_1,\beta_2,\cdots,\beta_k)=\prod_{r=1}^{k}\mu_r^{w_r}+\left[\prod_{r=1}^{k}(\mu_r+\eta_r)^{w_r}-\prod_{r=1}^{k}\mu_r^{w_r}\right]i$$

则当 $n=k+1$ 时，由运算法则式（4—20）和式（4—21）可得：

$$\mathrm{BCNWG}_w(\beta_1,\beta_2,\cdots,\beta_k,\beta_{k+1})$$

$$=\left\{\prod_{r=1}^{k}\mu_r^{w_r}+[\prod_{r=1}^{k}(\mu_r+\eta)^{w_r}-\prod_{r=1}^{k}\mu_r^{w_r}]i\right\}\otimes\{\mu_{k+1}^{w_{k+1}}+[(\mu_{k+1}+\eta_{k+1})^{w_{k+1}}-\mu_{k+1}^{w_{k+1}}]i\}$$

$$=\mu_{k+1}^{w_{k+1}}\prod_{r=1}^{k}\mu_r^{w_r}+\Big\{[(\mu_{k+1}+\eta_{k+1})^{w_{k+1}}-\mu_{k+1}^{w_{k+1}}]\prod_{r=1}^{k}\mu_r^{w_r}+$$

$$\mu_{k+1}^{w_{k+1}}\left[\prod_{r=1}^{k}(\mu_r+\eta_r)^{w_r}-\prod_{r=1}^{k}\mu_r^{w_r}\right]+$$

$$[(\mu_{k+1}+\eta_{k+1})^{w_{k+1}}-\mu_{k+1}^{w_{k+1}}]\left[\prod_{r=1}^{k}(\mu_r+\eta_r)^{w_r}-\prod_{r=1}^{k}\mu_r^{w_r}\right]\Big\}i$$

$$=\mu_{k+1}^{w_{k+1}}\prod_{r=1}^{k}\mu_r^{w_r}+\Big\{(\mu_{k+1}+\eta_{k+1})^{w_{k+1}}\prod_{r=1}^{k}\mu_r^{w_r}-$$

$$\mu_{k+1}^{w_{k+1}}\prod_{r=1}^{k}\mu_r^{w_r}+\mu_{k+1}^{w_{k+1}}\prod_{r=1}^{k}(\mu_r+\eta_r)^{w_r}-$$

$$\mu_{k+1}^{w_{k+1}}\prod_{r=1}^{k}\mu_r^{w_r}+(\mu_{k+1}+\eta_{k+1})^{w_{k+1}}\prod_{r=1}^{k}(\mu_r+\eta_r)^{w_r}-\mu_{k+1}^{w_{k+1}}\prod_{r=1}^{k}(\mu_r+\eta_r)^{w_r}-$$

$$(\mu_{k+1}+\eta_{k+1})^{w_{k+1}}\prod_{r=1}^{k}\mu_r^{w_r}+\mu_{k+1}^{w_{k+1}}\prod_{r=1}^{k}\mu_r^{w_r}\Big\}i$$

$$=\mu_{k+1}^{w_{k+1}}\prod_{r=1}^{k}\mu_r^{w_r}+\left\{(\mu_{k+1}+\eta_{k+1})^{w_{k+1}}\prod_{r=1}^{k}(\mu_r+\eta_r)^{w_r}-\mu_{k+1}^{w_{k+1}}\prod_{r=1}^{k}\mu_r^{w_r}\right\}i$$

$$=\prod_{r=1}^{k+1}\mu_r^{w_r}+\left[\prod_{r=1}^{k+1}(\mu_r+\eta_r)^{w_r}-\prod_{r=1}^{k+1}\mu_r^{w_r}\right]i$$

即当 $n=k+1$ 时，式（4—24）也成立。

综合（1）和（2）可知，对一切正整数 $n$，式（4—24）均成立。定理证毕。

**定义 4—11** 设 $\beta_r=\mu_r+\eta_r i$（$r=1$，2，…，$n$）为一组二元联系数，令 BCNOWG：$\Theta^n\rightarrow\Theta$，且

$$\mathrm{BCNOWG}_{\boldsymbol{v}}(\beta_1,\beta_2,\cdots,\beta_n)=(\beta_{\tau(1)})^{v_1}\otimes(\beta_{\tau(2)})^{v_2}\otimes\cdots\otimes(\beta_{\tau(n)})^{v_n} \tag{4-25}$$

其中，$\boldsymbol{v}=(v_1,v_2,\cdots,v_n)^{\mathrm{T}}$ 是与函数 BCNOWG 相关联的加权向量（位置向量），$v_r\in[0,1]$（$r=1,2,\cdots,n$），$\sum_{r=1}^{n}v_r=1$，且（$\tau(1)$，$\tau(2)$，…，$\tau(n)$）是（1，2，…，$n$）的一个置换，使得对任意 $r$，有 $\beta_{\tau(r-1)}\geqslant\beta_{\tau(r)}$，则称函数 BCNOWG 为二元联系数有序加权几何（BCNOWG）算子。

类似式（4－24）可推得：

**定理 4－6** 设 $\beta_r=\mu_r+\eta_r i$（$r=1,2,\cdots,n$）为一组二元联系数，（$\beta_{\tau(1)}$，$\beta_{\tau(2)}$，…，$\beta_{\tau(n)}$）是（$\beta_1$，$\beta_2$，…，$\beta_n$）的一个置换，使得对任意 $r$，有 $\beta_{\tau(r-1)}\geqslant\beta_{\tau(r)}$，设 $\beta_{\tau(r)}=\mu_{\tau(r)}+\eta_{\tau(r)}i$，则由式（4－25）集结得到的结果仍为二元联系数，且

$$\mathrm{BCNOWG}_{\boldsymbol{v}}(\beta_1,\beta_2,\cdots,\beta_n)=\prod_{r=1}^{n}\mu_{\sigma(r)}{}^{v_r}+\left[\prod_{r=1}^{n}(\mu_{\sigma(r)}+\eta_{\sigma(r)})^{v_r}-\prod_{r=1}^{n}\mu_{\sigma(r)}{}^{v_r}\right]i \tag{4-26}$$

其中，$\boldsymbol{v}=(v_1,v_2,\cdots,v_n)^{\mathrm{T}}$ 是 BCNOWG 算子的加权向量，$v_r\in[0,1]$（$r=1,2,\cdots,n$），$\sum_{r=1}^{n}v_r=1$。

由于 BCNWG 算子仅考虑了每个二元联系数自身的重要性程度，BCNOWG 算子仅对每个二元联系数所在的位置进行加权，二者均有一定的片面性。为克服此缺陷，下面给出二元联系数混合几何（BCNHG）算子。

**定义 4－12** 设 $\beta_r=\mu_r+\eta_r i$（$r=1,2,\cdots,n$）为一组二元联系数，且设 BCNHG：$\Theta^n\to\Theta$，若

$$\mathrm{BCNHG}_{\boldsymbol{w},\boldsymbol{v}}(\beta_1,\beta_2,\cdots,\beta_n)=(\beta'_{\sigma(1)})^{v_1}\otimes(\beta'_{\sigma(2)})^{v_2}\otimes\cdots\otimes(\beta'_{\sigma(n)})^{v_n} \tag{4-27}$$

其中，$\boldsymbol{v}=(v_1,v_2,\cdots,v_n)^{\mathrm{T}}$ 是与函数 BCNHG 相关联的加权向量（位置向量），$v_r\in[0,1]$，$\sum_{r=1}^{n}v_r=1$，$\beta'_{\tau(r)}$ 是加权的二元联系数组 $\beta'_k$（$k=1,2,\cdots,n$）中第 $r$ 个最大的元素，这里 $\beta_k=\beta_k^{nw_k}$（$k=1,2,\cdots,n$），$\boldsymbol{w}=(w_1,w_2,\cdots,w_n)^{\mathrm{T}}$ 是 $\beta_1$，$\beta_2$，…，$\beta_n$ 的加权向量，$w_k\in[0,1]$（$k=1,2,\cdots,n$），$\sum_{k=1}^{n}w_k=1$，且 $n$ 是平衡因子，则称函数 BCNHG 为二元联系数混合几何

(BCNHG) 算子。

类似式 (4—24) 可推得：

**定理 4—7** 设 $\beta_r=\mu_r+\eta_r i$ ($r=1, 2, \cdots, n$) 为一组二元联系数，$\boldsymbol{v}=(v_1, v_2, \cdots, v_n)^{\mathrm{T}}$ 是与函数 BCNHG 相关联的加权向量，$v_r\in[0, 1]$ ($r=1, 2, \cdots, n$)，$\sum_{r=1}^{n} v_r=1$。$\beta'_{\tau(r)}$ 是加权的二元联系数组 $\beta'_k$ ($k=1, 2, \cdots, n$) 中第 $r$ 个最大的元素，这里 $\beta'_k=\beta_k^{nw_k}$ ($k=1, 2, \cdots, n$)，$\boldsymbol{w}=(w_1, w_2, \cdots, w_n)^{\mathrm{T}}$ 是 $\beta_1$，$\beta_2$，$\cdots$，$\beta_n$ 的加权向量，$w_k\in[0, 1]$ ($k=1, 2, \cdots, n$)，$\sum_{k=1}^{n} w_k=1$，且 $n$ 是平衡因子，令 $\beta'_k=\mu'_k+\eta'_k i$，$\beta'_{\tau(r)}=\mu'_{\tau(r)}+\eta'_{\tau(r)} i$，则由式 (4—27) 集结得到的结果仍为二元联系数，且

$$\mathrm{BCNHG}_{\boldsymbol{w},\boldsymbol{v}}(\beta_1, \beta_2, \cdots, \beta_n)=$$

$$\prod_{r=1}^{n}(\mu'_{\tau(r)})^{v_r}+\left[\prod_{r=1}^{n}(\mu'_{\tau(r)}+\eta'_{\tau(r)})^{v_r}-\prod_{r=1}^{n}(\mu'_{\tau(r)})^{v_r}\right]i \tag{4—28}$$

**定理 4—8** BCNWG 算子是 BCNHG 算子的一个特例，这时 $\boldsymbol{v}=\left(\frac{1}{n}, \frac{1}{n}, \cdots, \frac{1}{n}\right)^{\mathrm{T}}$。

**定理 4—9** BCNOWG 算子是 BCNHG 算子的一个特例，这时 $\boldsymbol{w}=\left(\frac{1}{n}, \frac{1}{n}, \cdots, \frac{1}{n}\right)^{\mathrm{T}}$。

由定理 4—8 和定理 4—9 可知，BCNHG 算子同时推广了 BCNWG 算子和 BCNOWG 算子，它不仅体现了二元联系数自身的重要性程度，而且还反映了二元联系数所在位置的重要性程度。

# 4.4 基于二元联系数的直觉语言多准则群决策方法

## 4.4.1 问题描述

对于某一直觉语言多准则群决策问题，设 $D=\{D_1, D_2, \cdots, D_p\}$ 为决策者集，$\boldsymbol{e}=(e_1, e_2, \cdots, e_p)^{\mathrm{T}}$ 为决策者的权重向量，$e_t\geqslant 0$ ($t=1, 2, \cdots,$

$p$），$\sum_{t=1}^{p} e_t=1$。$X=\{X_1, X_2, \cdots, X_m\}$ 为离散的可行方案集，$I=\{I_1, I_2, \cdots, I_n\}$ 为评价准则集。设决策者 $D_t$ 给出方案 $X_k$ 在准则 $I_r$ 下的准则值为 $\alpha_{kr}^{(t)}$（这里 $\alpha_{kr}^{(t)}=\langle s_{\theta(\alpha_{kr}^{(t)})}, \mu(\alpha_{kr}^{(t)}), \nu(\alpha_{kr}^{(t)})\rangle$ 为直觉语言数形式），从而构成直觉语言数决策矩阵 $\boldsymbol{R}^{(t)}=(\alpha_{kr}^{(t)})_{m\times n}$（$t=1, 2, \cdots, p$）。试确定这些方案的排序。

## 4.4.2 准则权重的不完全确定信息

在实际的决策过程中，决策者要给出准则权重的精确值很难，有时还由于难以对准则间的重要性程度进行比较而不能利用 AHP 和 ANP 等方法求得准则权重，但以不完全确定信息的形式给出准则权重之间的关系则相对容易些，如给出下列权重信息：某个准则比另一个准则更加重要；某准则的权重在某个区间内变化；某两个准则之间存在某种线性关系等。这种不完全确定权重信息可为下述 5 种情形中任意一种或多种的组合[235]：

(1) $\{w_r \geqslant w_k\}$；

(2) $\{w_r - w_k \geqslant \xi_r\}$，$0 \leqslant \xi_r \leqslant 1$；

(3) $\{w_r - w_k \geqslant w_t - w_l\}$，$k \neq t \neq l$；

(4) $\{w_r \geqslant \xi_r w_k\}$，$0 \leqslant \xi_r \leqslant 1$；

(5) $\{\xi_r \leqslant w_r \leqslant \xi_r + \varepsilon_r\}$，$0 \leqslant \xi_r < \xi_r + \varepsilon_r \leqslant 1$。

设 $\Phi$ 表示决策者给出的准则权重的不完全确定信息的集合。

## 4.4.3 群决策方法的具体步骤

下面针对准则权重信息不完全确定的情形，给出两种利用二元联系数进行直觉语言多准则群决策的方法，一种是基于 BCNWAA 算子和 BCNHA 算子的直觉语言多准则群决策方法，另一种是基于 BCNWGA 算子和 BCNHG 算子的直觉语言多准则群决策方法。

**方法 4—1 基于 BCNWAA 算子和 BCNHA 算子的直觉语言多准则群决策的步骤**

**步骤 1** 对决策矩阵 $\boldsymbol{R}^{(t)}=(\alpha_{kr}^{(t)})_{m\times n}$ 进行规范化处理，得到决策矩阵 $\boldsymbol{R}^{(t)}=(\bar{\alpha}_{kr}^{(t)})_{m\times n}$（$t=1, 2, \cdots, p$）。这里对于效益型准则，不需要进行处理；对于

成本型准则，采用下列公式对其中的语言短语进行规范化即可。

$$s_{\theta(\bar{\alpha}_{kr}^{(t)})}=\text{neg}\ (s_{\theta(\alpha_{kr}^{(t)})})\ =s_{2l-\theta(\alpha_{kr}^{(t)})},\ s_{\theta(\alpha_{kr}^{(t)})}\in\bar{S}_1 \tag{4-29}$$

$$s_{\theta(\bar{\alpha}_{kr}^{(t)})}=\text{rec}\ (s_{\theta(\alpha_{kr}^{(t)})})\ =s_{\frac{1}{\theta(\alpha_{kr}^{(t)})}},\ s_{\theta(\alpha_{kr}^{(t)})}\in\bar{S}_2 \tag{4-30}$$

**步骤 2** 利用式（4－31）将决策矩阵 $\bar{\boldsymbol{R}}^{(t)}=(\bar{\alpha}_{kr}^{(t)})_{m\times n}$（$t=1,2,\cdots,p$）转化为二元联系数决策矩阵 $\boldsymbol{P}^{(t)}=(\beta_{kr}^{(t)})_{m\times n}$（$t=1,2,\cdots,p$）。

$$\beta_{kr}^{(t)}=\theta\ (\bar{\alpha}_{kr}^{(t)})\ \mu\ (\bar{\alpha}_{kr}^{(t)})\ +\theta\ (\bar{\alpha}_{kr}^{(t)})\ (1-\mu\ (\bar{\alpha}_{kr}^{(t)})\ -\nu\ (\bar{\alpha}_{kr}^{(t)}))\ i,\ i\in[0,1] \tag{4-31}$$

**步骤 3** 假设根据准则权重的不完全确定信息求出的最优准则权重为 $\boldsymbol{w}=(w_1,w_2,\cdots,w_n)^{\mathrm{T}}$，则利用 BCNWAA 算子

$$\beta_k^{(t)}=\text{BCNWAA}_w\ (\beta_{k1}^{(t)},\beta_{k2}^{(t)},\cdots,\beta_{kn}^{(t)}) \tag{4-32}$$

对决策矩阵 $\boldsymbol{P}^{(t)}=(\beta_{kr}^{(t)})_{m\times n}$ 中第 $k$ 行的准则值进行集结，得到决策者 $D_t$ 所给出的方案 $X_k$ 的综合评价值 $\beta_k^{(t)}=\mu_k^{(t)}+\eta_k^{(t)}i$（$k=1,2,\cdots,m$；$t=1,2,\cdots,p$），其中

$$\mu_k^{(t)}=\sum_{r=1}^{n}w_r\mu_{kr}^{(t)} \tag{4-33}$$

$$\eta_k^{(t)}=\sqrt{\sum_{r=1}^{n}w_r(\eta_{kr}^{(t)})^2} \tag{4-34}$$

由式（4－8）可知，$\beta_k^{(t)}$ 的均方差为 $\sigma(\beta_k^{(t)})=\frac{\eta_k^{(t)}}{\sqrt{12}}$，方差为 $(\sigma(\beta^{(t)}{}_k))^2=\frac{1}{12}(\eta_k^{(t)})^2=\frac{1}{12}\sum_{r=1}^{n}w_r(\eta_{kr}^{(t)})^2$。

下面提供一种准则权重以不完全确定信息形式给出时，根据二元联系数准则值的方差和准则权重的随机性建立优化模型从而求出最优准则权重的方法。

先考虑决策者 $D_t$ 所给出的决策矩阵 $\boldsymbol{P}^{(t)}=(\beta_{kr}^{(t)})_{m\times n}$，由于综合评价值为二元联系数形式，故从 $\boldsymbol{P}^{(t)}$ 中求出的合理的准则权重 $\boldsymbol{w}^{(t)}=(w_1^{(t)},w_2^{(t)},\cdots,w_n^{(t)})^{\mathrm{T}}$ 应该使得所有方案的方差总和最小化，即极小化

$$\min\sum_{k=1}^{m}(\eta_k^{(t)})^2=\sum_{k=1}^{m}\sum_{r=1}^{n}w_r^{(t)}(\eta_{kr}^{(t)})^2$$
$$\text{s.t.}\quad \boldsymbol{w}^{(t)}\in\Phi$$

$$\sum_{r=1}^{n} w_r^{(t)} = 1, w_r^{(t)} \geqslant 0, r = 1,2,\cdots,n \tag{4-35}$$

同时，由于各准则的真实权重是一个随机变量，具有不确定性。为了描述这种不确定性，可将准则权重 $w_r^{(t)}$ 理解为第 $r$ 个准则 $I_r$ 在准则集中所占的比重（概率），这样就可以用 Shannon 信息熵[236]

$$H = -\sum_{r=1}^{n} w_r^{(t)} \ln w_r^{(t)}$$

表示准则权重的不确定性。根据最大熵原理，合理的准则权重应使熵 $H$ 极大，即极大化

$$\begin{aligned} &\max H = -\sum_{r=1}^{n} w_r^{(t)} \ln w_r^{(t)} \\ &\text{s. t. } \boldsymbol{w}^{(t)} \in \Phi \\ &\sum_{r=1}^{n} w_r^{(t)} = 1, \quad w_r^{(t)} \geqslant 0, \quad r = 1,2,\cdots,n \end{aligned} \tag{4-36}$$

为达到上述两个目的，求解最优准则权重 $\boldsymbol{w}^{(t)}$ 就等价于求解如下最优化问题：

$$\begin{aligned} &\min \sum_{k=1}^{m} \sum_{r=1}^{n} w_r^{(t)} (\eta_{kr}^{(t)})^2 + \sum_{r=1}^{n} w_r^{(t)} \ln w_r^{(t)} \\ &\text{s. t. } \boldsymbol{w}^{(t)} \in \Phi \\ &\sum_{r=1}^{n} w_r^{(t)} = 1, w_r^{(t)} \geqslant 0, r = 1,2,\cdots,n \end{aligned} \tag{4-37}$$

再考虑决策者的权重 $\boldsymbol{e} = (e_1, e_2, \cdots, e_p)^{\mathrm{T}}$，则准则的最优权重向量 $\boldsymbol{w} = (w_1, w_2, \cdots, w_n)^{\mathrm{T}}$ 可由式（4－38）计算：

$$w_r = \sum_{t=1}^{p} e_t w_r^{(t)}, r = 1,2,\cdots,n \tag{4-38}$$

**步骤 4** 利用 BCNHA 算子

$$\beta_k = \mathrm{BCNHA}_{e,v}(\beta_k^{(1)}, \beta_k^{(2)}, \cdots, \beta_k^{(p)}) = v_1(\beta_k'^{(\tau(1))}) \oplus v_2(\beta_k'^{(\tau(2))}) \oplus \cdots \oplus v_p(\beta_k'^{(\tau(p))}) \tag{4-39}$$

对 $p$ 位决策者给出的方案 $X_k$ 的综合评价值 $\beta_k^{(t)}$（$t=1, 2, \cdots, p$）进行集结，得到方案 $X_k$ 的群体综合评价值 $\beta_k$（$k=1, 2, \cdots, m$），其中 $\boldsymbol{v} = (v_1, v_2, \cdots, v_p)^{\mathrm{T}}$ 是与 BCNHA 算子相关联的加权向量，$v_t \geqslant 0$（$t=1, 2, \cdots,$

$p$)，$\sum_{t=1}^{p} v_t=1$。$\beta_k^{'(\tau(t))}$ 是加权的二元联系数组（$pe_1\beta_k^{(1)}$，$pe_2\beta_k^{(2)}$，…，$pe_p\beta_k^{(p)}$）中第 $t$ 个最大的元素，（$\tau$（1），$\tau$（2），…，$\tau$（$p$））是（1，2，…，$p$）的一个置换，$p$ 是平衡因子，$\boldsymbol{e}=$（$e_1$，$e_2$，…，$e_p$）$^{\mathrm{T}}$ 为决策者的权重向量，$e_t\in$［0，1］（$t$=1，2，…，$p$），$\sum_{t=1}^{p} e_t=1$。

**步骤 5** 分别利用式（4－7）和式（4－8）计算 $\beta_k$ 的期望值 $E$（$\beta_k$）和均方差 $\sigma$（$\beta_k$）（$k$=1，2，…，$m$）。

**步骤 6** 根据定义 4－4 对方案 $X_k$（$k$=1，2，…，$m$）进行排序，从而得到最优方案。

**方法 4－2 基于 BCNWGA 算子和 BCNHG 算子的直觉语言多准则群决策的步骤**

**步骤 1** 同方法 4－1 的步骤 1。

**步骤 2** 同方法 4－1 的步骤 2。

**步骤 3** 假设根据准则权重的不完全确定信息求出的最优准则权重为 $\boldsymbol{w}=$（$w_1$，$w_2$，…，$w_n$）$^{\mathrm{T}}$，则利用 BCNWG 算子

$$\beta_k^{(t)}=\mathrm{BCNWG}_w\ (\beta_{k1}^{(t)},\ \beta_{k2}^{(t)},\ \cdots,\ \beta_{kn}^{(t)}) \tag{4-40}$$

对决策矩阵 $\boldsymbol{P}^{(t)}=$（$\beta_{kr}^{(t)}$）$_{m\times n}$ 中第 $k$ 行的准则值进行加权集结，可得到决策者 $D_t$ 所给出的方案 $X_k$ 的综合评价值 $\beta_k^{(t)}=\mu_k^{(t)}+\eta_k^{(t)}i$（$k$=1，2，…，$m$；$t$=1，2，…，$p$），其中

$$\mu_k^{(t)}=\prod_{r=1}^{n}(\mu_{kr}^{(t)})^{w_r} \tag{4-41}$$

$$\eta_k^{(t)}=\prod_{r=1}^{n}(\mu_{kr}^{(t)}+\eta_{kr}^{(t)})^{w_r}-\prod_{r=1}^{n}(\mu_{kr}^{(t)})^{w_r} \tag{4-42}$$

由式（4－8）可知，$\beta_k^{(t)}$ 的均方差为 $\sigma$（$\beta_k^{(t)}$）$=\dfrac{\eta_k^{(t)}}{\sqrt{12}}$。

类似于方法 4－1，下面提供一种准则权重以不完全确定信息形式给出时，根据二元联系数准则值的均方差和准则权重的随机性，通过建立优化模型求出最优准则权重的方法。

先考虑决策者 $D_t$ 所给出的决策矩阵 $\boldsymbol{P}^{(t)}=$（$\beta_{kr}^{(t)}$）$_{m\times n}$（$t$=1，2，…，$p$），由于综合评价值为二元联系数形式，故从 $\boldsymbol{P}^{(t)}$ 中求出的合理的准则权重 $\boldsymbol{w}^{(t)}=$（$w_1^{(t)}$，$w_2^{(t)}$，…，$w_n^{(t)}$）$^{\mathrm{T}}$ 应该使得所有方案的均方差总和最小化，即极小化

$$\min \sum_{k=1}^{m} \eta_k^{(t)} = \sum_{k=1}^{m} \left[ \prod_{r=1}^{n} (\mu_{kr}^{(t)} + \eta_{kr}^{(t)})^{w_r^{(t)}} - \prod_{r=1}^{n} (\mu_{kr}^{(t)})^{w_r^{(t)}} \right]$$

$$\text{s. t. } \boldsymbol{w}^{(t)} \in \Phi \tag{4-43}$$

$$\sum_{r=1}^{n} w_r^{(t)} = 1, w_r^{(t)} \geqslant 0, r = 1,2,\cdots,n$$

同时，由于可将准则权重 $w_r^{(t)}$ 理解为第 $r$ 个准则 $I_r$ 在准则集中所占比重（概率），从而可以用 Shannon 信息熵[236]

$$H = -\sum_{r=1}^{n} w_r^{(t)} \ln w_r^{(t)} \tag{4-44}$$

表示准则权重的不确定性。根据最大熵原理，合理的准则权重应使熵 $H$ 极大，即极大化

$$\max H = -\sum_{r=1}^{n} w_r^{(t)} \ln w_r^{(t)}$$

$$\text{s. t. } \boldsymbol{w}^{(t)} \in \Phi \tag{4-45}$$

$$\sum_{r=1}^{n} w_r^{(t)} = 1, w_r^{(t)} \geqslant 0, r = 1,2,\cdots,n$$

为达到上述两个目的，求解最优准则权重 $\boldsymbol{w}^{(t)}$ 就等价于求解如下最优化问题：

$$\min \sum_{k=1}^{m} \left[ \prod_{r=1}^{n} (\mu_{kr}^{(t)} + \eta_{kr}^{(t)})^{w_r^{(t)}} - \prod_{r=1}^{n} (\mu_{kr}^{(t)})^{w_r^{(t)}} \right] + \sum_{r=1}^{n} w_r^{(t)} \ln w_r^{(t)}$$

$$\text{s. t. } \boldsymbol{w}^{(t)} \in \Phi \tag{4-46}$$

$$\sum_{r=1}^{n} w_r^{(t)} = 1, \quad w_r^{(t)} \geqslant 0, r = 1,2,\cdots,n$$

再考虑决策者的权重 $\boldsymbol{e} = (e_1, e_2, \cdots, e_p)^{\mathrm{T}}$，则准则的最优权重向量 $\boldsymbol{w} = (w_1, w_2, \cdots, w_n)^{\mathrm{T}}$ 可由式（4—38）计算求得。

**步骤 4** 利用 BCNHG 算子

$$\beta_k = \mathrm{BCNHG}_{e,v}(\beta_k^{(1)}, \beta_k^{(2)}, \cdots, \beta_k^{(p)}) = (\beta_k^{'(\tau(1))})^{v_1} \otimes (\beta_k^{'(\tau(2))})^{v_2} \otimes \cdots \otimes (\beta_k^{'(\tau(p))})^{v_p} \tag{4-47}$$

对 $p$ 位决策者给出的方案 $X_k$ 的综合评价值 $\beta_k^{(t)}$（$t=1, 2, \cdots, p$）进行集结，得到方案 $X_k$ 的群体综合评价值 $\beta_k$（$k=1, 2, \cdots, m$），其中 $\boldsymbol{v} = (v_1, v_2, \cdots, v_p)^{\mathrm{T}}$ 是与 BCNHG 算子相关联的加权向量，$v_t \in [0, 1]$（$t=1,$

2，…，$p$），$\sum_{t=1}^{p} v_t=1$。$\beta_k^{\prime(\tau(t))}$ 是加权的二元联系数组（$(\beta_k^{(1)})^{pe_1}$，$(\beta_k^{(2)})^{pe_2}$，…，$(\beta_k^{(p)})^{pe_p}$）中第 $t$ 个最大的元素，（$\tau(1)$，$\tau(2)$，…，$\tau(p)$）是（1，2，…，$p$）的一个置换，$p$ 是平衡因子，$\boldsymbol{e}=(e_1, e_2, \cdots, e_p)^{\mathrm{T}}$ 为决策者的权重向量，$e_t \in [0, 1]$（$t=1, 2, \cdots, p$），$\sum_{t=1}^{p} e_t=1$。

**步骤 5** 分别利用式（4－7）和式（4－8）计算 $\beta_k$ 的期望值 $E(\beta_k)$ 和均方差 $\sigma(\beta_k)$（$k=1, 2, \cdots, m$）。

**步骤 6** 根据定义 4－4 对方案 $X_k$（$k=1, 2, \cdots, m$）进行排序，并确定最优方案。

## 4.5 实例分析

通常，一些大学采用教学（$I_1$）、科研（$I_2$）和服务（$I_3$）这 3 个准则作为评估的一级指标，准则权重满足条件 $0.33 \leqslant w_1 \leqslant 0.36$，$0.30 \leqslant w_2 \leqslant 0.32$ 和 $w_3 \geqslant 0.31$。现有 3 位决策者 $D_t$（$t=1, 2, 3$），其权重向量为 $\boldsymbol{e}=(0.3, 0.4, 0.3)^{\mathrm{T}}$，依照评估标准利用语言标度 $\bar{S}_1$ 对 4 个学院 $X_k$（$k=1, 2, 3, 4$）进行评估，各指标下的评估信息用直觉语言数表示，决策矩阵为 $\boldsymbol{R}^{(t)}=(\alpha_{kr}^{(t)})_{4\times 3}$（$t=1, 2, 3$），见表 4－1～表 4－3。试确定最佳学院。

**表 4－1 决策矩阵 $\boldsymbol{R}^{(1)}=(\alpha_{kr}^{(1)})_{4\times 3}$**

| | $I_1$ | $I_2$ | $I_3$ |
|---|---|---|---|
| $X_1$ | $\langle s_4, 0.7, 0.2\rangle$ | $\langle s_6, 0.7, 0.2\rangle$ | $\langle s_6, 0.8, 0.1\rangle$ |
| $X_2$ | $\langle s_6, 0.8, 0.1\rangle$ | $\langle s_5, 0.8, 0.1\rangle$ | $\langle s_7, 0.7, 0.1\rangle$ |
| $X_3$ | $\langle s_7, 0.6, 0.1\rangle$ | $\langle s_6, 0.6, 0.1\rangle$ | $\langle s_6, 0.6, 0.2\rangle$ |
| $X_4$ | $\langle s_8, 0.7, 0.1\rangle$ | $\langle s_7, 0.7, 0.2\rangle$ | $\langle s_5, 0.7, 0.1\rangle$ |

**表 4－2 决策矩阵 $\boldsymbol{R}^{(2)}=(\alpha_{kr}^{(2)})_{4\times 3}$**

| | $I_1$ | $I_2$ | $I_3$ |
|---|---|---|---|
| $X_1$ | $\langle s_6, 0.7, 0.2\rangle$ | $\langle s_7, 0.6, 0.2\rangle$ | $\langle s_5, 0.6, 0.2\rangle$ |
| $X_2$ | $\langle s_7, 0.7, 0.2\rangle$ | $\langle s_6, 0.7, 0.2\rangle$ | $\langle s_8, 0.7, 0.1\rangle$ |
| $X_3$ | $\langle s_6, 0.8, 0.1\rangle$ | $\langle s_5, 0.8, 0.1\rangle$ | $\langle s_7, 0.6, 0.2\rangle$ |
| $X_4$ | $\langle s_5, 0.8, 0.0\rangle$ | $\langle s_8, 0.6, 0.2\rangle$ | $\langle s_6, 0.8, 0.1\rangle$ |

**表 4—3 决策矩阵 $\boldsymbol{R}^{(3)}=(\alpha_{kr}^{(3)})_{4\times3}$**

| | $I_1$ | $I_2$ | $I_3$ |
|---|---|---|---|
| $X_1$ | $\langle s_6,0.7,0.2\rangle$ | $\langle s_7,0.6,0.2\rangle$ | $\langle s_5,0.8,0.1\rangle$ |
| $X_2$ | $\langle s_8,0.6,0.1\rangle$ | $\langle s_5,0.7,0.1\rangle$ | $\langle s_8,0.6,0.2\rangle$ |
| $X_3$ | $\langle s_7,0.7,0.2\rangle$ | $\langle s_8,0.7,0.1\rangle$ | $\langle s_7,0.6,0.1\rangle$ |
| $X_4$ | $\langle s_6,0.8,0.1\rangle$ | $\langle s_6,0.6,0.2\rangle$ | $\langle s_7,0.7,0.1\rangle$ |

下面利用本章提出的多准则群决策方法进行求解。

(1) 利用方法 4—1 即基于 BCNWAA 算子和 BCNHA 算子的直觉语言多准则群决策方法求解。

**步骤 1** 由于各准则均为效益型，故决策矩阵 $\boldsymbol{R}^{(t)}=(\alpha_{kr}^{(t)})_{4\times3}$ $(t=1,2,3)$ 不需要进行规范化，故 $\overline{\boldsymbol{R}}^{(t)}=\boldsymbol{R}^{(t)}=(\alpha_{kr}^{(t)})_{4\times3}$ $(t=1,2,3)$。

**步骤 2** 利用式 (4—9) 将决策矩阵 $\overline{\boldsymbol{R}}^{(t)}$ $(t=1,2,3)$ 转化为二元联系数决策矩阵 $\boldsymbol{P}^{(t)}=(\beta_{kr}^{(t)})_{4\times3}$ $(t=1,2,3)$，见表 4—4～表 4—6。

**表 4—4 决策矩阵 $\boldsymbol{P}^{(1)}=(\beta_{kr}^{(1)})_{4\times3}$**

| | $I_1$ | $I_2$ | $I_3$ |
|---|---|---|---|
| $X_1$ | $2.8+0.4i$ | $4.2+0.6i$ | $4.8+0.6i$ |
| $X_2$ | $4.8+0.6i$ | $4.0+0.5i$ | $4.9+1.4i$ |
| $X_3$ | $4.2+2.1i$ | $3.6+1.8i$ | $3.6+1.2i$ |
| $X_4$ | $5.6+1.6i$ | $4.9+0.7i$ | $3.5+1.0i$ |

**表 4—5 决策矩阵 $\boldsymbol{P}^{(2)}=(\beta_{kr}^{(2)})_{4\times3}$**

| | $I_1$ | $I_2$ | $I_3$ |
|---|---|---|---|
| $X_1$ | $4.2+0.6i$ | $4.2+1.4i$ | $3.0+1.0i$ |
| $X_2$ | $4.9+0.7i$ | $4.2+0.6i$ | $5.6+1.6i$ |
| $X_3$ | $4.8+0.6i$ | $4.0+0.5i$ | $4.2+1.4i$ |
| $X_4$ | $4.0+1.0i$ | $4.8+1.6i$ | $4.8+0.6i$ |

表 4－6 决策矩阵 $P^{(3)}=(\beta_{kr}^{(3)})_{4\times 3}$

| | $I_1$ | $I_2$ | $I_3$ |
|---|---|---|---|
| $X_1$ | $4.2+0.6i$ | $4.2+1.4i$ | $4.0+0.5i$ |
| $X_2$ | $4.8+2.4i$ | $3.5+1.0i$ | $4.8+1.6i$ |
| $X_3$ | $4.9+0.7i$ | $5.6+1.6i$ | $4.2+2.1i$ |
| $X_4$ | $4.8+0.6i$ | $3.6+1.2i$ | $4.9+1.4i$ |

**步骤 3** 首先利用优化模型公式（4－37）从决策矩阵 $\boldsymbol{P}^{(t)}$（$t=1,2,3$）中求得合理的准则权重向量：

$$\boldsymbol{w}^{(1)}=(0.3300,0.3200,0.3500)^{\mathrm{T}},\boldsymbol{w}^{(2)}=(0.3600,0.3200,0.3200)^{\mathrm{T}},$$

$$\boldsymbol{w}^{(3)}=(0.3600,0.3200,0.3200)^{\mathrm{T}}$$

其次利用式（4－38）求得最优准则权重向量 $\boldsymbol{w}=(0.3510,0.3200,0.3290)^{\mathrm{T}}$。

再利用式（4－32）对决策矩阵 $\boldsymbol{P}^{(t)}$ 中第 $k$ 行的准则值进行集结，得到决策者 $D_t$ 所给出的方案 $X_k$ 的综合评价值 $\beta_k^{(t)}$（$k=1,2,3,4$；$t=1,2,3$）：

$$\beta_1^{(1)}=3.9060+0.5383i,\beta_2^{(1)}=4.5769+0.9226i,\beta_3^{(1)}=3.8106+1.7488i,$$
$$\beta_4^{(1)}=4.6851+1.1766i,\beta_1^{(2)}=3.8052+1.0405i,\beta_2^{(2)}=4.9063+1.0627i,$$
$$\beta_3^{(2)}=4.3466+0.9226i,\beta_4^{(2)}=4.5192+1.1352i,\beta_1^{(3)}=4.1342+0.9142i,$$
$$\beta_2^{(3)}=4.3840+1.7844i,\beta_3^{(3)}=4.8937+1.5627i,\beta_4^{(3)}=4.4489+1.1100i$$

**步骤 4** 利用式（4－39）对 3 位决策者给出的方案 $X_k$ 的综合评价值 $\beta_k^{(t)}$（$t=1,2,3$）进行集结，得到 $X_k$ 的群体综合评价值 $\beta_k$（$k=1,2,3,4$）：

$$\beta_1=3.8763+0.8750i,\beta_2=4.5066+1.1913i,$$
$$\beta_3=4.3647+1.4307i,\beta_4=4.4580+1.1338i$$

其中 BCNHA 算子的加权向量由参考文献[191]中基于正态分布的赋权方法确定为 $\boldsymbol{v}=(0.2429,0.5142,0.2429)^{\mathrm{T}}$。

**步骤 5** 利用式（4－7）计算 $\beta_k$ 的期望值 $E(\beta_k)$（$k=1,2,3,4$）：

$$E(\beta_1)=4.3138,E(\beta_2)=5.1022,E(\beta_3)=5.0800,E(\beta_4)=5.0249$$

**步骤 6** 根据定义 4－4 对方案 $X_k$（$k=1,2,3,4$）进行排序：

$$X_2\succ X_3\succ X_4\succ X_1$$

因此，最佳学院为 $X_2$。

（2）利用方法 4－2 即基于 BCNWG 算子和 BCNHG 算子的直觉语言多

准则群决策方法求解。

**步骤 1** 同方法 4—1 的步骤 1。

**步骤 2** 同方法 4—1 的步骤 2。

**步骤 3** 首先利用优化模型公式（4—46）从决策矩阵 $\boldsymbol{P}^{(t)}$（$t=1, 2, 3$）中求得合理的准则权重向量：

$$\boldsymbol{w}^{(1)}=(0.3300, 0.3200, 0.3500)^{\mathrm{T}}, \boldsymbol{w}^{(2)}=(0.3600, 0.3200, 0.3200)^{\mathrm{T}},$$

$$\boldsymbol{w}^{(3)}=(0.3600, 0.3200, 0.3200)^{\mathrm{T}}$$

然后利用式（4—38）求得最优准则权重向量 $\boldsymbol{w}=(0.3510, 0.3200, 0.3290)^{\mathrm{T}}$。

再利用式（4—40）对决策矩阵 $\boldsymbol{P}^{(t)}$ 中第 $k$ 行的准则值进行集结，得到决策者 $D_t$ 所给出的方案 $X_k$ 的综合评价值 $\beta_k^{(t)}$（$k=1, 2, 3, 4$；$t=1, 2, 3$）：

$$\beta_1^{(1)}=3.8065+0.5213i, \beta_2^{(1)}=4.5588+0.8002i, \beta_3^{(1)}=3.8002+1.6834i,$$

$$\beta_4^{(1)}=4.5970+1.0948i, \beta_1^{(2)}=3.7599+0.9893i, \beta_2^{(2)}=4.8736+0.9163i,$$

$$\beta_3^{(2)}=4.3334+0.8219i, \beta_4^{(2)}=4.5024+1.0473i, \beta_1^{(3)}=4.1331+0.8036i,$$

$$\beta_2^{(3)}=4.3386+1.6206i, \beta_3^{(3)}=4.8610+1.4477i, \beta_4^{(3)}=4.4076+1.0631i$$

**步骤 4** 利用式（4—47）对 3 位决策者给出的方案 $X_k$ 的综合评价值 $\beta_k^{(t)}$（$t=1, 2, 3$）进行集结，得到 $X_k$ 的群体综合评价值 $\beta_k$（$k=1, 2, 3, 4$）：

$$\beta_1=3.7998+0.7420i, \beta_2=4.4129+0.9471i,$$

$$\beta_3=4.2675+1.2199i, \beta_4=4.3439+0.9993i$$

其中 BCNHA 算子的加权向量由参考文献[191]中基于正态分布的赋权方法确定为 $\boldsymbol{v}=(0.2429, 0.5142, 0.2429)^{\mathrm{T}}$。

**步骤 5** 利用式（4—7）计算 $\beta_k$ 的期望值 $E(\beta_k)$（$k=1, 2, 3, 4$）：

$$E(\beta_1)=4.1708, E(\beta_2)=4.8865, E(\beta_3)=4.8775, E(\beta_4)=4.8435$$

**步骤 6** 根据定义 4—4 对方案 $X_k$（$k=1, 2, 3, 4$）进行排序：

$$X_2 \succ X_3 \succ X_4 \succ X_1$$

因此，最佳学院也为 $X_2$。

将该实例与例 2—6 进行比较可知，二者都属于准则值为直觉语言数的多准则群决策问题，但例 2—6 中的准则权重已知，而本实例的准则权重信息不完全确定，需要构建优化模型求取。针对本章实例，利用本章求出的准则权重和例 2—6 的决策方法进行求解，得到的方案排序结果与本章相同。此外，从算例的数据分析可知，本章得到的结果是合理的。本章实例可以看成是利用二元联系数对准则值为直觉语言数而准则权重信息不完全确定的多准则群决策问题的初步探讨。

## 4.6 本章小结

集对分析及联系数学的核心思想是把对客观事物的确定性测度与不确定性测度作为一个系统进行分析，为处理不确定多准则决策问题提供了新的思路。本章利用二元联系数对准则值为直觉语言数而准则权重信息不完全确定的多准则群决策问题进行了探究。首先定义了二元联系数的相关概念，给出了一种对二元联系数进行比较和排序的方法；然后提出了将直觉语言数转化为二元联系数的方法。在此基础上，针对准则值为直觉语言数而准则权重信息不完全确定的多准则群决策问题，提出了两种基于二元联系数的直觉语言多准则群决策方法，且详细讨论了其实现步骤。在所提出的方法中，针对二元联系数信息的集结问题，重新定义了二元联系数的加性运算法则，给出了几种二元联系数算术集结算子和几何集结算子，包括 BCNWAA 算子、BC-NOWA 算子、BCNHA 算子、BCNWG 算子、BCNOWG 算子和 BCNHG 算子；针对准则权重信息不完全确定的问题，利用二元联系数准则值的方差和准则权重的随机性，建立了两个优化模型以确定最优准则权重。本章方法既能适应准则值为直觉语言数的多准则决策情形，又能满足决策者给出不完全确定信息的准则权重的要求，更符合决策的实际情况。本章方法还能拓展到具有模糊、随机以及多重不确定性的决策环境。实例分析表明，本章方法实用有效，可广泛应用于风险投资、项目评估以及供应链的评价与选择等相关决策中。

# 5 具有正态分布的直觉语言多准则决策方法

从前述章节的讨论中已经知道，假设决策过程中准则值以直觉语言数形式$\beta=\langle s_{\theta(\beta)}, \mu(\beta), \nu(\beta)\rangle$给出，其中$\mu(\beta)$和$\nu(\beta)$分别表示论域中元素属于语言评价值$s_{\theta(\beta)}$的隶属度和非隶属度，则根据直觉语言数的定义可知，决策者对语言评价值$s_{\theta(\beta)}$完全有把握的程度为$\mu(\beta)$，完全没有把握的程度为$\nu(\beta)$，犹豫的程度为$1-\mu(\beta)-\nu(\beta)$，即决策者对语言评价值$s_{\theta(\beta)}$的信心程度为区间数$[\mu(\beta), 1-\nu(\beta)]$[237]，故实际的准则值在$s_{\theta(\beta)\mu(\beta)}$和$s_{\theta(\beta)(1-\nu(\beta))}$之间波动，即属于区间语言数$[s_{\theta(\beta)\mu(\beta)}, s_{\theta(\beta)(1-\nu(\beta))}]$。

在准则值为区间语言数的多准则决策问题中，一般把准则值视为一个随机变量，认为其落在某个区间语言数内，但目前没有研究者说明准则值落在区间语言数内的概率分布情况。与区间语言数相类似的是区间数，在区间数多准则决策问题中，一般也把准则值视为一个随机变量，认为其落在某个区间数内，但研究者很少说明准则值落在区间数内的规律[238]，仅有少数研究者进行了说明，例如，张等[239]、徐和吴[240]认为准则值在区间数内服从均匀分布，而张等[241]、刘等[242]、汪和肖[243]认为准则值在区间数内服从正态分布。实际上，判断准则值在区间数内服从均匀分布还是正态分布，需要根据具体的评价对象来确定。值得指出的是，对数正态分布[244,245]是对数为正态分布的随机变量的概率分布，即若$Y$服从对数正态分布，则$\ln Y$服从正态分布。例如，金融资产价格[246,247]、车险保单组合的索赔额[248]、股市数据[249]、边坡稳定性[250]、CNC车床维修时间和停机时间[251]、恶劣海情下的海杂波[252]以及生产过程控制中的工序质量特性[253]等通常都被认为服从对数正态分布。另外，如果一个变量可以看作是许多很小独立因子的乘积，则这个变量可以看作是服从对数正态分布。一个典型的例子是股票投资的长期收益率，它可以看作是每天收益率的乘积，服从对数正态分布。因此，本书认为准则值在区间数内服从对数正态分布的情形也是大量存在的。类似于区间数情形，可知针对不同类型的评价对象，准则值在区间语言数内服从均匀分布、正态分布和对数正态分布三种情形都是大量存在的。

基于以上分析，考虑到直觉语言数可以转化为区间语言数，区间语言数的情形和区间数类似，而现实生活中均匀分布、正态分布和对数正态分布都是很常见又很重要的分布，故本书为适应不同类型评价对象的多准则决策问题，拟分别探讨准则值在直觉语言数内服从均匀分布、正态分布和对数正态分布三种情形的直觉语言多准则决策问题。由于前几章考虑的都是准则值在直觉语言数内服从均匀分布的情形，故本章只探讨准则值在直觉语言数内服从正态分布和对数正态分布两种情形，分别定义正态直觉语言数和对数正态直觉语言数及其相关概念，给出正态直觉语言数和对数正态直觉语言数集结算子，并提出相应的直觉语言多准则决策方法。

为此，本章的内容安排如下：5.1 节介绍正态直觉语言数的有关概念，定义几种正态直觉语言数集结算子；5.2 节提出一种准则值为正态直觉语言数而准则权重信息不完全确定的多准则群决策方法，并进行实例分析；5.3 节介绍对数正态直觉语言数的有关概念，定义几种对数正态直觉语言数集结算子；5.4 节提出一种准则值为正态直觉语言数而数据信息来自不同时期的动态多准则决策方法，并进行实例分析；5.5 节对本章进行小结。

# 5.1 正态直觉语言数及其集结算子

## 5.1.1 正态直觉语言数

在决策过程中，设 $X=\{X_1, X_2, \cdots, X_m\}$ 为方案集，$C=\{C_1, C_2, \cdots, C_n\}$ 为准则集，决策者应用语言短语集 $\bar{S}_1$（或 $\bar{S}_2$）对各方案进行评价，方案 $X_i$ 在准则 $C_j$ 下的准则值为 $\beta_{ij}$（$i=1, 2, \cdots, m$；$j=1, 2, \cdots, n$），其中 $\beta_{ij}=\langle s_{\theta(\beta_{ij})}, \mu(\beta_{ij}), \nu(\beta_{ij})\rangle$ 为直觉语言数且已经规范化。根据直觉语言

数的定义，实际的准则值 $r_{ij}$ 属于区间语言数 $[s_{\theta(\beta_{ij})\mu(\beta_{ij})}, s_{\theta(\beta_{ij})(1-\nu(\beta_{ij}))}]$。一般认为，实际的准则值 $r_{ij}$ 在下限 $s_{\theta(\beta_{ij})\mu(\beta_{ij})}$ 和上限 $s_{\theta(\beta_{ij})(1-\nu(\beta_{ij}))}$ 之间的取值机会均等，即服从均匀分布（此时所对应的直觉语言数可称为均匀分布直觉语言数）。但针对有些评价对象，如顾客或市场的需求，根据市场变化的投资量等，依据中心极限定理，其实际的准则值 $r_{ij}$ 应具有稳定性，即准则值趋于某一点即最可能的准则值，$r_{ij}$ 是模糊随机变量，故认为 $r_{ij}$ 服从以区间数 $[\theta(\beta_{ij})\mu(\beta_{ij}), \theta(\beta_{ij})(1-\nu(\beta_{ij}))]$ 的中点为均值的正态分布 $N(\mu_{ij}, \sigma_{ij}^2)$ 更符合实际，其中均值为：

$$\mu_{ij}=\frac{1}{2}(\theta(\beta_{ij})\mu(\beta_{ij})+\theta(\beta_{ij})(1-\nu(\beta_{ij})))=\frac{1}{2}\theta(\beta_{ij})(1+\mu(\beta_{ij})-\nu(\beta_{ij})) \tag{5-1}$$

并由正态分布的 $3\sigma$ 原则，即

$$p(r_{ij}\in[\theta(\beta_{ij})\mu(\beta_{ij}), \theta(\beta_{ij})(1-\nu(\beta_{ij})]) = 0.9974$$

可得方差为：

$$\sigma_{ij}=\frac{1}{6}(\theta(\beta_{ij})(1-\nu(\beta_{ij}))-\theta(\beta_{ij})\mu(\beta_{ij}))=\frac{1}{6}\theta(\beta_{ij})(1-\mu(\beta_{ij})-\nu(\beta_{ij})) \tag{5-2}$$

**定义 5—1** 设 $\beta=\langle s_{\theta(\beta)}, \mu(\beta), \nu(\beta)\rangle$ 为直觉语言数，若准则值 $r\in[s_{\theta(\beta)\mu(\beta)}, s_{\theta(\beta)(1-\nu(\beta))}]$ 且在该直觉语言数内服从正态分布 $N(\mu, \sigma^2)$，则称 $\beta=\langle s_{\theta(\beta)}, \mu(\beta), \nu(\beta)\rangle$ 为正态直觉语言数，记作 $\tilde{\beta}=\{\mu, \sigma\}$，其中，根据正态分布的 $3\sigma$ 原则，均值 $\mu$ 和方差 $\sigma$ 由下式确定：

$$\mu=\frac{1}{2}\theta(\beta)(1+\mu(\beta)-\nu(\beta)) \tag{5-3}$$

$$\sigma=\frac{1}{6}\theta(\beta)(1-\mu(\beta)-\nu(\beta)) \tag{5-4}$$

并且令 $\Psi$ 为全体正态直觉语言数的集合。

根据有限个相互独立的正态随机变量的线性组合仍然服从正态分布的性质，可定义正态直觉语言数的运算法则。

**定义 5—2** 设 $\tilde{\beta}_1=\{\mu_1, \sigma_1\}$ 和 $\tilde{\beta}_2=\{\mu_2, \sigma_2\}$ 为任意的两个正态直觉语言数，则

(1) $\tilde{\beta}_1\oplus\tilde{\beta}_2=\{\mu_1+\mu_2, \sqrt{\sigma_1^2+\sigma_2^2}\}$；

(2) $\lambda\tilde{\beta}_1=\{\lambda\mu_1, \lambda\sigma_1\}$，$\lambda\geqslant0$。

易证

(1) $\tilde{\beta}_1 \oplus \tilde{\beta}_2 = \tilde{\beta}_2 \oplus \tilde{\beta}_1$;

(2) $(\tilde{\beta}_1 \oplus \tilde{\beta}_2) \oplus \tilde{\beta}_3 = \tilde{\beta}_1 \oplus (\tilde{\beta}_2 \oplus \tilde{\beta}_3)$;

(3) $\lambda(\tilde{\beta}_1 \oplus \tilde{\beta}_2) = \lambda\tilde{\beta}_1 \oplus \lambda\tilde{\beta}_2$，$\lambda \geqslant 0$;

(4) $\lambda_1\tilde{\beta}_1 \oplus \lambda_2\tilde{\beta}_1 = (\lambda_1 + \lambda_2)\tilde{\beta}_1$，$\lambda_1$，$\lambda_2 \geqslant 0$。

根据期望—方差准则，以下定义一种正态直觉语言数的比较与排序方法。

**定义 5—3** 设 $\tilde{\beta}_1 = \{\mu_1, \sigma_1\}$ 和 $\tilde{\beta}_2 = \{\mu_2, \sigma_2\}$ 为任意的两个正态直觉语言数，则

(1) 若 $\mu_1 < \mu_2$，则 $\tilde{\beta}_1$ 小于 $\tilde{\beta}_2$，记作 $\tilde{\beta}_1 < \tilde{\beta}_2$;

(2) 若 $\mu_1 = \mu_2$，则

①若 $\sigma_1 = \sigma_2$，则 $\tilde{\beta}_1$ 等于 $\tilde{\beta}_2$，记作 $\tilde{\beta}_1 = \tilde{\beta}_2$;

②若 $\sigma_1 < \sigma_2$，则 $\tilde{\beta}_1$ 大于 $\tilde{\beta}_2$，记作 $\tilde{\beta}_1 > \tilde{\beta}_2$;

③若 $\sigma_1 > \sigma_2$，则 $\tilde{\beta}_1$ 小于 $\tilde{\beta}_2$，记作 $\tilde{\beta}_1 < \tilde{\beta}_2$。

## 5.1.2 正态直觉语言数集结算子

基于上述正态直觉语言数的运算法则，以下给出几种正态直觉语言数集结算子，即正态直觉语言数加权算术平均(NILWAA) 算子、正态直觉语言数有序加权平均(NILOWA) 算子和正态直觉语言数混合加权平均(NILHA) 算子，以便对基于正态直觉语言数的决策信息进行集结。

**定义 5—4** 设 $\tilde{\beta}_j = \{\mu_j, \sigma_j\}$ $(j=1, 2, \cdots, n)$ 为一组正态直觉语言数，令 NILWAA：$\Psi^n \to \Psi$，且

$$\mathrm{NILWAA}_w(\tilde{\beta}_1, \tilde{\beta}_2, \cdots, \tilde{\beta}_n) = w_1\tilde{\beta}_1 \oplus w_2\tilde{\beta}_2 \oplus \cdots \oplus w_n\tilde{\beta}_n \qquad (5-5)$$

其中，$\boldsymbol{w} = (w_1, w_2, \cdots, w_n)^T$ 为 $\tilde{\beta}_j$ $(j=1, 2, \cdots, n)$ 的加权向量，$w_j \in [0, 1]$ $(j=1, 2, \cdots, n)$，$\sum_{j=1}^{n} w_j = 1$，则称函数 NILWAA 为正态直觉语言数加权算术平均（NILWAA）算子。特别地，若 $\boldsymbol{w} = (1/n, 1/n, \cdots, 1/n)^T$，则相应的 NILWAA 算子退化为正态直觉语言数算

术平均（NILAA）算子

$$\mathrm{NILAA}_w\ (\tilde{\beta}_1,\ \tilde{\beta}_2,\ \cdots,\ \tilde{\beta}_n)\ =\frac{1}{n}\ (\tilde{\beta}_1\oplus\tilde{\beta}_2\oplus\cdots\oplus\tilde{\beta}_n) \tag{5-6}$$

**定理 5—1** 设 $\tilde{\beta}_j=\{\mu_j,\ \sigma_j\}$（$j=1,\ 2,\ \cdots,\ n$）为一组正态直觉语言数，$w=(w_1,\ w_2,\ \cdots,\ w_n)^T$ 为 $\tilde{\beta}_j$（$j=1,\ 2,\ \cdots,\ n$）的加权向量，$w_j\in[0,\ 1]$（$j=1,\ 2,\ \cdots,\ n$），$\sum_{j=1}^{n}w_j=1$，则由式（5—5）集结得到的结果仍为正态直觉语言数，且

$$\mathrm{NILWAA}_w\ (\tilde{\beta}_1,\ \tilde{\beta}_2,\ \cdots,\ \tilde{\beta}_n)\ =\left\{\sum_{j=1}^{n}w_j\mu_j,\sqrt{\sum_{j=1}^{n}w_j^2\sigma_j^2}\right\} \tag{5-7}$$

**证明：** 显然，由定义 5—2 可知，由式（5—5）集结得到的结果仍为正态直觉语言数。下面用数学归纳法证明式（5—7）：

（1）当 $n=2$ 时，由于

$$w_1\tilde{\beta}_1=\{w_1\mu_1,\ w_1\sigma_1\},\ w_2\tilde{\beta}_2=\{w_2\mu_2,\ w_2\sigma_2\}$$

则

$$\mathrm{NILWAA}_w\ (\tilde{\beta}_1,\ \tilde{\beta}_2)\ =w_1\tilde{\beta}_1\oplus w_2\tilde{\beta}_2=\{w_1\mu_1,\ w_1\sigma_1\}\oplus\{w_2\mu_2,\ w_2\sigma_2\}$$

$$=\{w_1\mu_1+w_2\mu_2,\ \sqrt{(w_1\sigma_1)^2+(w_2\sigma_2)^2}\}$$

$$=\{w_1\mu_1+w_2\mu_2,\ \sqrt{w_1^2\sigma_1^2+w_2^2\sigma_2^2}\}$$

$$=\left\{\sum_{j=1}^{2}w_j\mu_j,\sqrt{\sum_{j=1}^{2}w_j^2\sigma_j^2}\right\}$$

（2）假设当 $n=k$ 时，式（5—7）成立，即

$$\mathrm{NILWAA}_w\ (\tilde{\beta}_1,\ \tilde{\beta}_2,\ \cdots,\ \tilde{\beta}_k)\ =\left\{\sum_{j=1}^{k}w_j\mu_j,\sqrt{\sum_{j=1}^{k}w_j^2\sigma_j^2}\right\}$$

则当 $n=k+1$ 时，由定义 5—2 可得：

$$\mathrm{NILWAA}_w\ (\tilde{\beta}_1,\ \tilde{\beta}_2,\ \cdots,\ \tilde{\beta}_k,\ \tilde{\beta}_{k+1})\ =\ \left\{\sum_{j=1}^{k}w_j\mu_j,\sqrt{\sum_{j=1}^{k}w_j^2\sigma_j^2}\right\}\oplus w_{k+1}\{\mu_{k+1},\ \sigma_{k+1}\}$$

$$=\left\{\sum_{j=1}^{k}w_j\mu_j+w_{k+1}\mu_{k+1},\sqrt{\left(\sqrt{\sum_{j=1}^{k}w_j^2\sigma_j^2}\right)^2+(w_{k+1}\sigma_{k+1})^2}\right\}$$

$$=\left\{\sum_{j=1}^{k+1} w_j\mu_j, \sqrt{\sum_{j=1}^{k+1} w_j^2\sigma_j^2}\right\}$$

即当$n=k+1$时，式（5—7）也成立。

综合（1）和（2）可知，对一切$n\in\mathbf{N}$，式（5—7）均成立。定理证毕。

**定义 5—5** 设$\tilde{\beta}_j=\{\mu_j, \sigma_j\}$（$j=1, 2, \cdots, n$）为一组正态直觉语言数，令 NILOWA：$\boldsymbol{\Psi}^n\rightarrow\boldsymbol{\Psi}$，且

$$\text{NILOWA}_{\boldsymbol{\omega}}(\tilde{\beta}_1, \tilde{\beta}_2, \cdots, \tilde{\beta}_n)=\omega_1\tilde{\beta}_{\tau(1)}\oplus\omega_2\tilde{\beta}_{\tau(2)}\oplus\cdots\oplus\omega_n\tilde{\beta}_{\tau(n)} \tag{5—8}$$

其中，$\boldsymbol{\omega}=(\omega_1, \omega_2, \cdots, \omega_n)^{\mathrm{T}}$是与函数 NILOWA 相关联的加权向量，$\omega_j\in[0, 1]$（$j=1, 2, \cdots, n$），$\sum_{j=1}^{n}\omega_j=1$。（$\tau(1), \tau(2), \cdots, \tau(n)$）是（$1, 2, \cdots, n$）的一个置换，使得对任意$j$，均有$\tilde{\beta}_{\tau(j-1)}\geqslant\tilde{\beta}_{\tau(j)}$，则称函数 NILOWA 为正态直觉语言数有序加权平均（NILOWA）算子。特别地，若$\boldsymbol{\omega}=(1/n, 1/n, \cdots, 1/n)^{\mathrm{T}}$，则相应的 NILOWA 算子退化为 NILAA 算子。

类似定理 5—1 可知，由式（5—8）集结得到的结果仍为正态直觉语言数，且

$$\text{NILOWA}_{\boldsymbol{\omega}}(\tilde{\beta}_1, \tilde{\beta}_2, \cdots, \tilde{\beta}_n)=\left\{\sum_{j=1}^{n}\omega_j\mu_{\tau(j)}, \sqrt{\sum_{j=1}^{n}\omega_j^2\sigma_{\tau(j)}^2}\right\} \tag{5—9}$$

NILOWA 算子的根本特点是：对正态直觉语言数$\tilde{\beta}_j=\{\mu_j, \sigma_j\}$（$j=1, 2, \cdots, n$）按从大到小的顺序重新排序后加权集结，且元素$\tilde{\beta}_j$与$\omega_j$没有任何联系，$\omega_j$只与集结过程中的第$j$个位置有关。

**定义 5—6** 设$\tilde{\beta}_j=\{\mu_j, \sigma_j\}$（$j=1, 2, \cdots, n$）为一组正态直觉语言数，令 NILHA：$\boldsymbol{\Psi}^n\rightarrow\boldsymbol{\Psi}$，且

$$\text{NILHA}_{\boldsymbol{w},\boldsymbol{\omega}}(\tilde{\beta}_1, \tilde{\beta}_2, \cdots, \tilde{\beta}_n)=\omega_1\tilde{\beta}'_{\tau(1)}\oplus\omega_2\tilde{\beta}'_{\tau(2)}\oplus\cdots\oplus\omega_n\tilde{\beta}'_{\tau(n)} \tag{5—10}$$

其中，$\boldsymbol{\omega}=(\omega_1, \omega_2, \cdots, \omega_n)^{\mathrm{T}}$是与函数 NILHA 相关联的加权向量，$\omega_j\in[0, 1]$（$j=1, 2, \cdots, n$），$\sum_{j=1}^{n}\omega_j=1$。$\tilde{\beta}'_{\tau(j)}$是加权的正态直觉语言数组（$nw_1\tilde{\beta}_1, nw_2\tilde{\beta}_2, \cdots, nw_n\tilde{\beta}_n$）中第$j$个最大的元素，这里$\boldsymbol{w}=$

$(w_1, w_2, \cdots, w_n)^{\mathrm{T}}$ 为正态直觉语言数组 $\tilde{\beta}_j=\{\mu_j, \sigma_j\}$ $(j=1, 2, \cdots, n)$ 的加权向量，$w_j \in [0, 1]$ $(j=1, 2, \cdots, n)$，$\sum_{j=1}^{n} w_j=1$，且 $n$ 是平衡因子，则称函数 NILHA 为正态直觉语言数混合加权平均（NILHA）算子。特别地，若 $\boldsymbol{\omega}=(1/n, 1/n, \cdots, 1/n)^{\mathrm{T}}$，则 NILHA 算子退化为 NILWAA 算子；若 $\boldsymbol{w}=(1/n, 1/n, \cdots, 1/n)^{\mathrm{T}}$，则 NILHA 算子退化为 NILOWA 算子。

类似式（5—7）和式（5—9）可知，由式（5—10）集结得到的结果仍为正态直觉语言数，且有

$$\mathrm{NILHA}_{\boldsymbol{w},\boldsymbol{\omega}}(\tilde{\beta}_1, \tilde{\beta}_2, \cdots, \tilde{\beta}_n)=\left\{\sum_{j=1}^{n} \omega_j \mu'_{\tau(j)}, \sqrt{\sum_{j=1}^{n} \omega_j^2 \sigma'^2_{\tau(j)}}\right\} \tag{5—11}$$

显然，NILHA 算子同时推广了 NILWAA 算子和 NILOWA 算子，它不仅体现了正态直觉语言数自身的重要性，而且还反映了正态直觉语言数所在位置的重要性程度。

# 5.2 基于正态直觉语言数的多准则群决策方法

## 5.2.1 问题描述

考虑一个准则值以直觉语言数形式给出而准则权重信息不完全的多准则群决策问题。设 $X=\{X_1, X_2, \cdots, X_m\}$ 为方案集，$C=\{C_1, C_2, \cdots, C_n\}$ 为准则集，$D=\{d_1, d_2, \cdots, d_t\}$ 为决策者集。设决策者 $d_k$ 给出方案 $X_i$ 在准则 $C_j$ 下的准则值为 $\beta_{ij}^{(k)}$（根据评价对象的特点，这里 $\beta_{ij}^{(k)}=\langle s_{\theta(\beta_{ij}^{(k)})}, \mu(\beta_{ij}^{(k)}), \nu(\beta_{ij}^{(k)})\rangle$ 为正态直觉语言数，$i=1, 2, \cdots, m$；$j=1, 2, \cdots, n$；$k=1, 2, \cdots, t$），得到决策矩阵 $\boldsymbol{R}^{(k)}=(\beta_{ij}^{(k)})_{m\times n}$ $(k=1, 2, \cdots, t)$。已知决策者的权重向量为 $\boldsymbol{e}=(e_1, e_2, \cdots, e_t)^{\mathrm{T}}$，$e_k \in [0, 1]$ $(k=1, 2, \cdots, t)$，$\sum_{k=1}^{t} e_k=1$，但准则的权重信息不完全确定。设 $\Theta$ 表示决策者给出的准则权重的不完全信息的集合，准则权重的不完全信息可分为下列 3 类[254]：

(1) $\{\boldsymbol{w}: \boldsymbol{A}\boldsymbol{w} \geqslant b, b \geqslant 0\}$；

(2) $\{\boldsymbol{w}: \boldsymbol{A}\boldsymbol{w} \leqslant b, b \geqslant 0\}$;

(3) $\{\boldsymbol{w}: \boldsymbol{A}\boldsymbol{w} = b, b \geqslant 0\}$。

其中 $\boldsymbol{w}=(w_1, w_2, \cdots, w_n)^{\mathrm{T}}$ 为准则权重向量，满足 $w_j \in [0, 1]$ $(j=1, 2, \cdots, n)$ 和 $\sum_{j=1}^{n} w_j = 1$；$\boldsymbol{A}$ 是 $1 \times n$ 矩阵。

这里要解决的问题是：依据群决策矩阵 $\boldsymbol{R}^{(k)}=(\beta_{ij}^{(k)})_{m\times n}$ $(k=1, 2, \cdots, t)$ 和准则权重的不完全信息 $\Phi$，提出一种有效的多准则群决策方法对所有方案进行排序，并确定最优方案。

## 5.2.2 群决策方法的原理及具体步骤

为了解决上述问题，下面提出一种基于正态直觉语言数的多准则群决策方法。

首先，利用式（2－21）或（2－22）将决策矩阵 $\boldsymbol{R}^{(k)}=(\beta_{ij}^{(k)})_{m\times n}$ 规范化，得到决策矩阵 $\overline{\boldsymbol{R}}^{(k)}=(\bar{\beta}_{ij}^{(k)})_{m\times n}$ $(k=1, 2, \cdots, t)$。

其次，利用下式

$$\mu_{ij}^{(k)}=\frac{1}{2}\theta(\bar{\beta}_{ij}^{(k)})(1+\mu(\bar{\beta}_{ij}^{(k)})-\nu(\bar{\beta}_{ij}^{(k)})) \tag{5-12}$$

$$\sigma_{ij}^{(k)}=\frac{1}{6}\theta(\bar{\beta}_{ij}^{(k)})(1-\mu(\bar{\beta}_{ij}^{(k)})-\nu(\bar{\beta}_{ij}^{(k)})) \tag{5-13}$$

将 $\bar{\beta}_{ij}^{(k)}$ 转化为正态直觉语言数 $\tilde{\beta}_{ij}^{(k)}$（这里 $\tilde{\beta}_{ij}^{(k)}=\{\mu_{ij}^{(k)}, \sigma_{ij}^{(k)}\}$），从而将决策矩阵 $\overline{\boldsymbol{R}}^{(k)}=(\bar{\beta}_{ij}^{(k)})_{m\times n}$ 转化为正态直觉语言数决策矩阵 $\widetilde{\boldsymbol{R}}^{(k)}=(\tilde{\beta}_{ij}^{(k)})_{m\times n}$ $(k=1, 2, \cdots, t)$。

假设根据准则权重不完全信息求出的最优准则权重为 $\boldsymbol{w}=(w_1, w_2, \cdots, w_n)^T$，则可利用 *NILWAA* 算子

$$\tilde{\beta}_{i}^{(k)}=\mathrm{NILWAA}_{w}(\tilde{\beta}_{i1}^{(k)}, \tilde{\beta}_{i2}^{(k)}, \cdots, \tilde{\beta}_{in}^{(k)}) \tag{5-14}$$

对决策矩阵 $\widetilde{\boldsymbol{R}}^{(k)}=(\tilde{\beta}_{ij}^{(k)})_{m\times n}$ $(k=1, 2, \cdots, t)$ 中第 $i$ 行的准则值进行加权集结，得到决策者 $d_k$ 所给出的方案 $X_i$ 的综合准则值 $\tilde{\beta}_{i}^{(k)}=\{\mu_{i}^{(k)}, \sigma_{i}^{(k)}\}$ $(i=1, 2, \cdots, m; k=1, 2, \cdots, t)$，其中

$$\mu_{i}^{(k)}=\sum_{j=1}^{n} w_j \mu_{ij}^{(k)} \tag{5-15}$$

$$\sigma_i^{(k)}=\sqrt{\sum_{j=1}^{n}w_j^2\ (\sigma_{ij}^{(k)})^2} \tag{5-16}$$

下面提供一种准则权重以不完全信息形式给出时，根据正态直觉语言数准则值的方差建立优化模型，从而求出最优准则权重的方法。特别地，当准则权重信息完全未知时，建立了另一个优化模型，并给出了求解最优准则权重的简洁公式。

(1) 考虑决策者 $d_k$ 所给出的决策矩阵$\widetilde{\boldsymbol{R}}^{(k)}=(\tilde{\beta}_{ij}^{(k)})_{m\times n}$ ($k=1$，2，…，$t$)，由于准则值是正态直觉语言数，故从$\widetilde{\boldsymbol{R}}^{(k)}=(\tilde{\beta}_{ij}^{(k)})_{m\times n}$中求出的合理的准则权重$\boldsymbol{w}^{(k)}=(w_1^{(k)}，w_2^{(k)}，\cdots，w_n^{(k)})^T$ 应该使得所有方案的方差总和最小化，即极小化

$$\begin{aligned}&\min\sum_{i=1}^{m}(\sigma_i^{(k)})^2=\sum_{i=1}^{m}\sum_{j=1}^{n}(w_j^{(k)})^2\ (\sigma_{ij}{}^{(k)})^2\\&\text{s. t.}\quad \boldsymbol{w}^{(k)}\in\Phi\end{aligned} \tag{5-17}$$

$$\sum_{j=1}^{n}w_j^{(k)}=1,w_j^{(k)}\geqslant 0,j=1,2,\cdots,n$$

如果准则权重信息完全未知，模型（5—17）变为

$$\begin{aligned}&\min\sum_{i=1}^{m}(\sigma_i^{(k)})^2=\sum_{i=1}^{m}\sum_{j=1}^{n}(w_j^{(k)})^2\ (\sigma_{ij}{}^{(k)})^2\\&\text{s. t.}\quad\sum_{j=1}^{n}w_j^{(k)}=1,w_j^{(k)}\geqslant 0,j=1,2,\cdots,n\end{aligned} \tag{5-18}$$

下面求解模型（5—18）。

构造 Lagrange 函数

$$L\ (w^{(k)},\ \theta)=\sum_{i=1}^{m}\sum_{j=1}^{n}(w_j^{(k)})^2\ (\sigma_{ij}{}^{(k)})^2-2\theta(\sum_{j=1}^{n}w_j^{(k)}-1) \tag{5-19}$$

根据极值存在的必要条件，有

$$\frac{\partial L(w^{(k)},\theta)}{\partial w_j^{(k)}}=2w_j^{(k)}\sum_{i=1}^{m}(\sigma_{ij}{}^{(k)})^2-2\theta=0,j=1,2,\cdots,n \tag{5-20}$$

$$\frac{\partial L(w^{(k)},\theta)}{\partial\theta}=-2(\sum_{j=1}^{n}w_j^{(k)}-1)=0 \tag{5-21}$$

令 $s_j=\sum_{i=1}^{m}(\sigma_{ij}{}^{(k)})^2$（$j=1$，2，…，$n$），则由式（5—20）和式（5—21）联立可求得优化模型（5—18）的唯一最优解，即：

$$\boldsymbol{w}^{(k)}=\left(\frac{1}{s_1\sum_{j=1}^{n}\frac{1}{s_j}},\frac{1}{s_2\sum_{j=1}^{n}\frac{1}{s_j}},\cdots,\frac{1}{s_n\sum_{j=1}^{n}\frac{1}{s_j}}\right)^{\mathrm{T}} \tag{5—22}$$

（2）考虑决策者的权重 $\boldsymbol{e}=(e_1,e_2,\cdots,e_t)^{\mathrm{T}}$，则准则的最优权重向量 $\boldsymbol{w}=(w_1,w_2,\cdots,w_n)^{\mathrm{T}}$ 可由下式计算：

$$w_j=\sum_{k=1}^{t}e_k w_j^{(k)},\ j=1,2,\cdots,n \tag{5—23}$$

再次，利用 NILHA 算子

$$\tilde{\beta}_i=\mathrm{NILHA}_{\boldsymbol{e},\boldsymbol{v}}(\tilde{\beta}_i^{(1)},\tilde{\beta}_i^{(2)},\cdots,\tilde{\beta}_i^{(t)})=v_1\tilde{\beta}'_i{}^{(\tau(1))}\oplus v_2\tilde{\beta}'_i{}^{(\tau(2))}\oplus\cdots\oplus v_t\tilde{\beta}'_i{}^{(\tau(t))} \tag{5—24}$$

对 $t$ 位决策者给出的方案 $A_i$ 的综合准则值 $\tilde{\beta}_i^{(k)}$（$k=1$，2，…，$t$）进行集结，得到方案 $X_i$ 的群体综合准则值 $\tilde{\beta}_i=\{\mu_i,\sigma_i\}$（$i=1$，2，…，$m$），其中

$$\mu_i=\sum_{k=1}^{t}v_k\mu'_i{}^{(\tau(k))} \tag{5—25}$$

$$\sigma_i=\sqrt{\sum_{k=1}^{t}v_k^2(\sigma'_i{}^{(\tau(k))})^2} \tag{5—26}$$

$\boldsymbol{v}=(v_1,v_2,\cdots,v_n)^{\mathrm{T}}$ 是与 NILHA 算子相关联的加权向量，$v_k\in[0,1]$（$k=1$，2，…，$t$），$\sum_{k=1}^{t}v_k=1$，$\tilde{\beta}'_i{}^{(\tau(k))}=\{\mu'_i{}^{(\tau(k))},\sigma'_i{}^{(\tau(k))}\}$ 是加权的正态直觉语言数组（$te_1\tilde{\beta}_i^{(1)}$，$te_2\tilde{\beta}_i^{(2)}$，…，$te_t\tilde{\beta}_i^{(t)}$）中第 $k$ 个最大的元素，（$\tau(1)$，$\tau(2)$，…，$\tau(t)$）是（1，2，…，$t$）的一个置换，$t$ 是平衡因子。

最后，根据定义 5—3 对方案 $X_i$（$i=1$，2，…，$m$）进行排序，从而得到最佳方案。

综上所述，基于正态直觉语言数的多准则群决策方法的主要步骤如下。

**步骤 1** 利用式（2—21）或（2—22）将决策矩阵 $\boldsymbol{R}^{(k)}=(\beta_{ij}^{(k)})_{m\times n}$ 规范化为 $\bar{\boldsymbol{R}}^{(k)}=(\bar{\beta}_{ij}^{(k)})_{m\times n}$（$k=1$，2，…，$t$）。

**步骤 2** 利用式（5—12）和式（5—13）将决策矩阵 $\bar{\boldsymbol{R}}^{(k)}=(\bar{\beta}_{ij}^{(k)})_{m\times n}$ 转化为正态直觉语言数决策矩阵 $\tilde{\boldsymbol{R}}^{(k)}=(\tilde{\beta}_{ij}^{(k)})_{m\times n}$（$k=1$，2，…，$t$）。

**步骤 3** 利用模型（5－17）或（5－18），并利用式（5－23）求解得到准则的最优权重向量 $\boldsymbol{w}=(w_1, w_2, \cdots, w_n)^{\mathrm{T}}$。

**步骤 4** 利用式（5－14）～式（5－16）计算得到决策者 $d_k$ 所给出的方案 $X_i$ 的综合准则值 $\tilde{\beta}_i^{(k)}=\{\mu_i^{(k)}, \sigma_i^{(k)}\}$（$i=1, 2, \cdots, m$，$k=1, 2, \cdots, t$）。

**步骤 5** 利用式（5－24）～式（5－26）计算得到方案 $X_i$ 的群体综合准则值 $\tilde{\beta}_i=\{\mu_i, \sigma_i\}$（$i=1, 2, \cdots, m$）。

**步骤 6** 根据定义 5－3 对方案 $X_i$（$i=1, 2, \cdots, m$）进行排序，并选择最佳方案。

## 5.2.3 实例分析

**例 5－1** 考虑一个项目投资群决策问题（改编自文献[255]）。某风险投资公司拟进行一项可再生能源项目的投资，经过初步筛选后确定从以下 4 个项目中进行选择：$X_1$—聚光太阳能发电项目；$X_2$—微型水力发电项目；$X_3$—生物智能供暖项目；$X_4$—风电基地项目。该公司聘请了 3 位专家（决策者）$d_k$（$k=1, 2, 3$）（权重向量为 $\boldsymbol{e}=(0.35, 0.35, 0.30)^{\mathrm{T}}$）组成决策小组，分别利用语言短语集 $\bar{S}_1$ 根据以下 4 个指标（准则）对这些项目进行评价：①$C_1$—技术性能，即项目所依托技术的成熟程度；②$C_2$—市场潜力，即项目预期的经济效益和社会效益的显著程度；③$C_3$—政策环境，即项目与当前国家政策的契合程度；④$C_4$—投资风险，即项目投资的不确定程度。这些指标中 $C_1$、$C_2$ 和 $C_3$ 均为效益型准则，$C_4$ 为成本型准则，准则权重的不完全信息为 $\Theta=\{\boldsymbol{w} \mid 0.22 \leqslant w_1 < 0.29, 0.30 \leqslant w_2 < 0.35, 0.20 \leqslant w_3 < 0.25, 0.20 \leqslant w_4 < 0.27\}$。专家 $d_k$ 给出的关于方案 $X_i$ 在准则 $C_j$ 下的特征信息为直觉语言数 $\beta_{ij}^{(k)}=\langle s_{\theta(\beta_{ij}^{(k)})}, \mu(\beta_{ij}^{(k)}), \nu(\beta_{ij}^{(k)})\rangle$（$k=1, 2, 3$；$i=1, 2, \cdots, 5$；$j=1, 2, 3$），决策矩阵 $\boldsymbol{R}^{(k)}=(\beta_{ij}^{(k)})_{4\times 4}$（$k=1, 2, 3$）见表 5－1～表 5－3。在本题中，一般认为准则值在直觉语言数内服从均匀分布，但根据中心极限定理，认为准则值在直觉语言数内服从正态分布更符合实际。在上述条件下，试确定最佳投资项目。

表 5—1 决策矩阵 $\boldsymbol{R}^{(1)}=(\beta_{ij}^{(1)})_{4\times 4}$

| | $C_1$ | $C_2$ | $C_3$ | $C_4$ |
|---|---|---|---|---|
| $X_1$ | $\langle s_2,0.7,0.1\rangle$ | $\langle s_8,0.8,0.1\rangle$ | $\langle s_8,0.7,0.1\rangle$ | $\langle s_1,0.7,0.2\rangle$ |
| $X_2$ | $\langle s_7,0.8,0.1\rangle$ | $\langle s_6,0.8,0.1\rangle$ | $\langle s_5,0.8,0.1\rangle$ | $\langle s_1,0.7,0.1\rangle$ |
| $X_3$ | $\langle s_6,0.7,0.1\rangle$ | $\langle s_7,0.7,0.1\rangle$ | $\langle s_6,0.8,0.1\rangle$ | $\langle s_2,0.7,0.2\rangle$ |
| $X_4$ | $\langle s_3,0.6,0.2\rangle$ | $\langle s_6,0.7,0.1\rangle$ | $\langle s_7,0.7,0.2\rangle$ | $\langle s_3,0.8,0.1\rangle$ |

表 5—2 决策矩阵 $\boldsymbol{R}^{(2)}=(\beta_{ij}^{(2)})_{4\times 4}$

| | $C_1$ | $C_2$ | $C_3$ | $C_4$ |
|---|---|---|---|---|
| $X_1$ | $\langle s_3,0.8,0.1\rangle$ | $\langle s_8,0.8,0.1\rangle$ | $\langle s_7,0.8,0.1\rangle$ | $\langle s_3,0.7,0.1\rangle$ |
| $X_2$ | $\langle s_8,0.7,0.1\rangle$ | $\langle s_7,0.7,0.2\rangle$ | $\langle s_6,0.7,0.2\rangle$ | $\langle s_3,0.8,0.1\rangle$ |
| $X_3$ | $\langle s_5,0.8,0.1\rangle$ | $\langle s_6,0.8,0.1\rangle$ | $\langle s_7,0.8,0.1\rangle$ | $\langle s_1,0.6,0.2\rangle$ |
| $X_4$ | $\langle s_4,0.7,0.2\rangle$ | $\langle s_7,0.8,0.0\rangle$ | $\langle s_8,0.6,0.2\rangle$ | $\langle s_3,0.8,0.1\rangle$ |

表 5—3 决策矩阵 $\boldsymbol{R}^{(3)}=(\beta_{ij}^{(3)})_{4\times 4}$

| | $C_1$ | $C_2$ | $C_3$ | $C_4$ |
|---|---|---|---|---|
| $X_1$ | $\langle s_4,0.6,0.1\rangle$ | $\langle s_7,0.9,0.0\rangle$ | $\langle s_6,0.7,0.1\rangle$ | $\langle s_2,0.8,0.1\rangle$ |
| $X_2$ | $\langle s_7,0.7,0.1\rangle$ | $\langle s_8,0.6,0.1\rangle$ | $\langle s_7,0.8,0.1\rangle$ | $\langle s_3,0.7,0.2\rangle$ |
| $X_3$ | $\langle s_7,0.7,0.2\rangle$ | $\langle s_8,0.7,0.2\rangle$ | $\langle s_8,0.7,0.1\rangle$ | $\langle s_1,0.6,0.1\rangle$ |
| $X_4$ | $\langle s_4,0.7,0.1\rangle$ | $\langle s_6,0.8,0.1\rangle$ | $\langle s_6,0.7,0.2\rangle$ | $\langle s_2,0.8,0.1\rangle$ |

下面利用本章提出的群决策方法进行求解。

**步骤 1** 利用式（2—21）将决策矩阵 $\boldsymbol{R}^{(k)}=(\beta_{ij}^{(k)})_{4\times 4}$ 规范化为 $\overline{\boldsymbol{R}}^{(k)}=(\bar{\beta}_{ij}^{(k)})_{4\times 4}$（$k=1,2,3$），见表 5—4～表 5—6，其中 $C_4$ 是成本型准则，其他都是效益型准则。

表 5—4 决策矩阵 $\overline{\boldsymbol{R}}^{(1)}=(\bar{\beta}_{ij}^{(1)})_{4\times 4}$

| | $C_1$ | $C_2$ | $C_3$ | $C_4$ |
|---|---|---|---|---|
| $X_1$ | $\langle s_2,0.7,0.1\rangle$ | $\langle s_8,0.8,0.1\rangle$ | $\langle s_8,0.7,0.1\rangle$ | $\langle s_7,0.7,0.2\rangle$ |
| $X_2$ | $\langle s_7,0.8,0.1\rangle$ | $\langle s_6,0.8,0.1\rangle$ | $\langle s_5,0.8,0.1\rangle$ | $\langle s_7,0.7,0.1\rangle$ |
| $X_3$ | $\langle s_6,0.7,0.1\rangle$ | $\langle s_7,0.7,0.1\rangle$ | $\langle s_6,0.8,0.1\rangle$ | $\langle s_6,0.7,0.2\rangle$ |
| $X_4$ | $\langle s_3,0.6,0.2\rangle$ | $\langle s_6,0.7,0.1\rangle$ | $\langle s_7,0.7,0.2\rangle$ | $\langle s_5,0.8,0.1\rangle$ |

表 5—5 决策矩阵 $\overline{R}^{(2)}=(\bar{\beta}_{ij}^{(2)})_{4\times4}$

| | $C_1$ | $C_2$ | $C_3$ | $C_4$ |
|---|---|---|---|---|
| $X_1$ | ⟨$s_3$,0.8,0.1⟩ | ⟨$s_8$,0.8,0.1⟩ | ⟨$s_7$,0.8,0.1⟩ | ⟨$s_5$,0.7,0.1⟩ |
| $X_2$ | ⟨$s_8$,0.7,0.1⟩ | ⟨$s_7$,0.7,0.2⟩ | ⟨$s_6$,0.7,0.2⟩ | ⟨$s_5$,0.8,0.1⟩ |
| $X_3$ | ⟨$s_5$,0.8,0.1⟩ | ⟨$s_6$,0.8,0.1⟩ | ⟨$s_7$,0.8,0.1⟩ | ⟨$s_7$,0.6,0.2⟩ |
| $X_4$ | ⟨$s_4$,0.7,0.2⟩ | ⟨$s_7$,0.8,0.0⟩ | ⟨$s_8$,0.6,0.2⟩ | ⟨$s_5$,0.8,0.1⟩ |

表 5—6 决策矩阵 $\overline{R}^{(3)}=(\bar{\beta}_{ij}^{(3)})_{4\times4}$

| | $C_1$ | $C_2$ | $C_3$ | $C_4$ |
|---|---|---|---|---|
| $X_1$ | ⟨$s_4$,0.6,0.1⟩ | ⟨$s_7$,0.9,0.0⟩ | ⟨$s_6$,0.7,0.1⟩ | ⟨$s_6$,0.8,0.1⟩ |
| $X_2$ | ⟨$s_7$,0.7,0.1⟩ | ⟨$s_8$,0.6,0.1⟩ | ⟨$s_7$,0.8,0.1⟩ | ⟨$s_5$,0.7,0.2⟩ |
| $X_3$ | ⟨$s_7$,0.7,0.2⟩ | ⟨$s_8$,0.7,0.2⟩ | ⟨$s_8$,0.7,0.1⟩ | ⟨$s_7$,0.6,0.1⟩ |
| $X_4$ | ⟨$s_4$,0.7,0.1⟩ | ⟨$s_6$,0.8,0.1⟩ | ⟨$s_6$,0.7,0.2⟩ | ⟨$s_6$,0.8,0.1⟩ |

**步骤 2** 利用式（5—12）和式（5—13）将决策矩阵 $\overline{R}^{(k)}=(\bar{\beta}_{ij}^{(k)})_{4\times4}$ 转化为正态直觉语言数决策矩阵 $\widetilde{R}^{(k)}=(\tilde{\beta}_{ij}^{(k)})_{4\times4}$（$k=1$，2，3），见表 5—7～表 5—9。

表 5—7 正态直觉语言数决策矩阵 $\widetilde{R}^{(1)}=(\tilde{\beta}_{ij}^{(1)})_{4\times4}$

| | $C_1$ | $C_2$ | $C_3$ | $C_4$ |
|---|---|---|---|---|
| $X_1$ | {1.6000,0.0667} | {6.8000,0.1333} | {6.4000,0.2667} | {5.2500,0.1167} |
| $X_2$ | {5.9500,0.1167} | {5.1000,0.1000} | {4.2500,0.0833} | {5.6000,0.2333} |
| $X_3$ | {4.8000,0.2000} | {5.6000,0.2333} | {5.1000,0.1000} | {4.5000,0.1000} |
| $X_4$ | {2.1000,0.1000} | {4.8000,0.2000} | {5.2500,0.1167} | {4.2500,0.0833} |

表 5—8 正态直觉语言数决策矩阵 $\widetilde{R}^{(2)}=(\tilde{\beta}_{ij}^{(2)})_{4\times4}$

| | $C_1$ | $C_2$ | $C_3$ | $C_4$ |
|---|---|---|---|---|
| $X_1$ | {2.5500,0.0500} | {6.8000,0.1333} | {5.9500,0.1167} | {4.000,0.1667} |
| $X_2$ | {6.4000,0.2667} | {5.2500,0.1167} | {4.5000,0.1000} | {4.2500,0.0833} |
| $X_3$ | {4.2500,0.0833} | {5.1000,0.1000} | {5.9500,0.1167} | {4.9000,0.2333} |
| $X_4$ | {3.0000,0.0667} | {6.3000,0.2333} | {5.6000,0.2667} | {4.2500,0.0833} |

表 5—9 正态直觉语言数决策矩阵 $\tilde{R}^{(3)}=(\tilde{\beta}_{ij}^{(3)})_{4\times4}$

| | $C_1$ | $C_2$ | $C_3$ | $C_4$ |
|---|---|---|---|---|
| $X_1$ | {3.0000,0.2000} | {6.6500,0.1167} | {4.8000,0.2000} | {5.1000,0.1000} |
| $X_2$ | {5.6000,0.2333} | {6.0000,0.4000} | {5.9500,0.1167} | {3.7500,0.0833} |
| $X_3$ | {5.2500,0.1167} | {6.0000,0.1333} | {6.4000,0.2667} | {5.2500,0.3500} |
| $X_4$ | {3.2000,0.1333} | {5.1000,0.1000} | {4.5000,0.1000} | {5.1000,0.1000} |

**步骤 3** 利用模型（5—17）求得：

$$w^{(1)}=(0.2537,\ 0.3000,\ 0.2164,\ 0.2299)^{\mathrm{T}},$$

$$w^{(2)}=(0.2691,\ 0.3000,\ 0.2093,\ 0.2216)^{\mathrm{T}},$$

$$w^{(3)}=(0.2274,\ 0.3000,\ 0.2273,\ 0.2453)^{\mathrm{T}}$$

再利用式（5—23）得到准则的最优权重向量为：

$$w=(0.2512,\ 0.3000,\ 0.2172,\ 0.2316)^{\mathrm{T}}$$

**步骤 4** 利用式（5—14）～式（5—16）计算得到决策者 $d_k$ 所给出的方案 $X_i$ 的综合准则值 $\tilde{\beta}_i^{(k)}$（$i=1,2,3,4$；$k=1,2,3$）：

$\tilde{\beta}_1^{(1)}=\{5.0479,\ 0.0772\}$，$\tilde{\beta}_2^{(1)}=\{5.2447,\ 0.0708\}$，$\tilde{\beta}_3^{(1)}=\{5.0357,\ 0.0918\}$，

$\tilde{\beta}_4^{(1)}=\{4.0921,\ 0.0724\}$，$\tilde{\beta}_1^{(2)}=\{4.8993,\ 0.0624\}$，$\tilde{\beta}_2^{(2)}=\{5.1444,\ 0.0810\}$，

$\tilde{\beta}_3^{(2)}=\{5.0248,\ 0.0700\}$，$\tilde{\beta}_4^{(2)}=\{4.8442,\ 0.0944\}$，$\tilde{\beta}_1^{(3)}=\{4.9723,\ 0.0786\}$，

$\tilde{\beta}_2^{(3)}=\{5.3676,\ 0.1373\}$，$\tilde{\beta}_3^{(3)}=\{5.7248,\ 0.1113\}$，$\tilde{\beta}_4^{(3)}=\{4.4924,\ 0.0550\}$

**步骤 5** 利用式（5—24）～式（5—26）计算得到方案 $X_i$ 的群体综合准则值 $\tilde{\beta}_i$（$i=1,2,3,4$），其中与 NILHA 相关的位置权重向量根据基于正态分布的赋权法[256]确定为 $\boldsymbol{\omega}=(0.2429,\ 0.5142,\ 0.2429)^{\mathrm{T}}$：

$$\tilde{\beta}_1=\{5.0196,\ 0.0426\},\ \tilde{\beta}_2=\{5.2885,\ 0.0560\},$$

$$\tilde{\beta}_3=\{5.2487,\ 0.0507\},\ \tilde{\beta}_4=\{4.6412,\ 0.0555\}$$

**步骤 6** 根据定义 5—3 对方案 $X_i$（$i=1,2,3,4$）进行排序：

$$X_2\succ X_3\succ X_1\succ X_4$$

故最佳投资项目为 $X_2$（微型水力发电项目）。

以上对准则值在直觉语言数内服从正态分布的直觉语言多准则群决策问题进行了探讨，定义了正态直觉语言数的有关概念，给出了几种正态直觉语言数集结算子，并提出了一种准则值为正态直觉语言数而准则权重信息不完全确定的多准则群决策方法。考虑到准则值在直觉语言数内服从对数正态分

布的多准则决策问题也大量存在，下面对这类问题进行探讨，定义对数正态直觉语言数的有关概念，给出几种对数正态直觉语言数集结算子，并相应提出一种准则值为对数正态直觉语言数而数据信息来自不同时期的动态多准则决策方法。

# 5.3 对数正态直觉语言数及其集结算子

## 5.3.1 对数正态直觉语言数

对数正态分布[244,245]是对数为正态分布的随机变量的概率分布，即若 $Y$ 服从对数正态分布，则 $\ln Y$ 服从正态分布；若 $\ln Y$ 服从正态分布，即 $\ln Y\sim N$（$\mu$，$\sigma^2$），其中 $\mu$ 为其均值，$\sigma$ 为其均方差，则 $Y$ 服从对数正态分布，并记为 $Y\sim \log\text{-}N$（$\mu$，$\sigma^2$）。类似于正态分布的 $3\sigma$ 原则，对数正态分布的 $3\sigma$ 原则为 $p$（$Y\in$［$\mu/\sigma^3$，$\mu\sigma^3$］）$=0.9974$。

**定义 5—7** 设 $\beta=\langle s_{\theta(\beta)}, \mu(\beta), \nu(\beta)\rangle$ 为直觉语言数，若准则值 $r\in$［$s_{\theta(\beta)\mu(\beta)}$，$s_{\theta(\beta)(1-\nu(\beta))}$］且在该直觉语言数内服从对数正态分布 $\log\text{-}N$（$\mu$，$\sigma^2$），则称 $\beta=\langle s_{\theta(\beta)}, \mu(\beta), \nu(\beta)\rangle$ 为对数正态直觉语言数，记作 $\widehat{\beta}=\log\text{-}\{\mu, \sigma\}$，其中，参数 $\mu$ 和 $\sigma$ 由下面的方法确定：由于根据对数正态分布的 $3\sigma$ 原则，$p$（$r\in$［$\theta(\beta)\mu(\beta)$，$\theta(\beta)(1-\nu(\beta))$］）$=0.9974$ 和 $p$（$r\in$［$\mu/\sigma^3$，$\mu\sigma^3$］）$=0.9974$ 同时成立，所以

$$\begin{cases}\theta(\beta)\mu(\beta)=\dfrac{\mu}{\sigma^3}\\ \theta(\beta)(1-\nu(\beta)=\mu\sigma^3\end{cases}$$

因此

$$\mu=\theta(\beta)\sqrt{\mu(\beta)(1-\nu(\beta))} \tag{5—27}$$

$$\sigma=\sqrt[6]{\frac{1-\nu(\beta)}{\mu(\beta)}} \tag{5—28}$$

令 $\Theta$ 为全体对数正态直觉语言数的集合。

根据对数正态分布和正态分布的关系[244]，可定义对数正态直觉语言数的运算法则。

**定义 5—8**[244] 设 $\widehat{\beta}_1=\log\text{-}\{\mu_1,\sigma_1\}$ 和 $\widehat{\beta}_2=\log\text{-}\{\mu_2,\sigma_2\}$ 为任意的两个对数正态直觉语言数，则

(1) $\widehat{\beta}_1\otimes\widehat{\beta}_2=\log\text{-}\{\mu_1+\mu_2,\sqrt{\sigma_1^2+\sigma_2^2}\}$；

(2) $\widehat{\beta}_1^a=\log\text{-}\{a\mu_1,a\sigma_1\}$，$a\neq0$。

易证

(1) $\widehat{\beta}_1\otimes\widehat{\beta}_2=\widehat{\beta}_2\otimes\widehat{\beta}_1$；

(2) $(\widehat{\beta}_1\otimes\widehat{\beta}_2)\otimes\widehat{\beta}_3=\widehat{\beta}_1\otimes(\widehat{\beta}_2\otimes\widehat{\beta}_3)$；

(3) $(\widehat{\beta}_1\otimes\widehat{\beta}_2)^a=\widehat{\beta}_1^a\otimes\widehat{\beta}_2^a$，$a\neq0$；

(4) $\widehat{\beta}_1^{a_1}\otimes\widehat{\beta}_1^{a_2}=\widehat{\beta}_1^{a_1+a_2}$，$a_1$，$a_2\neq0$。

由文献［244］可知，如果 $\log\text{-}\{\mu,\sigma\}$ 为一个对数正态直觉语言数，则其期望值 $\mu_{\log}$ 和均方差 $\sigma_{\log}$ 分别为：

$$\mu_{\log}=e^{\mu+\frac{1}{2}\sigma^2} \tag{5—29}$$

$$\sigma_{\log}=e^{\mu+\frac{1}{2}\sigma^2}\sqrt{e^{\sigma^2}-1} \tag{5—30}$$

根据期望—方差准则，基于期望值 $\mu_{\log}$ 和均方差 $\sigma_{\log}$，以下定义一种对数正态直觉语言数的比较与排序方法。

**定义 5—9** 设 $\widehat{\beta}_1=\log\text{-}\{\mu_1,\sigma_1\}$ 和 $\widehat{\beta}_2=\log\text{-}\{\mu_2,\sigma_2\}$ 为任意的两个对数正态直觉语言数，则

(1) 如果 $\mu_{\log}(\widehat{\beta}_1)<\mu_{\log}(\widehat{\beta}_2)$，则 $\widehat{\beta}_1$ 小于 $\widehat{\beta}_2$，记作 $\widehat{\beta}_1<\widehat{\beta}_2$；

(2) 如果 $\mu_{\log}(\widehat{\beta}_1)=\mu_{\log}(\widehat{\beta}_2)$，则

①如果 $\sigma_{\log}(\widehat{\beta}_1)=\sigma_{\log}(\widehat{\beta}_2)$，则 $\widehat{\beta}_1$ 等于 $\widehat{\beta}_2$，记作 $\widehat{\beta}_1=\widehat{\beta}_2$；

②如果 $\sigma_{\log}(\widehat{\beta}_1)<\sigma_{\log}(\widehat{\beta}_2)$，则 $\widehat{\beta}_1$ 大于 $\widehat{\beta}_2$，记作 $\widehat{\beta}_1>\widehat{\beta}_2$；

③如果 $\sigma_{\log}(\widehat{\beta}_1)>\sigma_{\log}(\widehat{\beta}_2)$，则 $\widehat{\beta}_1$ 小于 $\widehat{\beta}_2$，记作 $\widehat{\beta}_1<\widehat{\beta}_2$。

### 5.3.2 对数正态直觉语言数集结算子

基于上述对数正态直觉语言数的运算法则，以下给出一种对数正态直觉语言数集结算子，即对数正态直觉语言数加权几何（LNILWG）算子，以便对基于对数正态直觉语言数的决策信息进行集结。

**定义 5－10** 设 $\widehat{\beta}_j=\log-\{\mu_j, \sigma_j\}$（$j=1, 2, \cdots, n$）为一组对数正态直觉语言数，令 LNILWG：$\Phi^n\rightarrow\Phi$，且

$$\text{LNILWG}_w(\widehat{\beta}_1, \widehat{\beta}_2, \cdots, \widehat{\beta}_n)=\widehat{\beta}_1^{w_1}\otimes\widehat{\beta}_1^{w_2}\otimes\cdots\otimes\widehat{\beta}_n^{w_n} \quad (5-31)$$

其中，$\boldsymbol{w}=(w_1, w_2, \cdots, w_n)^{\mathrm{T}}$ 为 $\bar{\beta}_j$（$j=1, 2, \cdots, n$）的加权向量，$w_j\in[0, 1]$（$j=1, 2, \cdots, n$），$\sum_{j=1}^{n}w_j=1$，则称函数 LNILWG 为对数正态直觉语言数加权几何（LNILWG）算子。特别地，若 $\boldsymbol{w}=(1/n, 1/n, \cdots, 1/n)^{\mathrm{T}}$，则相应的 LNILWG 算子退化为对数正态直觉语言数几何平均（LNILGA）算子

$$\text{LNILWG}_w(\widehat{\beta}_1, \widehat{\beta}_2, \cdots, \widehat{\beta}_n)=(\widehat{\beta}_1\otimes\widehat{\beta}_2\otimes\cdots\otimes\beta_n)^{1/n} \quad (5-32)$$

**定理 5－2** 设 $\widehat{\beta}_j=\log-\{\mu_j, \sigma_j\}$（$j=1, 2, \cdots, n$）为一组对数正态直觉语言数，$\boldsymbol{w}=(w_1, w_2, \cdots, w_n)^T$ 为 $\bar{\beta}_j$（$j=1, 2, \cdots, n$）的加权向量，$w_j\in[0, 1]$（$j=1, 2, \cdots, n$），$\sum_{j=1}^{n}w_j=1$，则由式（5－32）集结得到的结果仍为对数正态直觉语言数，且

$$\text{LNILWG}_w(\widehat{\beta}_1, \widehat{\beta}_2, \cdots, \widehat{\beta}_n)=\log-\left\{\sum_{j=1}^{n}w_j\mu_j, \sqrt{\sum_{j=1}^{n}w_j^2\sigma_j^2}\right\} \quad (5-33)$$

**证明：** 显然，根据定义 5－8 可知，由式（5－32）集结得到的结果仍为对数正态直觉语言数。下面用数学归纳法证明式（5－33）：

（1）当 $n=2$ 时，由于

$$\bar{\beta}_1^{w_1}=\log-\{w_1\mu_1, w_1\sigma_1\}, \bar{\beta}_2^{w_2}=\log-\{w_2\mu_2, w_2\sigma_2\}$$

则

$$\begin{aligned}
&\text{LNILWG}_w(\widehat{\beta}_1, \widehat{\beta}_2)=\widehat{\beta}_n^{w_1}\otimes\widehat{\beta}_n^{w_2}\\
&=\log-\{w_1\mu_1, w_1\sigma_1\}\otimes\log-\{w_2\mu_2, w_2\sigma_2\}\\
&=\log-\{w_1\mu_1+w_2\mu_2, \sqrt{(w_1\sigma_1)^2+(w_2\sigma_2)^2}\}\\
&=\log-\{w_1\mu_1+w_2\mu_2, \sqrt{w_1^2\sigma_1^2+w_2^2\sigma_2^2}\}\\
&=\log-\left\{\sum_{j=1}^{2}w_j\mu_j, \sqrt{\sum_{j=1}^{2}w_j^2\sigma_j^2}\right\}
\end{aligned}$$

（2）假设当 $n=k$ 时，式（5－33）成立，即

$$\mathrm{LNILWG}_w\ (\hat{\beta}_1,\ \hat{\beta}_2,\ \cdots,\ \hat{\beta}_k) = \log\text{-}\left\{\sum_{j=1}^{k} w_j\mu_j,\sqrt{\sum_{j=1}^{k} w_j^2\sigma_j^2}\right\}$$

则当$n=k+1$时，由定义5—8可得：

$$\begin{aligned}&\mathrm{LNILWG}_w\ (\hat{\beta}_1,\ \hat{\beta}_2,\ \cdots,\ \hat{\beta}_k,\ \hat{\beta}_{k+1})\\&=\log\text{-}\left\{\sum_{j=1}^{k} w_j\mu_j,\sqrt{\sum_{j=1}^{k} w_j^2\sigma_j^2}\right\}\otimes(\log\text{-}\ \{\mu_{k+1},\ \sigma_{k+1}\})^{w_{k+1}}\\&=\log\text{-}\left\{\sum_{j=1}^{k} w_j\mu_j+w_{k+1}\mu_{k+1},\sqrt{\left(\sqrt{\sum_{j=1}^{k} w_j^2\sigma_j^2}\right)^2+(w_{k+1}\sigma_{k+1})^2}\right\}\\&=\log\text{-}\left\{\sum_{j=1}^{k+1} w_j\mu_j,\sqrt{\sum_{j=1}^{k+1} w_j^2\sigma_j^2}\right\}\end{aligned}$$

即当$n=k+1$时，式（5—33）也成立。

综合（1）和（2）可知，对一切$n\in N$，式（5－33）均成立。定理证毕。

考虑到在许多直觉语言多准则决策问题中，原始决策信息可能来自不同时期，而上面提出的集结算子和与之相关的权重不再适用。故下面在定义5—8和定义5—10的基础上，提出一种对来自不同时期的对数正态直觉语言数准则值进行集结的算子。

**定义5—11** 设$t$为时间变量，$\beta(t)=\langle s_{\theta(\beta(t))},\ \mu(\beta(t)),\ \nu(\beta(t))\rangle$为时期$t$的直觉语言数，若准则值$r(t)\in[s_{\theta(\beta(t))\mu(\beta(t))},\ s_{\theta(\beta(t))(1-\nu(\beta(t)))}]$且在该直觉语言数内服从对数正态分布log-$N(\mu(t),(\sigma(t))^2)$，其中，参数$\mu(t)$和$\sigma(t)$根据下面两式确定：

$$\mu(t)=\theta(\beta(t))\sqrt{\mu(\beta(t))(1-\nu(\beta(t)))}\tag{5—34}$$

$$\sigma(t)=\sqrt[6]{\frac{1-\nu(\beta(t))}{\mu(\beta(t))}}\tag{5—35}$$

则称$\beta(t)=\langle s_{\theta(\beta(t))},\ \mu(\beta(t)),\ \nu(\beta(t))\rangle$为时期$t$的对数正态直觉语言数，记作$\hat{\beta}(t)=\log\text{-}\{\mu(t),\ \sigma(t)\}$。

为了方便，以下假设$t_k$（$k=1,2,\cdots,p$）表示$p$个时期，其中$t_1$表示最近的时期，$t_p$表示最远的时期。

类似于定义5—8和定义5—10，可给出以下定义：

**定义5—12** 设$\hat{\beta}(t_1)=\log\text{-}\{\mu(t_1),\ \sigma(t_1)\}$和$\hat{\beta}(t_2)=\log\text{-}\{\mu$

$(t_2)$，$\sigma$ $(t_2)\}$ 为两个不同时期 $t_1$，$t_2$ 的对数正态直觉语言数，则

(1) $\widehat{\beta}(t_1)\otimes\widehat{\beta}(t_2)=\log\text{-}\{\mu(t_1)+\mu(t_2),\sqrt{(\sigma(t_1))^2+(\sigma(t_2))^2}\}$；

(2) $(\beta(t_1))^a=\log\text{-}\{a\mu(t_1),a\sigma(t_1)\}$，$a\neq 0$。

**定义 5—13** 设 $\widehat{\beta}(t_k)=\log\text{-}\{\mu(t_k),\sigma(t_k)\}$ $(k=1,2,\cdots,p)$ 为一组 $p$ 个时期 $t_k$ $(k=1,2,\cdots,p)$ 的对数正态直觉语言数，$\lambda(t)=(\lambda(t_1),\lambda(t_2),\cdots,\lambda(t_p))^{\mathrm{T}}$ 为 $p$ 个时期 $t_k$ $(k=1,2,\cdots,p)$ 的时间权重向量，其中，$\lambda(t_k)\geqslant 0$ $(k=1,2,\cdots,p)$，$\sum_{k=1}^{p}\lambda(t_k)=1$，则称

$$\mathrm{DLNILWG}_{\lambda(t)}(\beta(t_1),\beta(t_2),\cdots,\beta(t_p))=$$
$$(\beta(t_1))^{\lambda(t_1)}\otimes(\beta(t_2))^{\lambda(t_2)}\otimes\cdots\otimes(\beta(t_n))^{\lambda(t_n)} \tag{5—36}$$

为动态对数正态直觉语言数加权几何（DLNILWG）算子。

**定理 5—3** 设 $\widehat{\beta}(t_k)=\log\text{-}\{\mu(t_k),\sigma(t_k)\}$ $(k=1,2,\cdots,p)$ 为一组 $p$ 个时期 $t_k$ $(k=1,2,\cdots,p)$ 的对数正态直觉语言数，$\lambda(t)=(\lambda(t_1),\lambda(t_2),\cdots,\lambda(t_p))^{\mathrm{T}}$ 为 $p$ 个时期 $t_k$ $(k=1,2,\cdots,p)$ 的时间权重向量，其中，$\lambda(t_k)\geqslant 0$ $(k=1,2,\cdots,p)$，$\sum_{k=1}^{p}\lambda(t_k)=1$，则由式（5—36）集结得到的结果仍为对数正态直觉语言数，且

$$\mathrm{DLNILWG}_{\lambda(t)}(\beta(t_1),\beta(t_2),\cdots,\beta(t_p))=$$
$$\log\text{-}\left\{\sum_{k=1}^{p}\lambda(t_k)\mu(t_k),\sqrt{\sum_{k=1}^{p}(\lambda(t_k))^2(\sigma(t_k))^2}\right\} \tag{5—37}$$

在式（5—36）和式（5—37）中，时间权重向量 $\lambda(t)=(\lambda(t_1),\lambda(t_2),\cdots,\lambda(t_p))^T$ 反映了各个不同时期的重要性程度，它可以由决策者直接给出，也可以利用已有的方法求解得到，如利用基于等差级数的方法[257]、基于等比级数的方法[257]、基于基本的单位区间单调（BUM）函数的方法[258]、基于正态分布的方法[258]、基于指数分布的方法[259]、基于泊松分布的方法[260]、基于二项分布的方法[261]和基于平均年龄的方法[258]，等等。本文利用 Shannon 熵权模型[262—264]来求取时间权重向量 $\lambda(t)$。

一方面，考虑到不同时期的实际权重是一个随机变量，具有不确定性。根据 Shannon 熵的特点，可以利用时间权重的熵 $H(\lambda(t))$ 来描述时间权重

向量$\lambda(t)$的不确定性[263]，其中

$$H(\lambda(t)) = -\sum_{k=1}^{p}\lambda(t_k)\ln\lambda(t_k) \tag{5-38}$$

另一方面，还要考虑到所给出数据的相对平均年龄[264]，即

$$\tau = \frac{1}{p-1}\sum_{k=1}^{p}(k-1)\lambda(t_k) \tag{5-39}$$

其中$\tau$表示所给出数据的相对平均年龄。

数据相对平均年龄的概念是数据平均年龄概念的拓展[258,264]。数据平均年龄定义为$\bar{t} = \sum_{k=1}^{p}(p-k)\lambda(t_k)$，但是$\bar{t}$只能用近似方法得到。数据的相对平均年龄$\tau$反映了动态数据信息集结过程中决策者对不同时期数据的重视程度，可以利用0.1～0.9标度（表5—10）得到。$\tau$越接近0，表示决策者越重视近期的数据；$\tau$越接近1，表示决策者越重视远期的数据；当$\tau=0.5$时，表示决策者对各个时期的数据给予同等的重视。特别地，当$\tau=1$时，$\lambda(t) = (0, 0, \cdots, 1)^{T}$；当$\tau=0$时，$\lambda(t) = (1, 0, \cdots, 0)^{T}$；当$\tau=0.5$时，$\lambda(t) = \left(\frac{1}{p}, \frac{1}{p}, \cdots, \frac{1}{p}\right)^{T}$。

**表5—10　相对平均年龄$\tau$的0.1～0.9标度[262]**

| 相对平均年龄$\tau$ | 含义 |
|---|---|
| 0.1 | 对近期数据更重视 |
| 0.3 | 对近期数据较重视 |
| 0.5 | 对各个时期的数据同等重视 |
| 0.7 | 对远期数据较重视 |
| 0.9 | 对远期数据更重视 |
| 0.2，0.4，0.6，0.8 | 介于上述两个相邻标度之间 |

因此，对于给定的相对平均年龄$\tau$，可以利用下面的优化模型求得时间权重向量$\lambda(t)$：

$$
\begin{aligned}
&\max H(\lambda(t)) = -\sum_{k=1}^{p}\lambda(t_k)ln\lambda(t_k) \\
&\text{s.t.}\quad \tau = \frac{1}{p-1}\sum_{k=1}^{p}(k-1)\lambda(t_k) \\
&\sum_{k=1}^{p}\lambda(t_k) = 1 \\
&\lambda(t_k) \geqslant 0,\quad k = 1,2,\cdots,p
\end{aligned}
\tag{5-40}
$$

# 5.4 基于对数正态直觉语言数的动态多准则决策方法

## 5.4.1 问题描述

考虑一个数据信息来自于不同时期的动态直觉语言多准则决策问题。设 $X=\{X_1, X_2, \cdots, X_m\}$ 为可行方案集，$C=\{C_1, C_2, \cdots, C_n\}$ 为评价准则集，$\boldsymbol{w}=(w_1, w_2, \cdots, w_n)^{\mathrm{T}}$ 为准则权重向量，满足 $w_j \geqslant 0$（$j=1, 2, \cdots, n$）和 $\sum_{j=1}^{n} w_j=1$。设 $t_k$（$k=1, 2, \cdots, p$）表示 $p$ 个时期，其中 $t_1$ 表示最近的时期，$t_p$ 表示最远的时期。又设在时期 $t_k$，决策者给出的方案 $X_i$ 在准则 $C_j$ 下的准则值为 $\beta_{ij}(t_k)$（根据评价对象的特点，这里 $\beta_{ij}(t_k)=\langle s_{\theta(\beta_{ij}(t_k))}, \mu(\beta_{ij}(t_k)), \nu(\beta_{ij}(t_k))\rangle$ 为对数正态直觉语言数，$i=1, 2, \cdots, m$；$j=1, 2, \cdots, n$；$k=1, 2, \cdots, p$），决策矩阵为 $\boldsymbol{R}(t_k)=(\beta_{ij}(t_k))_{m\times n}$（$k=1, 2, \cdots, p$）。这里要解决的问题是：根据决策矩阵 $\boldsymbol{R}(t_k)=(\beta_{ij}(t_k))_{m\times n}$（$k=1, 2, \cdots, p$）和准则权重向量 $\boldsymbol{w}=(w_1, w_2, \cdots, w_n)^{\mathrm{T}}$ 确定方案排序，并确定最优方案。

## 5.4.2 动态决策方法的步骤

基于对数正态直觉语言数的动态多准则决策方法主要包括以下步骤。

**步骤 1** 对决策矩阵 $\boldsymbol{R}(t_k)=(\beta_{ij}(t_k))_{m\times n}$ 进行规范化处理，得到决策矩阵 $\bar{\boldsymbol{R}}(t_k)=(\bar{\beta}_{ij}(t_k))_{m\times n}$（$k=1, 2, \cdots, p$）。这里对于效益型准则，不需要进行处理；对于成本型准则，采用下列公式对其中的语言短语进行规范

化即可。

$$s_{\theta(\bar{\beta}_{ij}(t_k))}=\text{neg}\ (s_{\theta(\beta_{ij}(t_k))})=s_{2l-\theta(\beta_{ij}(t_k))},\ s_{\theta(\beta_{ij}(t_k))}\in\bar{S}_1 \tag{5-41}$$

$$s_{\theta(\bar{\beta}_{ij}(t_k))}=\text{rec}\ (s_{\theta(\beta_{ij}(t_k))})=s_{1/\theta(\beta_{ij}(t_k))},\ s_{\theta(\beta_{ij}(t_k))}\in\bar{S}_2 \tag{5-42}$$

**步骤 2** 利用下面两式

$$\mu_{ij}(t_k)=\theta(\bar{\beta}_{ij}(t_k))\sqrt{\mu(\bar{\beta}_{ij}(t_k))(1-\nu(\bar{\beta}_{ij}(t_k)))} \tag{5-43}$$

$$\sigma_{ij}(t_k)=\sqrt[6]{\frac{1-\nu(\bar{\beta}_{ij}(t_k))}{\mu(\bar{\beta}_{ij}(t_k))}} \tag{5-44}$$

将 $\bar{\beta}_{ij}(t_k)$ 转化为对数正态直觉语言数 $\widehat{\beta}_{ij}(t_k)$（这里 $\widehat{\beta}_{ij}(t_k)=\log\text{-}\{\mu_{ij}(t_k),\sigma_{ij}(t_k)\}$），从而将决策矩阵 $\bar{\boldsymbol{R}}(t_k)=(\bar{\beta}_{ij}(t_k))_{m\times n}$ 转化为对数正态直觉语言数决策矩阵 $\bar{\boldsymbol{R}}(t_k)=(\widehat{\beta}_{ij}(t_k))_{m\times n}$（$k=1,2,\cdots,p$）。

**步骤 3** 利用模型（5－40）求取时间权重向量 $\lambda(t)=(\lambda(t_1),\lambda(t_2),\cdots,\lambda(t_p))^{\mathrm{T}}$。

**步骤 4** 利用 DLNILWG 算子

$$\widehat{\beta}_{ij}=\text{DLNILWG}_{\lambda(t)}(\widehat{\beta}_{ij}(t_1),\widehat{\beta}_{ij}(t_2),\cdots\widehat{\beta}_{ij}(t_p)) \tag{5-45}$$

将所有不同时期的决策矩阵 $\widehat{\boldsymbol{R}}(t_k)=(\widehat{\beta}_{ij}(t_k))_{m\times n}$（$k=1,2,\cdots,p$）集结为综合的对数正态直觉语言数决策矩阵 $\widehat{\boldsymbol{R}}=(\widehat{\beta}_{ij})_{m\times n}=(\log\text{-}\{\mu_{ij},\sigma_{ij}\})_{m\times n}$，其中

$$\mu_{ij}=\sum_{k=1}^{p}\lambda(t_k)\mu_{ij}(t_k) \tag{5-46}$$

$$\sigma_{ij}=\sqrt{\sum_{k=1}^{p}(\lambda(t_k))^2(\sigma_{ij}(t_k))^2} \tag{5-47}$$

$\lambda(t)=(\lambda(t_1),\lambda(t_2),\cdots,\lambda(t_p))^{\mathrm{T}}$ 为时间权重向量，满足 $\lambda(t_k)\geqslant 0$ 和 $\sum_{k=1}^{p}\lambda(t_k)=1$。

**步骤 5** 利用 LNILWG 算子

$$\widehat{\beta}_i=\text{LNILWG}_w(\widehat{\beta}_{i1},\widehat{\beta}_{i2},\cdots,\widehat{\beta}_{in}) \tag{5-48}$$

对决策矩阵 $\widehat{\boldsymbol{R}}=(\widehat{\beta}_{ij})_{m\times n}$ 中第 $i$ 行的准则值进行集结，得到方案 $X_i$ 的总综合评价值 $\widehat{\beta}_i=\log\text{-}\{\mu_i,\sigma_i\}$（$i=1,2,\cdots,m$），其中

$$\mu_i = \sum_{j=1}^{n} w_j \mu_{ij} \tag{5-49}$$

$$\sigma_i = \sqrt{\sum_{j=1}^{n} w_j^2 \sigma_{ij}^2} \tag{5-50}$$

**步骤 6** 利用式（5—29）和式（5—30）计算方案 $X_i$ 的总综合评价值 $\widehat{\beta}_i$ 的期望值 $\mu_{\log}$（$\widehat{\beta}_i$）和均方差 $\sigma_{\log}$（$\widehat{\beta}_i$）（$i=1，2，\cdots，m$）。

**步骤 7** 利用定义 5—9 对方案 $X_i$（$i=1，2，\cdots，m$）进行排序，并确定最优方案。

## 5.4.3 实例分析

**例 5—2** 考虑一个个人投资者进行股票投资的动态多准则决策问题（改编自参考文献[29]）。某投资者利用语言短语集 $S=$ {$s_0$＝减幅极大，$s_1$＝减幅很大，$s_2$＝减幅大，$s_3$＝减幅略大，$s_4$＝基本不变，$s_5$＝增幅略大，$s_6$＝增幅大，$s_7$＝增幅很大，$s_8$＝增幅极大} 对所选股票在不同时期的未来走势进行判断和评价。评价准则有 4 个：①$C_1$—每股净值；②$C_2$—每股收益；③$C_3$—每股资本公积金；④$C_4$—每股未分配利润，这 4 个准则的权重向量为 $\boldsymbol{w}=(0.20，0.35，0.23，0.22)^{\mathrm{T}}$。设该投资者考察了 5 种股票 $X_i$（$i=1，2，\cdots,5$）在 3 个不同时期 $t_k$（$k=1，2，3$）（$t_1$ 表示最近的时期，$t_3$ 表示最远的时期）的情况。投资者给出的在时期 $t_k$ 方案 $X_i$ 在准则 $C_j$ 下的准则值为 $\beta_{ij}(t_k)=\langle s_{\theta(\beta_{ij}(t_k))}, \mu(\beta_{ij}(t_k)), \nu(\beta_{ij}(t_k))\rangle$（$i=1，2，\cdots，5$；$j=1，2，3，4$；$k=1，2，3$），决策矩阵 $\boldsymbol{R}(t_k)=(\beta_{ij}(t_k))_{5\times4}$（$k=1，2，3$）见表 5—11～表 5—13。在本题中，一般认为准则值在直觉语言数内服从均匀分布，但根据方和王[266]、陈[267]的分析可知，认为准则值在直觉语言数内服从对数正态分布是合适的。在上述条件下，试确定股票的最佳投资方案。

**表 5—11 决策矩阵 $\boldsymbol{R}(t_1)=(\beta_{ij}(t_1))_{5\times4}$**

| | $C_1$ | $C_2$ | $C_3$ | $C_4$ |
|---|---|---|---|---|
| $X_1$ | $\langle s_6,0.7,0.2\rangle$ | $\langle s_6,0.8,0.1\rangle$ | $\langle s_5,0.7,0.2\rangle$ | $\langle s_7,0.7,0.2\rangle$ |
| $X_2$ | $\langle s_5,0.8,0.1\rangle$ | $\langle s_7,0.7,0.1\rangle$ | $\langle s_7,0.8,0.1\rangle$ | $\langle s_6,0.8,0.1\rangle$ |
| $X_3$ | $\langle s_6,0.8,0.1\rangle$ | $\langle s_6,0.7,0.2\rangle$ | $\langle s_6,0.7,0.1\rangle$ | $\langle s_7,0.7,0.1\rangle$ |
| $X_4$ | $\langle s_7,0.7,0.2\rangle$ | $\langle s_5,0.7,0.1\rangle$ | $\langle s_3,0.6,0.2\rangle$ | $\langle s_6,0.7,0.1\rangle$ |
| $X_5$ | $\langle s_8,0.7,0.1\rangle$ | $\langle s_7,0.7,0.2\rangle$ | $\langle s_2,0.7,0.1\rangle$ | $\langle s_8,0.8,0.1\rangle$ |

表 5—12 决策矩阵 $\boldsymbol{R}(t_2)=(\beta_{ij}(t_2))_{5\times4}$

| | $C_1$ | $C_2$ | $C_3$ | $C_4$ |
|---|---|---|---|---|
| $X_1$ | $\langle s_7,0.6,0.2\rangle$ | $\langle s_7,0.7,0.2\rangle$ | $\langle s_6,0.6,0.1\rangle$ | $\langle s_6,0.7,0.2\rangle$ |
| $X_2$ | $\langle s_6,0.7,0.2\rangle$ | $\langle s_8,0.8,0.1\rangle$ | $\langle s_8,0.7,0.1\rangle$ | $\langle s_7,0.7,0.2\rangle$ |
| $X_3$ | $\langle s_7,0.8,0.1\rangle$ | $\langle s_7,0.6,0.2\rangle$ | $\langle s_5,0.8,0.1\rangle$ | $\langle s_6,0.8,0.1\rangle$ |
| $X_4$ | $\langle s_8,0.6,0.2\rangle$ | $\langle s_5,0.8,0.1\rangle$ | $\langle s_4,0.7,0.2\rangle$ | $\langle s_7,0.8,0.0\rangle$ |
| $X_5$ | $\langle s_7,0.8,0.1\rangle$ | $\langle s_8,0.7,0.1\rangle$ | $\langle s_3,0.8,0.1\rangle$ | $\langle s_8,0.8,0.1\rangle$ |

表 5—13 决策矩阵 $R(t_3)=(\beta_{ij}(t_3))_{5\times4}$

| | $C_1$ | $C_2$ | $C_3$ | $C_4$ |
|---|---|---|---|---|
| $X_1$ | $\langle s_6,0.8,0.1\rangle$ | $\langle s_5,0.8,0.1\rangle$ | $\langle s_7,0.6,0.2\rangle$ | $\langle s_6,0.7,0.2\rangle$ |
| $X_2$ | $\langle s_7,0.7,0.1\rangle$ | $\langle s_8,0.7,0.2\rangle$ | $\langle s_7,0.7,0.1\rangle$ | $\langle s_8,0.6,0.1\rangle$ |
| $X_3$ | $\langle s_8,0.7,0.1\rangle$ | $\langle s_7,0.6,0.1\rangle$ | $\langle s_7,0.7,0.2\rangle$ | $\langle s_8,0.7,0.2\rangle$ |
| $X_4$ | $\langle s_6,0.7,0.2\rangle$ | $\langle s_6,0.8,0.1\rangle$ | $\langle s_4,0.7,0.1\rangle$ | $\langle s_6,0.8,0.1\rangle$ |
| $X_5$ | $\langle s_6,0.8,0.1\rangle$ | $\langle s_6,0.8,0.1\rangle$ | $\langle s_4,0.6,0.1\rangle$ | $\langle s_7,0.9,0.0\rangle$ |

下面利用本章提出的动态多准则决策方法求解该问题。

**步骤 1** 由于所有准则都是效益型，不需要进行规范化处理，故 $\bar{\boldsymbol{R}}(t_k)=\boldsymbol{R}(t_k)=(\beta_{ij}(t_k))_{5\times4}$（$k=1$，2，3）。

**步骤 2** 利用式（5—43）和式（5—44）将决策矩阵 $\bar{\boldsymbol{R}}(t_k)$ 转化为对数正态直觉语言数决策矩阵 $\hat{\boldsymbol{R}}(t_k)=(\hat{\beta}_{ij}(t_k))_{5\times4}$（$k=1$，2，3），见表 5—14～表 5—16。

表 5—14 决策矩阵 $\bar{\boldsymbol{R}}(t_1)=(\bar{\beta}_{ij}(t_1))_{5\times4}$

| | $C_1$ | $C_2$ | $C_3$ | $C_4$ |
|---|---|---|---|---|
| $X_1$ | log-{4.4900, 1.0168} | log-{5.0912, 1.0148} | log-{3.7417, 1.0168} | log-{5.2383, 1.0168} |
| $X_2$ | log-{4.2426, 1.0148} | log-{5.5561, 1.0319} | log-{5.9397, 1.0148} | log-{5.0912, 1.0148} |
| $X_3$ | log-{5.0912, 1.0148} | log-{4.4900, 1.0168} | log-{4.7624, 1.0319} | log-{5.5561, 1.0319} |
| $X_4$ | log-{5.2383, 1.0168} | log-{3.9686, 1.0319} | log-{2.0785, 1.0366} | log-{4.7624, 1.0319} |

续表

| | $C_1$ | $C_2$ | $C_3$ | $C_4$ |
|---|---|---|---|---|
| $X_5$ | log-{6.3498, 1.0319} | log-{5.2383, 1.0168} | log-{1.5875, 1.0319} | log-{6.7882, 1.0148} |

**表 5—15　决策矩阵 $\hat{\boldsymbol{R}}(t_2)=(\hat{\beta}_{ij}(t_2))_{5\times4}$**

| | $C_1$ | $C_2$ | $C_3$ | $C_4$ |
|---|---|---|---|---|
| $X_1$ | log-{4.8497, 1.0366} | log-{5.2383, 1.0168} | log-{4.4091, 1.0520} | log-{4.4900, 1.0168} |
| $X_2$ | log-{4.4900, 1.0168} | log-{6.7882, 1.0148} | log-{6.3498, 1.0319} | log-{5.2383, 1.0168} |
| $X_3$ | log-{5.9397, 1.0148} | log-{4.8497, 1.0366} | log-{4.2426, 1.0148} | log-{5.0912, 1.0148} |
| $X_4$ | log-{5.5426, 1.0366} | log-{4.2426, 1.0148} | log-{2.9933, 1.0168} | log-{6.2610, 1.0283} |
| $X_5$ | log-{5.9397, 1.0148} | log-{6.3498, 1.0319} | log-{2.5456, 1.0148} | log-{6.7882, 1.0148} |

**表 5—16　决策矩阵 $\hat{\boldsymbol{R}}(t_3)=(\hat{\beta}_{ij}(t_3))_{5\times4}$**

| | $C_1$ | $C_2$ | $C_3$ | $C_4$ |
|---|---|---|---|---|
| $X_1$ | log-{5.0912, 1.0148} | log-{4.2426, 1.0148} | log-{4.8497, 1.0366} | log-{4.4900, 1.0168} |
| $X_2$ | log-{5.5561, 1.0319} | log-{5.9867, 1.0168} | log-{5.5561, 1.0319} | log-{5.8788, 1.0520} |
| $X_3$ | log-{6.3498, 1.0319} | log-{5.1439, 1.0520} | log-{5.2383, 1.0168} | log-{5.9867, 1.0168} |
| $X_4$ | log-{4.4900, 1.0168} | log-{5.0912, 1.0148} | log-{3.1749, 1.0319} | log-{5.0912, 1.0148} |
| $X_5$ | log-{5.0912, 1.0148} | log-{5.0912, 1.0148} | log-{2.9394, 1.0520} | log-{6.6408, 1.0133} |

**步骤 3**　设投资者给出的相对平均年龄为 $\tau=0.2$，则利用模型（5—40）求得时间权重向量为 $\lambda(t)=(0.6818, 0.2363, 0.0819)^{\mathrm{T}}$。

**步骤 4**　利用 DLNILWG 算子即式（5—45）～式（5—47）将所有不同时期的决策矩阵 $\hat{\boldsymbol{R}}(t_k)=(\hat{\beta}_{ij}(t_k))_{5\times4}$（$k=1, 2, 3$）集结为综合的对数

正态直觉语言数决策矩阵 $\widehat{\boldsymbol{R}}=(\widehat{\beta}_{ij})_{5\times4}=(\log\text{-}\{\mu_{ij},\sigma_{ij}\})_{5\times4}$，见表5—17。

**表5—17 决策矩阵 $\widehat{\boldsymbol{R}}=(\widehat{\beta}_{ij})_{5\times4}$**

| | $C_1$ | $C_2$ | $C_3$ | $C_4$ |
|---|---|---|---|---|
| $X_1$ | log-{4.6242, 0.7400} | log-{5.0564, 0.7371} | log-{3.9901, 0.7414} | log-{5.0002, 0.7384} |
| $X_2$ | log-{4.4087, 0.7373} | log-{5.8825, 0.7480} | log-{6.0052, 0.7385} | log-{5.1904, 0.7375} |
| $X_3$ | log-{5.3948, 0.7372} | log-{4.6286, 0.7403} | log-{4.6785, 0.7480} | log-{5.4815, 0.7480} |
| $X_4$ | log-{5.2489, 0.7400} | log-{4.1253, 0.7479} | log-{2.3844, 0.7513} | log-{5.1434, 0.7490} |
| $X_5$ | log-{6.1498, 0.7479} | log-{5.4889, 0.7396} | log-{1.9246, 0.7483} | log-{6.7761, 0.7370} |

**步骤5** 利用LNILWG算子即式（5—48）～式（5—50）对决策矩阵 $\widehat{\boldsymbol{R}}=(\widehat{\beta}_{ij})_{5\times4}$ 中第 $i$ 行的准则值进行集结，得到方案 $X_i$ 的总综合评价值 $\widehat{\beta}_i=\log\text{-}\{\mu_i,\sigma_i\}$ $(i=1, 2, \cdots, 5)$：

$$\widehat{\beta}_1=\log\text{-}\{4.7124, 0.4908\},\ \widehat{\beta}_2=\log\text{-}\{5.4637, 0.4921\},$$

$$\widehat{\beta}_3=\log\text{-}\{4.9809, 0.4950\},\ \bar{\beta}_4=\log\text{-}\{4.1736, 0.4972\},$$

$$\widehat{\beta}_5=\log\text{-}\{5.0845, 0.4918\}$$

**步骤6** 利用式（5—29）计算 $\widehat{\beta}_i$ 的期望值 $\mu_{\log}(\widehat{\beta}_i)$ $(i=1, 2, \cdots, 5)$：

$$\mu_{\log}(\widehat{\beta}_1)=125.5645,\ \mu_{\log}(\widehat{\beta}_2)=266.3402,\ \mu_{\log}(\widehat{\beta}_3)=164.5870,$$

$$\mu_{\log}(\widehat{\beta}_4)=73.4939,\ \mu_{\log}(\widehat{\beta}_5)=182.2572$$

因此

$$\mu_{\log}(\widehat{\beta}_2)>\mu_{\log}(\widehat{\beta}_5)\rangle\ \mu_{\log}(\widehat{\beta}_3)>\mu_{\log}(\widehat{\beta}_1)>\mu_{\log}(\widehat{\beta}_4)$$

**步骤7** 利用定义5—9得到方案 $X_i$ $(i=1, 2, \cdots, 5)$ 的排序：

$$X_2\succ X_5\succ X_3\succ X_1\succ X_4$$

故最优方案为 $X_2$。

# 5.5 本章小结

本章分析了直觉语言数隐含的特点，并针对不同类型评价对象的多准则决策问题，考虑了其实际准则值在直觉语言数内的分布情况，并认为这种分布可能为均匀分布、正态分布和对数正态分布等情形。考虑到前几章都是针对准则值在直觉语言数内服从均匀分布的情形，故本章探讨了准则值在直觉语言数内服从正态分布和对数正态分布两种情形。首先，针对准则值在直觉语言数内服从正态分布的直觉语言多准则决策问题进行了探讨，定义了正态直觉语言数的有关概念，给出了几种正态直觉语言数集结算子，包括NILWAA算子、NILOWA算子和NILHA算子，并提出了一种准则值为正态直觉语言数而准则权重信息不完全确定的多准则群决策方法，且详细讨论了其实现步骤；其次，考虑到准则值在直觉语言数内服从对数正态分布的多准则决策问题也大量存在，故对这类问题也进行了探讨，定义了对数正态直觉语言数的有关概念，提出了几种对数正态直觉语言数加权几何算子，包括LNILWG算子和DLNILWG算子，并相应给出了一种准则值为对数正态直觉语言数而数据信息来自不同时期的动态多准则决策方法，且详细探讨了其实现步骤。本章方法考虑了实际准则值在直觉语言数内服从正态分布或对数正态分布的情况，考虑了现实生活中准则权重信息不完全确定的情况，还考虑了数据信息可能来自不同时期的情况，可为决策者针对不同类型评价对象的实际决策问题进行分析时提供可以借鉴的思路与依据。

# 6 准则具有期望水平的直觉语言多准则决策方法

在多准则决策中，决策者可能对各个准则有一定的期望要求[268]。例如，人们选购房子时，期望面积不超过 140 平方米、距离工作地点半径不超过 3 千米等。因此，考虑准则具有期望水平的多准则决策问题具有现实意义和学术价值。目前，关于该类问题的研究虽已引起一些研究者的关注，但成果不多。从已有文献来看，研究者主要从两个角度进行探究。其一是从基于期望效用理论[269]的角度进行研究，即在假设决策者是“完全理性”的基础上进行研究，例如，Lotfi 等[268]、Wang 和 Zionts[270]提出了逼近准则期望水平的交互式多准则决策方法；Yun 等[271]将 DEA（数据包络分析）方法与遗传算法相结合提出了另一种考虑期望水平的多准则决策方法；Nowak[272,273]将随机占优用于解决具有期望水平的离散型随机多准则决策问题，提出了一种考虑期望水平的基于随机占优的交互式多准则决策方法；姜等[274]基于理想点提出了一种准则值具有均衡性期望的多准则决策方法。然而，这种基于“完全理性”的假设只适合于极其简单的决策环境，若决策环境稍微复杂，则实际的行为结果与基于期望效用理论的预见之间就会出现种种明显的背离，如著名的阿莱悖论（Allais Paradox）和埃尔斯伯格悖论（Ellsberg Paradox）就是很好的例子[275,276]。针对实际的决策情形，Simon 提出了“有限理性”[277]原则，认为人们的决策行为是有限理性的，即人们在决策过程中并不总是追求期望效用最大，而是表现为对参照点有一定的依赖和对损失有一定的规避[275,278]。因此，有时应用期望效用理论就不能准确地描述人们在实际决策中的心理行为。故有些研究者从另外一个角度——基于行为决策理论的角度进行研究，即在认为决策者是有限理性的基础上进行研究，例如，樊治平等[279]针对准则值具有期望水平且具有清晰数、区间数和语言短语三种形式的混合型多准则决策问题，提出了一种基于前景理论[275,278]的多准则决策方法；张和樊[280]针对准则值具有期望水平且具有清晰数、区间数和三角模糊数的风险型混合多准则决策问题，提出了一种基于前景理论的多准则决策方法；Fan 等[281]针对准则值及其期望水平为精确数和区间数两种不同形式的多准则决策问题，提出了一种基于前景理论的分析方法。

前景理论由 Kahneman 和 Tversky[275]在 Simon“有限理性”的基础上提出，后来发展成为累积前景理论[278]。目前，前景理论已被广泛应用于决策分析[282—287]、金融市场分析[288—290]、交通网络路径选择[291]、生态系统管理[292]等很多实际问题中。但是，前景理论在应用中需要决策者给出参照点的信息，且计算公式中的参数比较多，计算相对较复杂。由 Bell[276]以及 Loomes 和 Sugden[293]分别独立提出的后悔理论是另外一种行为决策理论，受到了很多研究者的高度关注[294]，并已被实际应用于经济[295,296]、金融[297]、投资[298,299]、决策[300,301]和交通[302—304]等领域中。后悔理论和前景理论一样，都是具有重要影响的行为决策理论，它们各有特点，但是已经有相关文献指出，实际应用中后悔理论比前景理论具有优势[303,305]，例如，后悔理论应用中不需要决策者给出参照点的信息，且计算公式中的参数也比较少，计算相对较简单。后悔理论和前景理论为研究考虑准则期望水平的直觉语言多准则决策问题提供了新的途径。

本章将针对准则具有期望水平的直觉语言多准则决策问题进行探究，为了便于比较，将分别应用后悔理论和前景理论，提出两种直觉语言多准则决策方法。具体内容安排如下：6.1 节将后悔理论应用于直觉语言多准则决策之中，提出一种基于后悔理论的直觉语言多准则决策方法，并进行实例分析；6.2 节将前景理论应用于直觉语言多准则决策之中，提出一种基于前景理论的直觉语言多准则决策方法，并进行实例分析；6.3 节对所提出的两种方法进行进一步的讨论和分析；6.4 节对本章进行小结。

## 6.1 基于后悔理论的直觉语言多准则决策方法

### 6.1.1 后悔理论及其相关概念

后悔理论[276,293]认为，在实际的决策过程中，决策者不仅关注其准备选择的方案所能带来的结果，还关注如果选择其他方案可能会带来的结果。也就是说，在实际决策过程中，决策者还会将自己准备选择的方案所能带来的结果与其他方案可能带来的结果进行比较，如果发现选择其他方案可以带来更好的结果，那么其心里就会感到后悔，反之，就会感到欣喜。因此，决策者在实际决策过程中会对决策可能产生的后悔或欣喜有所考虑，并试图尽量避免选择可能会使自己感到后悔的方案，即决策者是后悔规避的。

根据后悔理论[276,293]，决策者对所选择方案能带来的结果的感知价值由两部分组成，即关于当前结果的效用值和后悔一欣喜值。令 $x$ 和 $y$ 分别表示选择方案 $A$ 和 $B$ 所能带来的结果，那么决策者对方案 $A$ 的感知价值为：

$$V(x)=U(x)+R(\Delta U) \tag{6-1}$$

其中，$\Delta U=U(x)-U(y)$，$U(x)$ 和 $U(y)$ 分别表示决策者能从方案 $A$ 和方案 $B$ 的结果中获得的效用值，$R(\Delta U)$ 表示后悔一欣喜值，当 $R(\Delta U)>0$ 时，$R(\Delta U)$ 为欣喜值，表示决策者对选择方案 $A$ 而放弃选择方案 $B$ 感到欣喜的值；当 $R(\Delta U)<0$ 时，$R(\Delta U)$ 为后悔值，表示决策者对选择方案 $A$ 而放弃选择方案 $B$ 感到后悔的值。需要指出的是，效用值 $U(x)$ 可以通过构造效用函数 $u(x)$ 进行计算。由于在实际决策过程中决策者通常都是风险规避的，故效用函数 $u(x)$ 是一个单调递增的凹函数[276,293]，满足 $u'(x)>0$ 和 $u''(x)<0$；同样，后悔一欣喜值 $R(\Delta U)$ 可以通过构造后悔一欣喜函数 $r(\Delta U)$ 进行计算。由于在实际决策过程中决策者通常都是后悔规避的，故后悔一欣喜函数 $r(\Delta U)$ 也是一个单调递增的凹函数[276,293,305]，满足 $r'(\Delta U)>0$ 和 $r''(\Delta U)<0$，特别地，当 $\Delta U=0$ 时，$r(0)=0$，表示当两个方案的结果没有差异时，决策者对选择方案 $A$ 而放弃选择方案 $B$ 既不感到后悔也不感到欣喜。

为了能进行多个方案的选择，Quiggin[306] 将后悔理论进行了扩展。设 $A_1$，$A_2$，…，$A_m$ 为 $m$ 个备选方案，其中 $A_i$ 表示第 $i$ 个备选方案；$x_1$，$x_2$，…，$x_m$ 分别为方案 $A_1$，$A_2$，…，$A_m$ 的结果，其中 $x_i$ 表示方案 $A_i$ 的结果，那么决策者对方案 $A_i$ 的感知价值为：

$$V(x_i)=U(x_i)+R(\Delta U) \tag{6-2}$$

其中，$\Delta U=U(x)-U(x^*)$，$x^*=\max\limits_{1\leqslant i\leqslant m}\{x_i\}$。由于 $x^*$ 表示 $x_1$，$x_2$，…，$x_m$ 中的最好结果，故在式（6-2）中，$R(\Delta U)\leqslant 0$，即 $R(\Delta U)$ 表示后悔值。

由上可知，利用后悔理论可处理多个方案的实际决策问题，其中的关键是确定关于当前结果的效用函数和后悔—欣喜函数，以此计算关于当前结果的效用值和后悔—欣喜值，并得到决策者对各方案的综合感知价值，从而可利用式（6—2）对各方案进行排序和择优。

### 6.1.2 问题描述

考虑某一准则具有期望水平的直觉语言多准则决策问题，设 $X=\{X_1, X_2, \cdots, X_m\}$ 为方案集，$C=\{C_1, C_2, \cdots, C_n\}$ 为准则集，$\boldsymbol{w}=(w_1, w_2, \cdots, w_n)^{\mathrm{T}}$ 为准则 $C_j$（$j=1, 2, \cdots, n$）的权重向量，其中 $w_j\in[0, 1]$（$j=1, 2, \cdots, n$），$\sum_{j=1}^{n} w_j=1$。假设决策者应用语言短语集 $\overline{S}_1$ 对各方案进行评价，方案 $X_i$ 在准则 $C_j$ 下的准则值信息用直觉语言数 $\beta_{ij}=\langle s_{\theta(\beta_{ij})}, \mu(\beta_{ij}), \nu(\beta_{ij})\rangle$（$i=1, 2, \cdots, m$；$j=1, 2, \cdots, n$）表示，其中 $s_{\theta(\beta_{ij})}\in\overline{S}_1$ 是方案 $X_i$ 在准则 $C_j$ 下的语言评价值，$\mu(\beta_{ij})$ 表示方案 $X_i$ 在准则 $C_j$ 下属于语言评价值 $s_{\theta(\beta_{ij})}$ 的程度，$\nu(\beta_{ij})$ 表示方案 $X_i$ 在准则 $C_j$ 下不属于语言评价值 $s_{\theta(\beta_{ij})}$ 的程度，满足 $0\leqslant\mu(\beta_{ij})+\nu(\beta_{ij})\leqslant 1$，决策矩阵为 $\boldsymbol{P}=(\beta_{ij})_{m\times n}$。设 $\boldsymbol{Q}=(\beta_1, \beta_2, \cdots, \beta_n)^{\mathrm{T}}$ 表示决策者根据已有的决策信息和对未来的预期等各种因素给出的关于准则的期望水平向量，其中 $\beta_j=\langle s_{\theta(\beta_j)}, \mu(\beta_j), \nu(\beta_j)\rangle$ 表示决策者针对准则 $C_j$ 的期望水平（$j=1, 2, \cdots, n$）。下面要解决的问题是：在决策者对准则有期望要求 $\boldsymbol{Q}$ 的情形下，根据决策矩阵 $\boldsymbol{P}=(\beta_{ij})_{m\times n}$ 和准则权重向量 $\boldsymbol{w}=(w_1, w_2, \cdots, w_n)^{\mathrm{T}}$，提出有效的决策分析方法，以对各备选方案进行排序，并确定最优方案。

### 6.1.3 决策方法的原理与步骤

在决策分析中，决策者一般根据各备选方案的综合评价值对方案进行排序并择优，综合评价值越大，方案越优。但是，对于决策者关于准则有期望水平的多准则决策问题，在进行方案排序和择优时，决策者不仅希望选择的方案的综合评价值越大越好，而且希望选出的最优方案尽可能地满足自己的期望要求，如果准则值低于期望水平，决策者就会感到后悔；如果准则值高于期望水平，决策者就会感到欣喜。针对上述准则具有期望水平的直觉语言多准则决策问题，本章利用后悔理论的思想，计算每个方案关于各准则相对于期望水平的后悔一欣喜值以及决策者对各方案的综合感知价值，提出基于后悔理论的直觉语言多准则决策方法。下面给出决策方法的思路和具体的求解步骤。

首先，利用式（2－17）对决策矩阵 $\boldsymbol{P}=(\beta_{ij})_{m\times n}$ 和准则期望水平 $\boldsymbol{Q}=(\beta_1, \beta_2, \cdots, \beta_n)^{\mathrm{T}}$ 进行规范化处理，得到规范化的决策矩阵 $\bar{\boldsymbol{P}}=(\bar{\beta}_{ij})_{m\times n}=(\langle s_{\theta(\bar{\beta}_{ij})}, \mu(\bar{\beta}_{ij}), \nu(\bar{\beta}_{ij})\rangle)_{m\times n}$ 和期望水平 $\bar{\boldsymbol{Q}}=(\bar{\beta}_1, \bar{\beta}_2, \cdots, \bar{\beta}_n)^{\mathrm{T}}$。

其次，计算方案 $X_i$ 在准则 $C_j$ 下的准则值 $\bar{\beta}_{ij}$ 的效用值 $U_{ij}$（$i=1, 2, \cdots, m$；$j=1, 2, \cdots, n$）。这里首先需要构造效用函数 $u(x)$，由于决策者通常都是稳妥行事，对利益的反应比较迟缓，而对损失的反应比较敏感，小心谨慎，不求大利，但要规避风险，故决策者大多都是风险规避的，因而要求 $u(x)$ 是一个单调递增的凹函数[276,293]，满足 $u'(x)>0$ 和 $u''(x)<0$。本章采用幂函数作为准则值的效用函数[278]，即

$$u(x)=x^{\alpha} \tag{6-3}$$

其中，$\alpha$ 为决策者的风险规避系数，$0<\alpha<1$，且 $\alpha$ 越小，决策者的风险规避程度越高。

对于准则值 $\bar{\beta}_{ij}=\langle s_{\theta(\bar{\beta}_{ij})}, \mu(\bar{\beta}_{ij}), \nu(\bar{\beta}_{ij})\rangle$，由直觉语言数的定义可知，决策者对语言评价值 $s_{\theta(\bar{\beta}_{ij})}$ 的信心度为区间数 $[\mu(\bar{\beta}_{ij}), 1-\nu(\bar{\beta}_{ij})]$[1]，因此，实际的准则值 $r_{ij}$ 属于区间语言数 $[s_{\theta(\bar{\beta}_{ij})\mu(\bar{\beta}_{ij})}, s_{\theta(\bar{\beta}_{ij})(1-\nu(\bar{\beta}_{ij}))}]$。一般认为，实际的准则值 $r_{ij}$ 在下限 $s_{\theta(\bar{\beta}_{ij})\mu(\bar{\beta}_{ij})}$ 和上限 $s_{\theta(\bar{\beta}_{ij})(1-\nu(\bar{\beta}_{ij}))}$ 之间的取值机会均等，即服从均匀分布。但根据第 5 章的分析，对于不同类型评价对象的直觉语言多准则决策问题，实际的准则值 $r_{ij}$ 在直觉语言数内也有可能服从正态分布或对数正态分布。由于现实生活中均匀分布、正态分布和对数正态分布都是很常见又很重要的分布，故本书为适应不同类型评价对象的直觉语言多准则决策问题，分别考虑实际准则值 $r_{ij}$ 在直觉语言数内服从均匀分布、正态分布和对数正态分布三种情形。

若实际的准则值 $r_{ij}$ 在直觉语言数内服从均匀分布，由概率统计的知识可知，其概率密度函数为：

$$f_{ij}(x)=\begin{cases}\dfrac{1}{\theta(\bar{\beta}_{ij})(1-\mu(\bar{\beta}_{ij})-\nu(\bar{\beta}_{ij}))}, & \theta(\bar{\beta}_{ij})\mu(\bar{\beta}_{ij})\leqslant r_{ij}\leqslant\theta(\bar{\beta}_{ij})(1-\nu(\bar{\beta}_{ij}))\\ 0, & 其他\end{cases} \tag{6-4}$$

若实际的准则值 $r_{ij}$ 在直觉语言数内服从正态分布，不妨设为 $r_{ij} \sim N(\mu_{ij}, \sigma_{ij}^2)$，则根据式（5—1）和式（5—2）可知，其均值 $\mu_{ij}$ 和均方差 $\sigma_{ij}$ 可由下式计算：

$$\mu_{ij}=\frac{1}{2}\theta(\bar{\beta}_{ij})(1+\mu(\bar{\beta}_{ij})-\nu(\bar{\beta}_{ij})) \quad (6-5)$$

$$\sigma_{ij}=\frac{1}{6}\theta(\bar{\beta}_{ij})(1-\mu(\bar{\beta}_{ij})-\nu(\bar{\beta}_{ij})) \quad (6-6)$$

又设其概率密度函数为 $f_{ij}(x)$，则

$$f_{ij}(x)=\frac{1}{\sqrt{2\pi}\sigma_{ij}}e^{-\frac{(x-\mu_{ij})^2}{2\sigma_{ij}^2}},\ -\infty<x<+\infty \quad (6-7)$$

若实际的准则值 $r_{ij}$ 在直觉语言数内服从对数正态分布，不妨设为 $r_{ij} \sim \log\text{-}N(\mu_{ij}, \sigma_{ij}^2)$，则 $\ln r_{ij} \sim N(\mu_{ij}, \sigma_{ij}^2)$，且根据式（5—27）和式（5—28）可知，其参数 $\mu_{ij}$ 和 $\sigma_{ij}$，即 $\ln r_{ij}$ 的均值 $\mu_{ij}$ 和均方差 $\sigma_{ij}$ 可由下式计算：

$$\mu_{ij}=\theta(\bar{\beta}_{ij})\sqrt{\mu(\bar{\beta}_{ij})(1-\nu(\bar{\beta}_{ij}))} \quad (6-8)$$

$$\sigma_{ij}=\sqrt[6]{\frac{1-\nu(\bar{\beta}_{ij})}{\mu(\bar{\beta}_{ij})}} \quad (6-9)$$

其概率密度函数为 $f_{ij}(x)$，则[244,245]

$$f_{ij}(x)=\frac{1}{\sqrt{2\pi}x\sigma_{ij}}e^{-\frac{(\ln x-\mu_{ij})^2}{2\sigma_{ij}^2}},\ x>0 \quad (6-10)$$

于是，准则值 $\bar{\beta}_{ij}$ 的效用值 $U_{ij}$（$i=1, 2, \cdots, m$；$j=1, 2, \cdots, n$）可利用下式计算：

$$U_{ij}=\int_{\theta(\bar{\beta}_{ij})\mu(\bar{\beta}_{ij})}^{\theta(\bar{\beta}_{ij})(1-\nu(\bar{\beta}_{ij}))} u(x)f_{ij}(x)\mathrm{d}x \quad (6-11)$$

并可根据式（6—4）～式（6—11）构建准则效用值矩阵 $\boldsymbol{U}=(U_{ij})_{m\times n}$。

进一步地，计算方案 $X_i$ 在准则 $C_j$ 下相对于该准则期望水平 $\bar{\beta}_j$ 的后悔—欣喜值 $R_{ij}$（$i=1, 2, \cdots, m$；$j=1, 2, \cdots, n$）。考虑到决策者对准则有期望水平的要求，故决策者不仅希望准则的效用值越大越好，而且希望准则值尽可能地满足自己的期望水平要求，如果准则值低于期望水平，决策者就会觉得后悔；如果准则值高于期望水平，决策者就会觉得欣喜。根据后悔理论，决策者对于后悔和欣喜通常都是风险规避的，选择的后悔—欣喜函数 $r(\Delta U)$ 也要求是一个单调递增的凹函数[276,293,305]，满足 $r'(\Delta U)>0$，

$r''(\Delta U)<0$，且 $r(0)=0$。依据文献[276,303]，本章选择如下函数作为后悔—欣喜函数：

$$r(\Delta U)=1-e^{-\delta\Delta U} \tag{6-12}$$

其中，$\Delta U$ 表示准则值的效用值与该准则的期望水平的效用值之差的变量，$\delta$ 为决策者的后悔规避系数[303,305]，$\delta>0$，且 $\delta$ 越大，决策者的后悔规避程度越高。

根据式（6—12），后悔—欣喜值 $R_{ij}$ 可以利用下式计算：

$$R_{ij}=1-e^{-\delta(U_{ij}-U_j)} \tag{6-13}$$

其中

$$U_j=\int_{\theta(\bar{\beta}_j)\mu(\bar{\beta}_j)}^{\theta(\bar{\beta}_j)(1-\nu(\bar{\beta}_j))} u(x)f_j(x)\mathrm{d}x \tag{6-14}$$

并可根据式（6—13）和式（6—14）构建准则后悔—欣喜值矩阵 $\boldsymbol{R}=(R_{ij})_{m\times n}$。

在上述基础上，根据式（6—2）可构建决策者对每个方案关于各准则相对于该准则期望水平的感知价值矩阵 $\boldsymbol{V}=(V_{ij})_{m\times n}$，其中 $V_{ij}$ 表示决策者对方案 $X_i$ 在准则 $C_j$ 下相对于该准则期望水平 $\bar{\beta}_j$ 的感知价值，其计算公式为：

$$V_{ij}=U_{ij}+R_{ij} \tag{6-15}$$

于是，根据式（6—15）可计算决策者对于方案 $X_i$（$i=1, 2, \cdots, m$）的综合感知价值，其计算公式为：

$$V_i=\sum_{j=1}^{n} w_j V_{ij} \tag{6-16}$$

其中，$\boldsymbol{w}=(w_1, w_2, \cdots, w_n)^{\mathrm{T}}$ 为准则 $C_j$（$j=1, 2, \cdots, n$）的权重向量，满足 $w_j\in[0, 1]$（$j=1, 2, \cdots, n$），$\sum_{j=1}^{n} w_j=1$。

最后，根据 $V_i$（$i=1, 2, \cdots, m$）的大小可对所有方案 $X_i$（$i=1, 2, \cdots, m$）进行排序，$V_i$ 的值越大，所对应的方案 $X_i$ 越好。

综合以上分析，针对准则具有期望水平的直觉语言多准则决策问题，基于后悔理论的决策分析方法的主要步骤如下：

**步骤 1** 利用式（2—17）将决策矩阵 $\boldsymbol{P}=(\beta_{ij})_{m\times n}$ 和准则期望水平 $\boldsymbol{Q}=(\beta_1, \beta_2, \cdots, \beta_n)^{\mathrm{T}}$ 规范化为 $\bar{\boldsymbol{P}}=(\bar{\beta}_{ij})_{m\times n}$ 和 $\bar{\boldsymbol{Q}}=(\bar{\beta}_1, \bar{\beta}_2, \cdots, \bar{\beta}_n)^{\mathrm{T}}$。

**步骤 2** 利用式（6—3）～式（6—11）构建准则效用值矩阵 $\boldsymbol{U}=(U_{ij})_{m\times n}$。

**步骤 3** 利用式（6—13）和式（6—14）构建准则后悔—欣喜值矩阵 $\boldsymbol{R}=$

$(R_{ij})_{m\times n}$。

**步骤 4** 利用式（6－15）构建决策者的感知价值矩阵 $\boldsymbol{V}=(V_{ij})_{m\times n}$。

**步骤 5** 利用式（6－16）计算决策者对于方案 $X_i$ 的综合感知价值 $V_i$ $(i=1, 2, \cdots, m)$。

**步骤 6** 根据 $V_i$ $(i=1, 2, \cdots, m)$ 的大小对所有方案 $X_i$ $(i=1, 2, \cdots, m)$ 进行排序，并确定最优方案。

## 6.1.4 实例分析

考虑一个房地产开发公司拟进驻某大城市投资的决策问题（改编自参考文献[307，308]）。由于需要考察的因素众多，如政治、经济、文化、技术等各方面的因素，加上所需资料缺乏，故投资决策过程包含着许多的不确定性和模糊性。相关的评价指标（准则）主要有：①$C_1$—政治环境；②$C_2$—经济环境；③$C_3$—财务环境；④$C_4$—行政环境；⑤$C_5$—市场环境；⑥$C_6$—技术条件；⑦$C_7$—物质基础；⑧$C_8$—法律环境；⑨$C_9$—自然环境，准则 $C_j$ $(j=1, 2, \cdots, 9)$ 的权重向量为 $\boldsymbol{w}=(0.08, 0.18, 0.11, 0.06, 0.12, 0.16, 0.12, 0.07, 0.10)^{\mathrm{T}}$。该公司决策者通过初步的比较分析后确定从 5 个城市（方案）$X_i$ $(i=1, 2, \cdots, 5)$ 中进行选择，并应用语言短语集 $\overline{S}_1$ 对 5 个城市进行评价，得到城市 $X_i$ $(i=1, 2, \cdots, 5)$ 在准则 $C_j$ $(j=1, 2, \cdots, 9)$ 下的直觉语言特征信息，决策矩阵 $\boldsymbol{P}=(\beta_{ij})_{5\times 9}$ 如表 6－1 所示。另外，公司期望选出的城市在 9 个方面都要达到一定的要求，即给出准则期望水平 $\boldsymbol{Q}=(\beta_1, \beta_2, \cdots, \beta_9)^{\mathrm{T}}$，其中，$\beta_1=\beta_3=\beta_4=\beta_5=\beta_7=\beta_8=\langle s_6, 0.8, 0.1\rangle$，$\beta_2=\beta_6=\langle s_7, 0.8, 0.1\rangle$，$\beta_9=\langle s_5, 0.8, 0.1\rangle$。这里，假设准则值在直觉语言数内服从均匀分布。在上述条件下，试确定最佳投资的城市。

**表 6－1 决策矩阵 $\boldsymbol{P}=(\beta_{ij})_{5\times 9}$**

| | $C_1$ | $C_2$ | $C_3$ | $C_4$ | $C_5$ |
|---|---|---|---|---|---|
| $X_1$ | $\langle s_5,0.7,0.2\rangle$ | $\langle s_7,0.7,0.2\rangle$ | $\langle s_6,0.7,0.2\rangle$ | $\langle s_6,0.7,0.1\rangle$ | $\langle s_4,0.8,0.1\rangle$ |
| $X_2$ | $\langle s_7,0.8,0.1\rangle$ | $\langle s_6,0.8,0.1\rangle$ | $\langle s_5,0.8,0.1\rangle$ | $\langle s_7,0.7,0.1\rangle$ | $\langle s_5,0.6,0.3\rangle$ |
| $X_3$ | $\langle s_6,0.7,0.1\rangle$ | $\langle s_8,0.7,0.1\rangle$ | $\langle s_6,0.8,0.1\rangle$ | $\langle s_6,0.7,0.2\rangle$ | $\langle s_5,0.8,0.1\rangle$ |
| $X_4$ | $\langle s_3,0.6,0.2\rangle$ | $\langle s_6,0.8,0.1\rangle$ | $\langle s_7,0.7,0.2\rangle$ | $\langle s_5,0.8,0.1\rangle$ | $\langle s_6,0.7,0.1\rangle$ |
| $X_5$ | $\langle s_4,0.7,0.1\rangle$ | $\langle s_7,0.8,0.0\rangle$ | $\langle s_8,0.7,0.1\rangle$ | $\langle s_7,0.7,0.2\rangle$ | $\langle s_7,0.7,0.2\rangle$ |

| $C_6$ | $C_7$ | $C_8$ | $C_9$ | |
|---|---|---|---|---|
| $X_1$ | $\langle s_5, 0.7, 0.2\rangle$ | $\langle s_7, 0.7, 0.2\rangle$ | $\langle s_6, 0.8, 0.1\rangle$ | $\langle s_6, 0.6, 0.1\rangle$ |
| $X_2$ | $\langle s_7, 0.8, 0.1\rangle$ | $\langle s_6, 0.8, 0.1\rangle$ | $\langle s_7, 0.7, 0.2\rangle$ | $\langle s_7, 0.7, 0.1\rangle$ |
| $X_3$ | $\langle s_6, 0.7, 0.1\rangle$ | $\langle s_7, 0.7, 0.1\rangle$ | $\langle s_6, 0.8, 0.1\rangle$ | $\langle s_5, 0.8, 0.1\rangle$ |
| $X_4$ | $\langle s_7, 0.6, 0.2\rangle$ | $\langle s_6, 0.7, 0.1\rangle$ | $\langle s_7, 0.8, 0.0\rangle$ | $\langle s_4, 0.7, 0.2\rangle$ |
| $X_5$ | $\langle s_8, 0.7, 0.1\rangle$ | $\langle s_8, 0.8, 0.1\rangle$ | $\langle s_6, 0.8, 0.1\rangle$ | $\langle s_4, 0.8, 0.1\rangle$ |

为了对投资城市进行排序并择优，下面给出利用基于后悔理论的方法进行决策的具体步骤：

**步骤 1** 由于各准则均为效益型，决策矩阵不需要规范化，故 $\bar{\boldsymbol{P}}=\boldsymbol{P}=(\beta_{ij})_{5\times 9}$，$\bar{\boldsymbol{Q}}=\boldsymbol{Q}=(\beta_1, \beta_2, \cdots, \beta_9)^{\mathrm{T}}$。

**步骤 2** 利用式（6－4）和式（6－11）构建准则效用值矩阵 $\boldsymbol{U}=(U_{ij})_{5\times 9}$，如表 6－2 所示，其中，参数 $\alpha$ 取值 0.88[278]。

**表 6－2 效用值矩阵 $\boldsymbol{U}=(U_{ij})_{5\times 9}$**

| | $C_1$ | $C_2$ | $C_3$ | $C_4$ | $C_5$ | $C_6$ | $C_7$ | $C_8$ | $C_9$ |
|---|---|---|---|---|---|---|---|---|---|
| $X_1$ | 3.1997 | 4.3024 | 3.7566 | 3.9753 | 2.9355 | 3.1997 | 4.3024 | 4.1941 | 3.7542 |
| $X_2$ | 4.8034 | 4.1941 | 3.5724 | 4.5529 | 2.8211 | 4.8034 | 4.1941 | 4.3024 | 4.5529 |
| $X_3$ | 3.9753 | 5.1206 | 4.1941 | 3.7566 | 3.5724 | 3.9753 | 4.5529 | 4.1941 | 3.5724 |
| $X_4$ | 1.9204 | 4.1941 | 4.3024 | 3.5724 | 3.9753 | 4.0478 | 3.9753 | 5.0504 | 2.6293 |
| $X_5$ | 2.7824 | 5.0504 | 5.1206 | 4.3024 | 4.3024 | 5.1206 | 5.4023 | 4.1941 | 2.9355 |

**步骤 3** 利用式（6－13）和式（6－14）构建准则后悔－欣喜值矩阵 $\boldsymbol{R}=(R_{ij})_{5\times 9}$，如表 6－3 所示，其中，$\delta$ 的值取 0.3。

**表 6－3 后悔－欣喜值矩阵 $\boldsymbol{R}=(R_{ij})_{5\times 9}$**

| | $C_1$ | $C_2$ | $C_3$ | $C_4$ | $C_5$ |
|---|---|---|---|---|---|
| $X_1$ | －0.3476 | －0.1622 | －0.1402 | －0.0678 | －0.4588 |

续表

| | $C_1$ | $C_2$ | $C_3$ | $C_4$ | $C_5$ |
|---|---|---|---|---|---|
| $X_2$ | 0.1671 | −0.2006 | −0.2050 | 0.1021 | −0.5097 |
| $X_3$ | −0.0678 | 0.0908 | 0.0000 | −0.1402 | −0.2050 |
| $X_4$ | −0.9780 | −0.2006 | 0.0320 | −0.2050 | −0.0678 |
| $X_5$ | −0.5273 | 0.0714 | 0.2427 | 0.0320 | 0.0320 |

| | $C_6$ | $C_7$ | $C_8$ | $C_9$ |
|---|---|---|---|---|
| $X_1$ | −0.6179 | 0.0320 | 0.0000 | 0.0531 |
| $X_2$ | 0.0000 | 0.0000 | 0.0320 | 0.2548 |
| $X_3$ | −0.2820 | 0.1021 | 0.0000 | 0.0000 |
| $X_4$ | −0.2544 | −0.0678 | 0.2266 | −0.3270 |
| $X_5$ | 0.0908 | 0.3041 | 0.0000 | −0.2105 |

**步骤 4** 利用式（6—15）构建决策者的感知价值矩阵 $\mathbf{V}=(V_{ij})_{5\times 9}$，如表 6—4 所示。

**表 6—4 感知价值矩阵 $\mathbf{V}=(V_{ij})_{5\times 9}$**

| | $C_1$ | $C_2$ | $C_3$ | $C_4$ | $C_5$ | $C_6$ | $C_7$ | $C_8$ | $C_9$ |
|---|---|---|---|---|---|---|---|---|---|
| $X_1$ | 2.8522 | 4.1402 | 3.6163 | 3.9075 | 2.4767 | 2.5819 | 4.3343 | 4.1941 | 3.8073 |
| $X_2$ | 4.9705 | 3.9935 | 3.3673 | 4.6549 | 2.3114 | 4.8034 | 4.1941 | 4.3343 | 4.8077 |
| $X_3$ | 3.9075 | 5.2113 | 4.1941 | 3.6163 | 3.3673 | 3.6933 | 4.6549 | 4.1941 | 3.5724 |
| $X_4$ | 0.9424 | 3.9935 | 4.3343 | 3.3673 | 3.9075 | 3.7933 | 3.9075 | 5.2769 | 2.3022 |
| $X_5$ | 2.2550 | 5.1218 | 6.3632 | 4.3343 | 4.3343 | 5.2113 | 5.7064 | 4.1941 | 2.7249 |

**步骤 5** 利用式（6—16）计算得到决策者对于方案 $X_i$ 的综合感知价值 $V_i$（$i=1, 2, \cdots, 5$）：

$V_1=3.5104$，$V_2=4.0995$，$V_3=4.1334$，$V_4=3.6174$，$V_5=4.5571$

因此

$$V_5>V_3>V_2>V_4>V_1$$

**步骤 6** 根据 $V_i$（$i=1, 2, \cdots, 5$）的大小得到所有方案 $X_i$（$i=1, 2, \cdots, 5$）的排序：

$$X_5\succ X_3\succ X_2\succ X_4\succ X_1$$

故最优方案（城市）为 $X_5$。

## 6.2 基于前景理论的直觉语言多准则决策方法

针对 6.1 节中准则具有期望水平的直觉语言多准则决策问题，下面利用前景理论提出一种决策分析方法。

### 6.2.1 决策方法的原理与步骤

首先，利用式（2－17）对决策矩阵 $\boldsymbol{P}=(\beta_{ij})_{m\times n}$ 和准则期望水平 $\boldsymbol{Q}=(\beta_1,\beta_2,\cdots,\beta_n)^{\mathrm{T}}$ 进行规范化处理，得到规范化的决策矩阵 $\bar{\boldsymbol{P}}=(\bar{\beta}_{ij})_{m\times n}=(\langle s_{\theta(\bar{\beta}_{ij})},\mu(\bar{\beta}_{ij}),\nu(\bar{\beta}_{ij})\rangle)_{m\times n}$ 和期望水平 $\bar{\boldsymbol{Q}}=(\bar{\beta}_1,\bar{\beta}_2,\cdots,\bar{\beta}_n)^{\mathrm{T}}$。

其次，选取各准则的参照点。一方面，决策者关于各准则的目标值可以作为相应准则的参照点，且目标值作为参照点能够很好地继承前景理论的各种性质[309]；另一方面，准则的期望水平可以看作是决策者关于各准则的目标，同时，准则的期望水平确实能很好地反映决策者的心理感受，即若准则值高于该准则的期望水平，则决策者在心理上就会感受到收益，且越高于期望水平，决策者感受到的收益越大；反之，若准则值低于该准则的期望水平，则决策者在心理上就会感受到损失，且越低于期望水平，决策者感受到的损失越大。因此，本书以各准则的期望水平作为相应准则的参照点。

再次，计算每个方案针对各准则的准则值相对于参照点的收益值或损失值。这里需要利用两个直觉语言数之间的距离公式（3－11）或（3－12）。具体地，$\bar{\beta}_{ij}$ 与 $\bar{\beta}_j$ 之间的 Hamming 距离公式为：

$$d_H(\bar{\beta}_{ij})=|\theta(\bar{\beta}_{ij})\mu(\bar{\beta}_{ij})-\theta(\bar{\beta}_j)\mu(\bar{\beta}_j)|+|\theta(\bar{\beta}_{ij})(1-\nu(\bar{\beta}_{ij}))-\theta(\bar{\beta}_j)(1-\nu(\bar{\beta}_j))| \tag{6-17}$$

$\bar{\beta}_{ij}$ 与 $\bar{\beta}_j$ 之间的 Euclidean 距离公式为：

$$d_E(\bar{\beta}_{ij})=\sqrt{(\theta(\bar{\beta}_{ij})\mu(\bar{\beta}_{ij})-\theta(\bar{\beta}_j)\mu(\bar{\beta}_j))^2+(\theta(\bar{\beta}_{ij})(1-\nu(\bar{\beta}_{ij}))-\theta(\bar{\beta}_j)(1-\nu(\bar{\beta}_j)))^2} \tag{6-18}$$

在此基础上，可构建所有准则值相对于其参照点的益损矩阵 $\boldsymbol{B}=$

$(B(\bar{\beta}_{ij}))_{m\times n}$，其中 $B(\bar{\beta}_{ij})$ 表示准则值 $\bar{\beta}_{ij}$ 相对于参照点 $\bar{\beta}_j$ 的益损值（$i=1$，2，…，$m$；$j=1$，2，…，$n$），其计算公式为：

$$B(\bar{\beta}_{ij})=\begin{cases} d_H(\bar{\beta}_{ij}), & \bar{\beta}_{ij}>\bar{\beta}_j \\ 0, & \bar{\beta}_{ij}=\bar{\beta}_j \\ -d_H(\bar{\beta}_{ij}), & \bar{\beta}_{ij}<\bar{\beta}_j \end{cases} \tag{6-19}$$

或

$$B(\bar{\beta}_{ij})=\begin{cases} d_E(\bar{\beta}_{ij}), & \bar{\beta}_{ij}>\bar{\beta}_j \\ 0, & \bar{\beta}_{ij}=\bar{\beta}_j \\ -d_E(\bar{\beta}_{ij}), & \bar{\beta}_{ij}<\bar{\beta}_j \end{cases} \tag{6-20}$$

这里，当 $\bar{\beta}_{ij}>\bar{\beta}_j$ 时，称 $B(\bar{\beta}_{ij})$ 为 $\bar{\beta}_{ij}$ 相对于参照点 $\bar{\beta}_j$ 获得的收益；当 $\bar{\beta}_{ij}<\bar{\beta}_j$ 时，称 $B(\bar{\beta}_{ij})$ 为 $\bar{\beta}_{ij}$ 相对于参照点 $\bar{\beta}_j$ 产生的损失，其中 $\bar{\beta}_{ij}$ 与 $\bar{\beta}_j$ 的大小关系可以根据定义 2—5 确定。

进一步地，根据益损矩阵 $\boldsymbol{B}=(B(\bar{\beta}_{ij}))_{m\times n}$ 可构建前景价值矩阵 $\boldsymbol{G}=(G(\bar{\beta}_{ij}))_{m\times n}$，其中 $G(\bar{\beta}_{ij})$ 为方案 $X_i$ 针对准则 $C_j$ 的前景价值（$i=1$，2，…，$m$；$j=1$，2，…，$n$）。依据前景理论[278]，前景价值 $G(\bar{\beta}_{ij})$ 的计算公式为：

$$G(\bar{\beta}_{ij})=\begin{cases} (B(\bar{\beta}_{ij}))^{\alpha}, & \bar{\beta}_{ij}>\bar{\beta}_j \\ 0, & \bar{\beta}_{ij}=\bar{\beta}_j \\ -\theta(-B(\bar{\beta}_{ij}))^{\tau}, & \bar{\beta}_{ij}<\bar{\beta}_j \end{cases} \tag{6-21}$$

其中，$0<\alpha<1$，$0<\tau<1$，$\alpha$ 和 $\tau$ 分别表示价值函数 $G(\bar{\beta}_{ij})$ 的凹凸程度，反映了决策者对待收益和损失的风险态度，$\alpha$、$\tau$ 越大，表明决策者越倾向于冒险；$\theta>1$，$\theta$ 表示决策者的损失规避程度，$\theta$ 越大，表明决策者的损失规避程度越高。但是，$\alpha$、$\tau$ 和 $\theta$ 如何取值是一个难点，这依赖于决策者的心理行为特征。Kahneman 和 Tversky[275] 建议取 $\alpha=\tau=0.88$，$\theta=2.25$，所得结果与经验数据较为一致；Abdellaoui[310] 通过实证分析，建议取 $\alpha=0.89$，$\tau=0.92$；Tversky 和 Kahneman[278] 建议 $\theta$ 的取值在 2.0 和 2.5 之间；曾[311] 建议在中国情境下取 $\alpha=1.21$，$\tau=1.02$，$\theta=2.25$。

最后，计算每个方案的综合前景价值 $Z(X_i)$（$i=1$，2，…，$m$），其计算公式为：

$$Z(X_i)=\sum_{j=1}^{n} w_j G(\bar{\beta}_{ij}) \tag{6-22}$$

根据 $Z(X_i)$（$i=1,2,\cdots,m$）的值可对方案 $X_i$（$i=1,2,\cdots,m$）进行排序，并确定最优方案。$Z(X_i)$ 的值越大，方案越好。

综合以上分析，针对准则具有期望水平的直觉语言多准则决策问题，基于前景理论的决策分析方法包括以下步骤：

**步骤 1** 利用式（2—17）将决策矩阵 $\boldsymbol{P}=(\beta_{ij})_{m\times n}$ 和准则期望水平 $\boldsymbol{Q}=(\beta_1,\beta_2,\cdots,\beta_n)^{\mathrm{T}}$ 规范化为 $\bar{\boldsymbol{P}}=(\bar{\beta}_{ij})_{m\times n}$ 和 $\bar{\boldsymbol{Q}}=(\bar{\beta}_1,\bar{\beta}_2,\cdots,\bar{\beta}_n)^{\mathrm{T}}$。

**步骤 2** 利用式（6—17）～式（6—20）构建所有准则值相对于其参照点的益损矩阵 $\boldsymbol{B}=(B(\bar{\beta}_{ij}))_{m\times n}$。

**步骤 3** 利用式（6—21）构建前景价值矩阵 $\boldsymbol{G}=(G(\bar{\beta}_{ij}))_{m\times n}$。

**步骤 4** 利用式（6—22）计算每个方案的综合前景价值 $Z(X_i)$（$i=1,2,\cdots,m$）。

**步骤 5** 根据 $Z(X_i)$（$i=1,2,\cdots,m$）的值对方案 $X_i$（$i=1,2,\cdots,m$）进行排序，并确定最优方案。

### 6.2.2 实例分析

针对本章 6.1 节中提出的实例，下面利用基于前景理论的决策分析方法进行决策，具体步骤如下：

**步骤 1** 由于各准则均为效益型，决策矩阵不需要规范化，故 $\bar{\boldsymbol{P}}=\boldsymbol{P}=(\beta_{ij})_{5\times 9}$，$\bar{\boldsymbol{Q}}=\boldsymbol{Q}=(\beta_1,\beta_2,\cdots,\beta_9)^{\mathrm{T}}$。

**步骤 2** 这里利用式（6—18）和式（6—20）构建所有准则值相对于其参照点的益损矩阵 $\boldsymbol{B}=(B(\bar{\beta}_{ij}))_{5\times 9}$，见表 6—5。

**表 6—5 益损矩阵 $\boldsymbol{B}=(B(\bar{\beta}_{ij}))_{5\times 9}$**

| | $C_1$ | $C_2$ | $C_3$ | $C_4$ | $C_5$ |
|---|---|---|---|---|---|
| $X_1$ | −1.9105 | −0.9899 | −0.8485 | −0.6000 | −2.4083 |
| $X_2$ | 1.2042 | −1.2042 | −1.2042 | 0.9055 | −2.6173 |
| $X_3$ | −0.6000 | 0.9000 | 0.0000 | −0.8485 | −1.2042 |
| $X_4$ | −4.2426 | −1.2042 | 0.2236 | −1.2042 | −0.6000 |
| $X_5$ | −2.6907 | 0.7000 | 1.9698 | 0.2236 | 0.2236 |

续表

| | $C_6$ | $C_7$ | $C_8$ | $C_9$ |
|---|---|---|---|---|
| $X_1$ | −3.1145 | 0.2236 | 0.0000 | 0.9849 |
| $X_2$ | 0.0000 | 0.0000 | 0.2236 | 2.0125 |
| $X_3$ | −1.6643 | 0.9055 | 0.0000 | 0.0000 |
| $X_4$ | −1.5652 | −0.6000 | 1.7889 | −1.7692 |
| $X_5$ | 0.9000 | 2.4083 | 0.0000 | −1.2042 |

**步骤 3** 利用式（6—21）构建前景价值矩阵 $\boldsymbol{G}=(G(\bar{\beta}_{ij}))_{5\times9}$，见表 6—6，这里取 $\alpha=\tau=0.88$，$\theta=2.25$[275]。

**表 6—6 前景价值矩阵 $\boldsymbol{G}=(G(\bar{\beta}_{ij}))_{5\times9}$**

| | $C_1$ | $C_2$ | $C_3$ | $C_4$ | $C_5$ |
|---|---|---|---|---|---|
| $X_1$ | −3.9773 | −2.2301 | −1.9472 | −1.4353 | −4.8763 |
| $X_2$ | 1.1776 | −2.6496 | −2.6496 | 0.9164 | −5.2467 |
| $X_3$ | −1.4353 | 0.9115 | 0.0000 | −1.9472 | −2.6496 |
| $X_4$ | −8.0261 | −2.6496 | 0.2676 | −2.6496 | −1.4353 |
| $X_5$ | −5.3761 | 0.7306 | 1.8159 | 0.2676 | 0.2676 |

| | $C_6$ | $C_7$ | $C_8$ | $C_9$ |
|---|---|---|---|---|
| $X_1$ | −6.1145 | 0.2676 | 0.0000 | 0.9867 |
| $X_2$ | 0.0000 | 0.0000 | 0.2676 | 1.8505 |
| $X_3$ | −3.5227 | 0.9164 | 0.0000 | 0.0000 |
| $X_4$ | −3.3375 | −1.4353 | 1.6683 | −3.7173 |
| $X_5$ | 0.9115 | 2.1672 | 0.0000 | −2.6496 |

**步骤 4** 利用式（6—22）计算每个方案的综合前景价值 $Z(X_i)$（$i=1, 2, \cdots, 5$）：

$$Z(X_1)=-2.4526,\ Z(X_2)=-1.0450,\ Z(X_3)=-0.8392,$$
$$Z(X_4)=-2.3820,\ Z(X_5)=0.0903$$

因此

$$Z(X_5) > Z(X_3) > Z(X_2) > Z(X_4) > Z(X_1)$$

**步骤 5** 根据 $Z(X_i)$（$i=1, 2, \cdots, 5$）的值对方案 $X_i$（$i=1, 2, \cdots, 5$）进行排序：

$$X_5 > X_3 > X_2 > X_4 > X_1$$

故最优方案（城市）也为 $X_5$。

# 6.3 讨论

上面针对准则具有期望水平的直觉语言多准则决策问题，提出了两种分析方法，包括基于后悔理论的直觉语言多准则决策方法和基于前景理论的直觉语言多准则决策方法。为了说明方法的有效性，下面从两个方面作进一步的讨论和分析。

（1）两种方法均涉及相关参数的取值，这依赖于决策者的心理行为特征，也需要进行实证研究。其中，$0<\alpha<1$，$0<\tau<1$，$\alpha$ 和 $\tau$ 均为决策者的风险规避系数，反映了决策者对待收益和损失的风险态度，$\alpha$、$\tau$ 越小，决策者的风险规避程度越高，$\alpha$、$\tau$ 越大，表明决策者越倾向于冒险；$\delta>0$，$\delta$ 为决策者的后悔规避系数，$\delta$ 越大，表明决策者的后悔规避程度越高；$\theta>1$，$\theta$ 表示决策者的损失规避程度，$\theta$ 越大，表明决策者的损失规避程度越高。Kahneman 和 Tversky[275] 建议取 $\alpha=\tau=0.88$，$\theta=2.25$，所得结果与经验数据较为一致；Abdellaoui[310] 通过实证分析，建议取 $\alpha=0.89$，$\tau=0.92$；Tversky 和 Kahneman[278] 建议 $\theta$ 的取值在 2.0 和 2.5 之间；曾[311] 建议在中国情境下取 $\alpha=1.21$，$\tau=1.02$，$\theta=2.25$。针对本章实例，本书对这些参数取不同的值，得到的方案排序结果如表 6−7 所示，从所得结果可以看出本章方法的有效性。

**表 6—7 参数取不同的值时得到的方案排序结果**

| 方法 | 参数值 | 综合价值 | $X_1$ | $X_2$ | $X_3$ | $X_4$ | $X_5$ |
|---|---|---|---|---|---|---|---|
| 基于后悔理论的决策方法 | $\alpha=0.88$<br>$\delta=0.3$ | 感知价值 | 3.5104 | 4.0995 | 4.1334 | 3.6174 | 4.5571 |
| | | 方案排序 | $X_5 > X_3 > X_2 > X_4 > X_1$ | | | | |
| | $\alpha=0.89$<br>$\delta=0.35$ | 感知价值 | 3.5123 | 4.1483 | 4.1892 | 3.6269 | 4.6380 |
| | | 方案排序 | $X_5 > X_3 > X_2 > X_4 > X_1$ | | | | |
| | $\alpha=1.21$<br>$\delta=0.4$ | 感知价值 | 5.0895 | 6.7828 | 6.9527 | 5.4447 | 8.0348 |
| | | 方案排序 | $X_5 > X_3 > X_2 > X_4 > X_1$ | | | | |
| 基于前景理论的决策方法 | $\alpha=0.88$<br>$\tau=0.88$<br>$\theta=2.25$ | 前景价值 | −2.4526 | −1.0450 | −0.8392 | −2.3820 | 0.0903 |
| | | 方案排序 | $X_5 > X_3 > X_2 > X_4 > X_1$ | | | | |
| | $\alpha=0.89$<br>$\tau=0.92$<br>$\theta=2.25$ | 前景价值 | −2.4642 | −0.9571 | −0.8778 | −2.4628 | −0.1090 |
| | | 方案排序 | $X_5 > X_3 > X_2 > X_4 > X_1$ | | | | |
| | $\alpha=1.21$<br>$\tau=1.02$<br>$\theta=2.25$ | 前景价值 | −2.7297 | −1.1111 | −0.8878 | −2.5712 | 0.1186 |
| | | 方案排序 | $X_5 > X_3 > X_2 > X_4 > X_1$ | | | | |

（2）在本章实例中，利用两种方法即基于后悔理论的直觉语言多准则决策方法和基于前景理论的直觉语言多准则决策方法，得到了相同的方案排序结果。后悔理论和前景理论一样，都是具有重要影响的行为决策理论，都考虑了决策者的心理行为特征，为现实中解决考虑决策者心理行为特征的多准则决策问题提供了一种新的途径。同时，这两种理论各有特点，其区别在于：①后悔理论侧重于考虑决策者在决策过程中后悔规避的心理行为特征；而前景理论侧重于考虑决策者在决策过程中损失规避的心理行为特征；②后悔理论应用中不需要决策者给出参照点的信息，而前景理论应用中则需要；③后悔理论应用中只需要给出两个参数 $\alpha$ 和 $\delta$ 的值，而前景理论应用中则需要给出三个参数 $\alpha$、$\tau$ 和 $\theta$ 的值；④后悔理论应用中计算相对较简单，而前景理论应用中计算相对较麻烦。因此，正如 Chorus 等在参考文献［303，305］中所指出的，实际应用中后悔理论比前景理论更具有优势。

## 6.4 本章小结

本章针对准则具有期望水平的直觉语言多准则决策问题，给出了两种决策分析方法。基于后悔理论的直觉语言多准则决策方法考虑了决策者后悔规避的心理行为特征，将准则期望水平作为参照点，给出了准则值的效用值和后悔值的计算公式，进而通过计算方案的综合感知价值来确定方案排序结果；基于前景理论的直觉语言多准则决策方法考虑了决策者损失规避的心理行为特征，同样将准则期望水平作为参照点，给出了准则值相对于参照点的益损值和前景价值的计算公式，进而通过计算方案的综合前景价值来确定方案排序结果。综合来看，一方面，两种方法均思路清晰，具有较强的实用性和有效性，为解决准则具有期望水平的直觉语言多准则决策问题提供了一种好的途径，具有实际应用价值；另一方面，正如 Chorus 等所指出的，实际应用中后悔理论比前景理论更具有优势，因为后悔理论不需要决策者给出参照点的信息，计算公式中涉及的参数较少，且计算相对比较简单。另外，由于两种理论均考虑了决策者的认知局限、主观心理以及日益复杂的环境对决策者的心理影响等诸多因素，使得在它们的基础上进行的决策更符合客观实际，得到的模型和方法更具有普适性和实用性。

# 7 准则具有优先级别的直觉语言多准则决策方法

在 ILWAA 算子、ILWGA 算子及本书第 2 章提出的几种直觉语言数信息集结算子中，有一个前提假设就是所有准则均处于同一个优先水平。而在许多实际的多准则决策问题中，准则之间往往存在着不同的优先级别。Yager 在参考文献［312－314］中例举了很多这类情形，如选择自行车的问题、文献检索的问题以及组织决策的问题等。又如，高校每年引进博士时，首先要考察其思想品德素质，如果一个博士思想品德不好，即使其教学和科研能力非常强，学校也不会考虑引进。另外，在群决策中，决策者之间也可能存在不同优先级别的情况，如高校引进博士时，校长的意见肯定首先要考虑。Yager[313, 314]进一步对这类问题进行了研究，提出了集结相应决策信息的优先平均（PA）算子和优先 OWA（POWA）算子。此后，很多研究者将这两种优先算子进行拓展，提出了一系列信息集结优先算子。例如，Wei[315]提出了广义的优先平均（GPA）算子和广义的优先 OWA（GPOWA）算子；Yu[316－318]提出了广义的直觉模糊优先加权几何（GIFPWG）算子[316]、区间直觉模糊优先加权平均（IVIFPWA）算子和区间直觉模糊优先加权几何（IVIFPWG）算子[317]、广义的犹豫模糊优先加权平均（GHFPWA）算子和广义的犹豫模糊优先加权几何（GHFPWG）算子[318]；Wei[319]提出了犹豫模糊优先加权平均（HFPWA）算子和犹豫模糊优先加权几何（HFPWG）算子。这些优先算子的共同特点是：按照准则的不同优先级别赋予相应的优先权重，然后对准则值进行加权集结。此外，他们探讨了相关优先算子的性质，并提出了相应的准则具有优先级别的多准则决策方法。受此启发，本章将对准则具有优先级别的直觉语言多准则决策问题进行探究。首先，定义两种集结直觉语言信息的优先算子，包括直觉语言优先加权平均（ILPWA）算子和直觉语言优先加权几何（ILPWG）算子，提出一种考虑准则具有优先级别的直觉语言多准则群决策方法，并进行实例分析；进一步，考虑到 ILPWA 算子和 ILPWG 算子仅根据准则的优先级别进行加权，忽视了直觉语言数据本身的重要性程度，其应用范围有限，故本书将这两种算子进行拓展，提出直觉语言混合优先加权平均（ILHPWA）算子和直觉语言混合优先加权几何（ILHPWG）算子。ILHPWA 算子同时拓展了 ILPWA 算子和 ILWAA 算子，而 ILHPWG 算子同时拓展了 ILPWG 算子和 ILWGA 算子，既反映了准则的优先级别，又反映了直觉语言数据本身的重要性程度。在此基础上，针对准则具有优先级别且考虑数据重要性权重的直觉语言多准则决策问题，提出一种决策分析方法，并进行实例分析。

基于上述分析，本章的内容安排如下：7.1 节介绍优先算子及相关定义；7.2 节定义考虑准则优先级别的两种直觉语言优先算子，包括 ILPWA 算子和 ILPWG 算子，提出一种基于 ILPWA 算子（或 ILPWG 算子）的直觉语言多准则群决策方法，并进行实例分析；7.3 节定义既考虑准则优先级别又考虑直觉语言数据本身重要性的直觉语言混合优先算子，包括 ILHPWA 算子和 ILHPWG 算子，相应提出一种基于 ILHPWA 算子（或 ILHPWG 算子）的多准则决策方法，并进行实例分析。最后，7.4 节对本章进行小结。

## 7.1 优先算子及相关定义

优先平均（PA）算子由 Yager[313] 最先提出，其定义如下：

**定义 7—1**[313] 设 $C=\{C_1, C_2, \cdots, C_n\}$ 为决策准则的集合，各准则之间具有优先级别：$C_1 \succ C_2 \succ \cdots \succ C_n$（$j<k$ 时意味着准则 $C_j$ 比 $C_k$ 的级别高），$C_j(x)$ 为方案 $x$ 在准则 $C_j$ 下的准则值，满足 $C_j(x) \in [0, 1]$。令

$$\mathrm{PA}(C_1(x), C_2(x), \cdots, C_n(x)) = \sum_{j=1}^{n} w_j C_j(x) \qquad (7-1)$$

其中 $w_j = \dfrac{T_j}{\sum_{j=1}^{n} T_j}$，$T_1=1$，$T_j = \prod_{k=1}^{j-1} C_k(x)$ $(j=2, \cdots, n)$，则称 PA 为优先平均（PA）算子。

PA 算子的特点是使用了准则的优先权重。在准则具有优先级别的情形下，传统的信息集结算子不能有效集结相应的准则值信息，这时 PA 算子为解决这类问题提供了有效的工具[313—315]。特别地，如果具有最高级别的准则

值为 0，则集结后的综合评价值也为 0，这与实际相符合。

由于 PA 算子中准则值在 0 与 1 之间，为便于将该算子拓展到直觉语言环境下，下面先将定义 2—3 中直觉语言数的记分函数进行改写。

**定义 7—2** 设 $\beta=\langle s_{\theta(\beta)}, \mu(\beta), \nu(\beta)\rangle$ 为一个直觉语言数，则 $\beta$ 的记分可用另一个记分函数 $\bar{h}(\beta)$ 计算：

$$\bar{h}(\beta)=\frac{\theta(\beta)\left(1+\mu(\beta)-\nu(\beta)\right)}{2q} \tag{7—2}$$

由于 $0\leqslant\mu(\beta), \nu(\beta)\leqslant1$，$0\leqslant\theta(\beta)\leqslant q$，易知 $0\leqslant\bar{h}(\beta)\leqslant1$。显然，如果用记分函数 $\bar{h}(\beta)$ 代替 $h(\beta)$，定义 2—5 中关于直觉语言数的比较与排序方法仍然有效。

## 7.2 基于直觉语言优先算子的多准则群决策方法

由于在许多实际的直觉语言多准则决策问题中，准则之间往往存在着不同的优先级别，而常规的直觉语言集结算子无法集结这类信息，故本节先对准则具有优先级别的直觉语言信息集结方法进行探究，提出两种直觉语言优先集结算子，包括 ILPWA 算子和 ILPWG 算子，并在这些优先算子的基础上，提出一种准则值为直觉语言数且准则具有优先级别的多准则群决策方法，并进行实例分析。

### 7.2.1 直觉语言优先算子

针对决策者使用语言标度的不同，以下分别提出两种直觉语言优先算子，包括直觉语言优先加权平均（ILPWA）算子和直觉语言优先加权几何（ILPWG）算子。

假设决策者用加性语言标度 $\bar{S}_1$ 进行评价，此时直觉语言数的加性运算法则已由定义 2—2 给出。基于这些运算法则，以下将 PA 算子拓展到所给数据是直觉语言数的环境下，提出一种新的优先算子，即 ILPWA 算子，并建立该算子的若干性质。为了方便，仍记 Ω 为所有直觉语言数的集合。

**定义 7—3** 设 $\beta_j=\langle s_{\theta(\beta_j)}, \mu(\beta_j), \nu(\beta_j)\rangle$（$j=1, 2, \cdots, n$）为一组直觉语言数，令 ILPWA：$\Omega^n\rightarrow\Omega$，且

$$\text{ILPWA}(\beta_1,\beta_2,\cdots,\beta_n)=\frac{T_1}{\sum_{j=1}^{n}T_j}\beta_1\oplus\frac{T_2}{\sum_{j=1}^{n}T_j}\beta_2\oplus\cdots\oplus\frac{T_n}{\sum_{j=1}^{n}T_j}\beta_n \tag{7—3}$$

则称 ILPWA 为直觉语言优先加权平均（ILPWA）算子，其中 $T_1=1$，$T_j=\prod_{k=1}^{j-1}\bar{h}(\beta_k)$（$j=2$，…，$n$），$\bar{h}(\beta_k)$ 为直觉语言数 $\beta_k$（$k=1$，2，…，$n$）的记分值。

基于定义 2－2 中直觉语言数的加性运算法则，可以得到下面的定理 7—1。

**定理 7—1** 设 $\beta_j=\langle s_{\theta(\beta_j)},\mu(\beta_j),\nu(\beta_j)\rangle$（$j=1$，2，…，$n$）为一组直觉语言数，则由 ILPWA 算子集结得到的结果仍为直觉语言数，且有下式成立：

$$\text{ILPWA}(\beta_1,\beta_2,\cdots,\beta_n)=\left\langle s_{\sum_{j=1}^{n}\frac{T_j}{\sum_{j=1}^{n}T_j}\theta(\beta_j)},\frac{\sum_{j=1}^{n}T_j\theta(\beta_j)\mu(\beta_j)}{\sum_{j=1}^{n}T_j\theta(\beta_j)},\frac{\sum_{j=1}^{n}T_j\theta(\beta_j)\nu(\beta_j)}{\sum_{j=1}^{n}T_j\theta(\beta_j)}\right\rangle \tag{7—4}$$

其中 $T_1=1$，$T_j=\prod_{k=1}^{j-1}\bar{h}(\beta_k)$（$j=1$，2，…，$n$），$\bar{h}(\beta_k)$ 为直觉语言数 $\beta_k$（$k=1$，2，…，$n$）的记分值。

**证明：**显然，根据定义 2－2 可知，由 ILPWA 算子集结得到的结果仍为直觉语言数。下面用数学归纳法证明式（7－4）。

（1）当 $n=2$ 时，因为

$$\frac{T_1}{\sum_{j=1}^{2}T_j}\beta_1=\left\langle s_{\frac{T_1}{\sum_{j=1}^{2}T_j}\theta(\beta_1)},\mu(\beta_1),\nu(\beta_1)\right\rangle,\frac{T_2}{\sum_{j=1}^{2}T_j}\beta_2=\left\langle s_{\frac{T_2}{\sum_{j=1}^{2}T_j}\theta(\beta_2)},\mu(\beta_2),\nu(\beta_2)\right\rangle$$

则

$$\text{ILPWA}(\beta_1,\beta_2)=\frac{T_1}{\sum_{j=1}^{2}T_j}\beta_1\oplus\frac{T_2}{\sum_{j=1}^{2}T_j}\beta_2$$

$$=\left\langle s_{\frac{T_1}{\sum_{j=1}^{2}T_j}\theta(\beta_1)+\frac{T_2}{\sum_{j=1}^{2}T_j}\theta(\beta_2)},\frac{\frac{T_1}{\sum_{j=1}^{2}T_j}\theta(\beta_1)\mu(\beta_1)+\frac{T_2}{\sum_{j=1}^{2}T_j}\theta(\beta_2)\mu(\beta_2)}{\frac{T_1}{\sum_{j=1}^{2}T_j}\theta(\beta_1)+\frac{T_2}{\sum_{j=1}^{2}T_j}\theta(\beta_2)},\right.$$

$$\left.\frac{\frac{T_1}{\sum_{j=1}^{2} T_j}\theta(\beta_1)\nu(\beta_1)+\frac{T_2}{\sum_{j=1}^{2} T_j}\theta(\beta_2)\nu(\beta_2)}{\frac{T_1}{\sum_{j=1}^{2} T_j}\theta(\beta_1)+\frac{T_2}{\sum_{j=1}^{2} T_j}\theta(\beta_2)}\right\rangle$$

$$=\left\langle s_{\sum_{j=1}^{2}\frac{T_j}{\sum_{j=1}^{2}T_j}\theta(\beta_j)},\frac{\sum_{j=1}^{2}\frac{T_j}{\sum_{j=1}^{2}T_j}\theta(\beta_j)\mu(\beta_j)}{\sum_{j=1}^{2}\frac{T_j}{\sum_{j=1}^{2}T_j}\theta(\beta_j)},\frac{\sum_{j=1}^{2}\frac{T_j}{\sum_{j=1}^{2}T_j}\theta(\beta_j)\nu(\beta_j)}{\sum_{j=1}^{2}\frac{T_j}{\sum_{j=1}^{2}T_j}\theta(\beta_j)}\right\rangle$$

$$=\left\langle s_{\sum_{j=1}^{2}\frac{T_j}{\sum_{j=1}^{n}T_j}\theta(\beta_j)},\frac{\sum_{j=1}^{2}T_j\theta(\beta_j)\mu(\beta_j)}{\sum_{j=1}^{2}T_j\theta(\beta_j)},\frac{\sum_{j=1}^{2}T_j\theta(\beta_j)\nu(\beta_j)}{\sum_{j=1}^{2}T_j\theta(\beta_j)}\right\rangle$$

(2) 假设当 $n=k$ 时式（7—4）成立，即

$$\mathrm{ILPWA}(\beta_1,\beta_2,\cdots,\beta_k)=\left\langle s_{\sum_{j=1}^{k}\frac{T_j}{\sum_{j=1}^{k}T_j}\theta(\beta_j)},\frac{\sum_{j=1}^{k}T_j\theta(\beta_j)\mu(\beta_j)}{\sum_{j=1}^{k}T_j\theta(\beta_j)},\frac{\sum_{j=1}^{k}T_j\theta(\beta_j)\nu(\beta_j)}{\sum_{j=1}^{k}T_j\theta(\beta_j)}\right\rangle$$

$$=\left\langle s_{\sum_{j=1}^{k}\frac{T_j}{\sum_{j=1}^{k}T_j}\theta(\beta_j)},\frac{\sum_{j=1}^{k}\frac{T_j}{\sum_{j=1}^{k}T_j}\theta(\beta_j)\mu(\beta_j)}{\sum_{j=1}^{k}\frac{T_j}{\sum_{j=1}^{k}T_j}\theta(\beta_j)},\frac{\sum_{j=1}^{k}\frac{T_j}{\sum_{j=1}^{k}T_j}\theta(\beta_j)\nu(\beta_j)}{\sum_{j=1}^{k}\frac{T_j}{\sum_{j=1}^{k}T_j}\theta(\beta_j)}\right\rangle$$

那么当 $n=k+1$ 时，由定义 2—2 可得

$$\mathrm{ILPWA}(\beta_1,\beta_2,\cdots,\beta_k,\beta_{k+1})=\left\langle s_{\sum_{j=1}^{k}\frac{T_j}{\sum_{j=1}^{k+1}T_j}\theta(\beta_j)},\frac{\sum_{j=1}^{k}\frac{T_j}{\sum_{j=1}^{k+1}T_j}\theta(\beta_j)\mu(\beta_j)}{\sum_{j=1}^{k}\frac{T_j}{\sum_{j=1}^{k+1}T_j}\theta(\beta_j)},\right.$$

$$\left.\frac{\sum_{j=1}^{k}\frac{T_j}{\sum_{j=1}^{k+1}T_j}\theta(\beta_j)\nu(\beta_j)}{\sum_{j=1}^{k}\frac{T_j}{\sum_{j=1}^{k+1}T_j}\theta(\beta_j)}\right\rangle\oplus\frac{T_{k+1}}{\sum_{j=1}^{k+1}T_j}\left\langle s_{\theta(\beta_{k+1})},\mu(\beta_{k+1}),\nu(\beta_{k+1})\right\rangle$$

$$=\left\langle s_{\sum_{j=1}^{k}\frac{T_j}{\sum_{j=1}^{k+1}T_j}\theta(\beta_j)+\frac{T_{k+1}}{\sum_{j=1}^{k+1}T_j}\theta(\beta_{k+1})},\frac{\sum_{j=1}^{k}\frac{T_j}{\sum_{j=1}^{k+1}T_j}\theta(\beta_j)\mu(\beta_j)+\frac{T_{k+1}}{\sum_{j=1}^{k+1}T_j}\theta(\beta_{k+1})\mu(\beta_{k+1})}{\sum_{j=1}^{k}\frac{T_j}{\sum_{j=1}^{k+1}T_j}\theta(\beta_j)+\frac{T_{k+1}}{\sum_{j=1}^{k+1}T_j}\theta(\beta_{k+1})},\right.$$

$$\left.\frac{\sum_{j=1}^{k}\frac{T_j}{\sum_{j=1}^{k+1}T_j}\theta(\beta_j)\nu(\beta_j)+\frac{T_{k+1}}{\sum_{j=1}^{k+1}T_j}\theta(\beta_{k+1})\nu(\beta_{k+1})}{\sum_{j=1}^{k}\frac{T_j}{\sum_{j=1}^{k+1}T_j}\theta(\beta_j)+\frac{T_{k+1}}{\sum_{j=1}^{k+1}T_j}\theta(\beta_{k+1})}\right\rangle$$

$$=\left\langle s_{\sum_{j=1}^{k+1}\frac{T_j}{\sum_{j=1}^{k+1}T_j}\theta(\beta_j)},\frac{\sum_{j=1}^{k+1}\frac{T_j}{\sum_{j=1}^{k+1}T_j}\theta(\beta_j)\mu(\beta_j)}{\sum_{j=1}^{k+1}\frac{T_j}{\sum_{j=1}^{k}T_j}\theta(\beta_j)},\frac{\sum_{j=1}^{k+1}\frac{T_j}{\sum_{j=1}^{k+1}T_j}\theta(\beta_j)\nu(\beta_j)}{\sum_{j=1}^{k+1}\frac{T_j}{\sum_{j=1}^{k+1}T_j}\theta(\beta_j)}\right\rangle$$

$$=\left\langle s_{\sum_{j=1}^{k+1}\frac{T_j}{\sum_{j=1}^{k+1}T_j}\theta(\beta_j)},\frac{\sum_{j=1}^{k+1}T_j\theta(\beta_j)\mu(\beta_j)}{\sum_{j=1}^{k+1}T_j\theta(\beta_j)},\frac{\sum_{j=1}^{k+1}T_j\theta(\beta_j)\nu(\beta_j)}{\sum_{j=1}^{k+1}T_j\theta(\beta_j)}\right\rangle$$

即证当 $n=k+1$ 时式（7—4）也成立。

因此，由（1）和（2）可得，式（7—4）对任何正整数 $n$ 都成立。定理证毕。

易知，ILPWA 算子具有下列性质：

**定理 7—2** 设 $\beta_j=\langle s_{\theta(\beta_j)},\mu(\beta_j),\nu(\beta_j)\rangle$（$j=1,2,\cdots,n$）为一组直觉语言数，$\bar{h}(\beta_k)$ 为直觉语言数 $\beta_k$（$k=1,2,\cdots,n$）的记分值，$T_1=1$，$T_j=\prod_{k=1}^{j-1}\bar{h}(\beta_k)$（$j=1,2,\cdots,n$），则

（1）（幂等性）如果所有直觉语言数 $\beta_j$（$j=1,2,\cdots,n$）都相等，即 $\beta_j=\beta$（$j=1,2,\cdots,n$），则

$$\mathrm{ILPWA}(\beta_1,\beta_2,\cdots,\beta_n)=\beta$$

（2）（有界性）

$$\beta^{-} \leqslant ILPWA\ (\beta_1,\ \beta_2,\ \cdots,\ \beta_n) \leqslant \beta^{+}$$

其中

$$\beta^{-}=\left\langle \min_j \{s_{\theta(\beta_j)}\},\ \min_j \{\mu\ (\beta_j)\},\ \max_j \{\nu\ (\beta_j)\} \right\rangle$$

$$\beta^{+}=\left\langle \max_j \{s_{\theta(\beta_j)}\},\ \max_j \{\mu\ (\beta_j)\},\ \min_j \{\nu\ (\beta_j)\} \right\rangle$$

(3)(单调性)设 $\beta_j^{*}=\langle s_{\theta(\beta_j^{*})},\ \mu\ (\beta_j^{*}),\ \nu\ (\beta_j^{*})\rangle$ $(j=1,\ 2,\ \cdots,\ n)$ 为一组直觉语言数，如果对所有 $j$ 有 $\beta_j \leqslant \beta_j^{*}$，则

$$\text{ILPWA}\ (\beta_1,\ \beta_2,\ \cdots,\ \beta_n) \leqslant \text{ILPWA}\ (\beta_1^{*},\ \beta_2^{*},\ \cdots,\ \beta_n^{*})$$

当决策者用积性语言标度 $\bar{S}_2$ 进行评价时，需要定义几何类的优先算子以集结决策信息。定义 2—9 给出了直觉语言数的积性运算法则，基于这些运算法则，以下将 PA 算子拓展，提出另一种新的直觉语言优先算子，即 ILPWG 算子，并建立该算子的若干性质。

**定义 7—4** 设 $\beta_j=\langle s_{\theta(\beta_j)},\ \mu\ (\beta_j),\ \nu\ (\beta_j)\rangle$ $(j=1,\ 2,\ \cdots,\ n)$ 为一组直觉语言数，令 ILPWG：$\Omega^n \rightarrow \Omega$，且

$$\text{ILPWG}\ (\beta_1,\beta_2,\cdots,\beta_n)=(\beta_1)^{\frac{T_1}{\sum_{j=1}^n T_j}} \otimes (\beta_2)^{\frac{T_2}{\sum_{j=1}^n T_j}} \otimes \cdots \otimes (\beta_n)^{\frac{T_n}{\sum_{j=1}^n T_j}} \tag{7—5}$$

则称 ILPWG 直觉语言优先加权几何（ILPWG）算子，其中 $T_1=1$，$T_j=\prod_{k=1}^{j-1} \bar{h}\ (\beta_k)$ $(j=1,\ 2,\ \cdots,\ n)$，$\bar{h}\ (\beta_k)$ 为直觉语言数 $\beta_k$ $(k=1,\ 2,\ \cdots,\ n)$ 的记分值。

**定理 7—3** 设 $\beta_j=\langle s_{\theta(\beta_j)},\ \mu\ (\beta_j),\ \nu\ (\beta_j)\rangle$ $(j=1,\ 2,\ \cdots,\ n)$ 为一组直觉语言数，则由 ILPWG 算子集结得到的结果仍为直觉语言数，且有

$$\text{ILPWG}(\beta_1,\beta_2,\cdots,\beta_n)=$$

$$\left\langle s_{\prod_{j=1}^n (\theta(\beta_j))^{\frac{T_j}{\sum_{j=1}^n T_j}}},\ \prod_{j=1}^n (\mu(\beta_j))^{\frac{T_j}{\sum_{j=1}^n T_j}},\ 1-\prod_{j=1}^n (1-\nu(\beta_j))^{\frac{T_j}{\sum_{j=1}^n T_j}} \right\rangle \tag{7—6}$$

其中 $T_1=1$，$T_j=\prod_{k=1}^{j-1} \bar{h}\ (\beta_k)$ $(j=2,\ \cdots,\ n)$，$\bar{h}\ (\beta_k)$ 为直觉语言数 $\beta_k$ $(k=$

1，2，…，$n$）的记分值。

**证明**：定理 7－3 的证明类似于定理 7－1。

类似于 ILPWA 算子，ILPWG 算子具有下列性质：

**定理 7－4** 设 $\beta_j=\langle s_{\theta(\beta_j)},\mu(\beta_j),\nu(\beta_j)\rangle$（$j=1,2,\cdots,n$）为一组直觉语言数，$\bar{h}(\beta_k)$ 为直觉语言数 $\beta_k$（$k=1,2,\cdots,n$）的记分值，$T_1=1$，$T_j=\prod_{k=1}^{j-1}\bar{h}(\beta_k)$（$j=2,\cdots,n$），则

（1）（幂等性）如果所有直觉语言数 $\beta_j$（$j=1,2,\cdots,n$）都相等，即 $\beta_j=\beta$（$j=1,2,\cdots,n$），则

$$\text{ILPWG}(\beta_1,\beta_2,\cdots,\beta_n)=\beta$$

（2）（有界性）

$$\beta^-\leqslant\text{ILPWG}(\beta_1,\beta_2,\cdots,\beta_n)\leqslant\beta^+$$

其中

$$\beta^-=\left\langle\min_j\{s_{\theta(\beta_j)}\},\min_j\{\mu(\beta_j)\},\max_j\{\nu(\beta_j)\}\right\rangle$$

$$\beta^+=\left\langle\max_j\{s_{\theta(\beta_j)}\},\max_j\{\mu(\beta_j)\},\min_j\{\nu(\beta_j)\}\right\rangle$$

（3）（单调性）设 $\beta_j^*=\langle s_{\theta(\beta_j^*)},\mu(\beta_j^*),\nu(\beta_j^*)\rangle$（$j=1,2,\cdots,n$）为一组直觉语言数，如果对所有 $j$ 有 $\beta_j\leqslant\beta_j^*$，则

$$\text{ILPWG}(\beta_1,\beta_2,\cdots,\beta_n)\leqslant\text{ILPWG}(\beta_1^*,\beta_2^*,\cdots,\beta_n^*)$$

### 7.2.2 基于 ILPWA 算子（或 ILPWG 算子）的多准则群决策方法

本节将直觉语言优先算子用于多准则群决策，提出一种准则值为直觉语言数且准则之间和决策者之间均存在不同优先级别的多准则群决策方法。

对于某一直觉语言多准则群决策问题，设 $X=\{X_1,X_2,\cdots,X_m\}$ 为方案集，$C=\{C_1,C_2,\cdots,C_n\}$ 为准则集，各准则之间存在优先关系：$C_1\succ C_2\succ\cdots\succ C_n$（$j\langle l$ 时意味着准则 $C_j$ 比 $C_l$ 有更高级别）。设 $D=\{d_1,d_2,\cdots,d_t\}$ 为决策者集，各决策者之间存在优先关系：$d_1\succ d_2\succ\cdots\succ d_t$（$k<q$时意味着决策者 $d_k$ 比 $d_q$ 有更高级别）。假设决策者 $d_k$（$k=1,2,\cdots,t$）应用语言短语集 $\bar{S}_1$（或 $\bar{S}_2$）对各方案进行评价，方案 $X_i$ 在准则 $C_j$ 下的准则

值信息用直觉语言数 $\beta_{ij}^{(k)}=\langle s_{\theta(\beta_{ij}^{(k)})}, \mu(\beta_{ij}^{(k)}), \nu(\beta_{ij}^{(k)})\rangle$（$i=1, 2, \cdots, m$；$j=1, 2, \cdots, n$；$k=1, 2, \cdots, t$）表示，决策矩阵为 $\boldsymbol{R}^{(k)}=(\beta_{ij}^{(k)})_{m\times n}$（$k=1, 2, \cdots, t$），其中 $s_{\theta(\beta_{ij}^{(k)})}\in\overline{S}_1$（或 $s_{\theta(\beta_{ij}^{(k)})}\in\overline{S}_2$）是决策者 $d_k$ 给出的方案 $X_i$ 在准则 $C_j$ 下的语言评价值，$\mu(\beta_{ij}^{(k)})$ 表示决策者 $d_k$ 给出的关于方案 $X_i$ 在准则 $C_j$ 下属于语言评价值 $s_{\theta(\beta_{ij}^{(k)})}$ 的程度，$\nu(\beta_{ij}^{(k)})$ 表示决策者 $d_k$ 给出的关于方案 $X_i$ 在准则 $C_j$ 下不属于语言评价值 $s_{\theta(\beta_{ij}^{(k)})}$ 的程度，满足 $0\leqslant\mu(\beta_{ij}^{(k)})+\nu(\beta_{ij}^{(k)})\leqslant 1$。

为确定方案的排序并择优，下面给出基于 ILPWA 算子（或 ILPWG 算子）的多准则群决策方法的步骤：

**步骤 1** 利用式（2—21）或（2—22）对决策矩阵 $\boldsymbol{R}^{(k)}=(\beta_{ij}^{(k)})_{m\times n}$ 进行规范化处理，得到决策矩阵 $\overline{\boldsymbol{R}}^{(k)}=(\bar{\beta}_{ij}^{(k)})_{m\times n}$（$k=1, 2, \cdots, t$）。

**步骤 2** 利用下式计算 $T_{ij}^{(k)}$ 的值（$i=1, 2, \cdots, m$；$j=1, 2, \cdots, n$；$k=1, 2, \cdots, t$）：

$$T_{i1}^{(k)}=1,\ T_{ij}^{(k)}=\prod_{l=1}^{j-1}\bar{h}(\bar{\beta}_{il}^{(k)}),\ j=2, \cdots, n \tag{7—7}$$

**步骤 3** 利用 ILPWA 算子

$$\begin{aligned}\bar{\beta}_{i}^{(k)}&=\mathrm{ILPWA}(\bar{\beta}_{i1}^{(k)}, \bar{\beta}_{i2}^{(k)}, \cdots, \bar{\beta}_{in}^{(k)})\\&=\left\langle s_{\sum_{j=1}^{n}\frac{T_{ij}^{(k)}}{\sum_{j=1}^{n}T_{ij}^{(k)}}\theta(\bar{\beta}_{ij}^{(k)})}, \frac{\sum_{j=1}^{n}T_{ij}^{(k)}\theta(\bar{\beta}_{ij}^{(k)})\mu(\bar{\beta}_{ij}^{(k)})}{\sum_{j=1}^{n}T_{ij}^{(k)}\theta(\bar{\beta}_{ij}^{(k)})}, \frac{\sum_{j=1}^{n}T_{ij}^{(k)}\theta(\bar{\beta}_{ij}^{(k)})\nu(\bar{\beta}_{ij}^{(k)})}{\sum_{j=1}^{n}T_{ij}^{(k)}\theta(\bar{\beta}_{ij}^{(k)})}\right\rangle\end{aligned} \tag{7—8}$$

或 ILPWG 算子

$$\begin{aligned}\bar{\beta}_{i}^{(k)}&=\mathrm{ILPWG}(\bar{\beta}_{i1}^{(k)}, \bar{\beta}_{i2}^{(k)}, \cdots, \bar{\beta}_{in}^{(k)})\\&=\left\langle s_{\prod_{j=1}^{n}(\theta(\bar{\beta}_{ij}^{(k)}))^{\frac{T_{ij}^{(k)}}{\sum_{j=1}^{n}T_{ij}^{(k)}}}}, \prod_{j=1}^{n}(\mu(\bar{\beta}_{ij}^{(k)}))^{\frac{T_{ij}^{(k)}}{\sum_{j=1}^{n}T_{ij}^{(k)}}}, 1-\prod_{j=1}^{n}(1-\nu(\bar{\beta}_{ij}^{(k)}))^{\frac{T_{ij}^{(k)}}{\sum_{j=1}^{n}T_{ij}^{(k)}}}\right\rangle\end{aligned} \tag{7—9}$$

对决策矩阵 $\overline{\boldsymbol{R}}^{(k)}=(\bar{\beta}_{ij}^{(k)})_{m\times n}$ 中第 $i$ 行的直觉语言准则值进行加权集结，得到决策者 $d_k$ 给出的关于方案 $X_i$ 的个体综合评价值 $\bar{\beta}_{i}^{(k)}$（$i=1, 2, \cdots, m$；$k=$

1，2，…，$t$)。

**步骤 4** 利用下式计算 $T_i^{(k)}$ 的值（$i=1$，2，…，$m$；$k=1$，2，…，$t$）：

$$T_i^{(1)}=1,\ T_i^{(k)}=\prod_{q=1}^{k-1}\bar{h}(\bar{\beta}_i^{(q)}),k=2,\cdots,t \tag{7—10}$$

**步骤 5** 利用 ILPWA 算子

$$\bar{\beta}_i=\text{ILPWA}\ (\bar{\beta}_i^{(1)},\ \bar{\beta}_i^{(2)},\ \cdots,\ \bar{\beta}_i^{(t)})$$

$$=\left\langle s_{\sum_{k=1}^{t}\frac{T_i^{(k)}}{\sum_{k=1}^{t}T_i^{(k)}}\theta(\bar{\beta}_i^{(k)})},\frac{\sum_{k=1}^{t}T_i^{(k)}\theta(\bar{\beta}_i^{(k)})\mu(\bar{\beta}_i^{(k)})}{\sum_{k=1}^{t}T_i^{(k)}\theta(\bar{\beta}_i^{(k)})},\frac{\sum_{k=1}^{t}T_i^{(k)}\theta(\bar{\beta}_i^{(k)})\nu(\bar{\beta}_i^{(k)})}{\sum_{k=1}^{t}T_i^{(k)}\theta(\bar{\beta}_i^{(k)})}\right\rangle \tag{7—11}$$

或 ILPWG 算子

$$\bar{\beta}_i=\text{ILPWG}(\bar{\beta}_i^{(1)},\bar{\beta}_i^{(2)},\cdots,\bar{\beta}_i^{(t)})$$

$$=\left\langle s_{\prod_{k=1}^{t}(\theta(\bar{\beta}_i^{(k)}))^{\frac{T_i^{(k)}}{\sum_{k=1}^{t}T_i^{(k)}}}},\prod_{k=1}^{t}(\mu(\bar{\beta}_i^{(k)}))^{\frac{T_i^{(k)}}{\sum_{k=1}^{t}T_i^{(k)}}},1-\prod_{k=1}^{t}(1-\nu(\bar{\beta}_i^{(k)}))^{\frac{T_i^{(k)}}{\sum_{k=1}^{t}T_i^{(k)}}}\right\rangle \tag{7—12}$$

对个体综合评价值 $\bar{\beta}_i^{(k)}$（$k=1$，2，…，$t$）进行加权集结，得到方案 $X_i$ 的群体综合评价值 $\bar{\beta}_i$（$i=1$，2，…，$m$）。

**步骤 6** 利用下式计算 $\bar{\beta}_i$ 的记分值 $\bar{h}$（$\bar{\beta}_i$）（$i=1$，2，…，$m$）：

$$\bar{h}\ (\bar{\beta}_i)\ =\frac{\theta\ (\bar{\beta}_i)\ (1+\mu\ (\bar{\beta}_i)\ -\nu\ (\bar{\beta}_i))}{2q} \tag{7—13}$$

**步骤 7** 根据定义 2—5，利用 $\bar{\beta}_i$ 的记分值 $\bar{h}$（$\bar{\beta}_i$）（$i=1$，2，…，$m$）对方案 $X_i$（$i=1$，2，…，$m$）进行排序，并确定最优方案。

### 7.2.3 实例分析

**例 7—1** 为了提高科研水平，加强师资队伍建设，国内某高校的管理学院想引进几位海外杰出人才（改编自参考文献［317］）。学校对这次人才引进高度重视，校长（$d_1$）、管理学院院长（$d_2$）和人事处长（$d_3$）组成考察小组负责整个引进过程。他们制定了严格的评估方案，准备对 5 位候选人 $X_i$（$i=1$，2，…，5）从以下 4 个方面进行考察：①$C_1$—道德品质；②$C_2$—学术研究能力；③$C_3$—教学能力；④$C_4$—教育背景。各准则之间存在优先级别：

$C_1 > C_2 > C_3 > C_4$。另外，校长具有最高级别的优先权，管理学院院长次之。根据上述4个准则，3位决策人 $d_k$（$k=1$，2，3）利用语言标度 $\overline{S}_1$ 对5位候选人 $X_i$（$i=1$，2，…，5）进行评价，得到决策矩阵 $\boldsymbol{R}^{(k)}=(\beta_{ij}^{(k)})_{5\times4}$（$k=1$，2，3），如表7—1～表7—3所示。

**表7—1　决策矩阵 $\boldsymbol{R}^{(1)}=(\beta_{ij}^{(1)})_{5\times4}$**

| | $C_1$ | $C_2$ | $C_3$ | $C_4$ |
|---|---|---|---|---|
| $X_1$ | $\langle s_5,0.7,0.2\rangle$ | $\langle s_7,0.8,0.2\rangle$ | $\langle s_6,0.7,0.2\rangle$ | $\langle s_6,0.9,0.1\rangle$ |
| $X_2$ | $\langle s_7,0.8,0.2\rangle$ | $\langle s_6,0.8,0.1\rangle$ | $\langle s_5,0.8,0.1\rangle$ | $\langle s_7,0.7,0.1\rangle$ |
| $X_3$ | $\langle s_6,0.7,0.1\rangle$ | $\langle s_7,0.7,0.1\rangle$ | $\langle s_6,0.8,0.1\rangle$ | $\langle s_6,0.7,0.2\rangle$ |
| $X_4$ | $\langle s_3,0.6,0.2\rangle$ | $\langle s_6,0.9,0.1\rangle$ | $\langle s_7,0.7,0.2\rangle$ | $\langle s_5,0.9,0.1\rangle$ |
| $X_5$ | $\langle s_2,0.7,0.1\rangle$ | $\langle s_8,0.8,0.1\rangle$ | $\langle s_8,0.7,0.1\rangle$ | $\langle s_7,0.7,0.2\rangle$ |

**表7—2　决策矩阵 $\boldsymbol{R}^{(2)}=(\beta_{ij}^{(2)})_{5\times4}$**

| | $C_1$ | $C_2$ | $C_3$ | $C_4$ |
|---|---|---|---|---|
| $X_1$ | $\langle s_6,0.6,0.1\rangle$ | $\langle s_6,0.8,0.2\rangle$ | $\langle s_7,0.6,0.2\rangle$ | $\langle s_7,0.8,0.2\rangle$ |
| $X_2$ | $\langle s_8,0.7,0.1\rangle$ | $\langle s_7,0.7,0.2\rangle$ | $\langle s_6,0.7,0.2\rangle$ | $\langle s_8,0.8,0.1\rangle$ |
| $X_3$ | $\langle s_5,0.8,0.1\rangle$ | $\langle s_6,0.8,0.1\rangle$ | $\langle s_7,0.9,0.1\rangle$ | $\langle s_7,0.6,0.2\rangle$ |
| $X_4$ | $\langle s_4,0.7,0.2\rangle$ | $\langle s_7,0.8,0.0\rangle$ | $\langle s_8,0.6,0.2\rangle$ | $\langle s_5,0.8,0.1\rangle$ |
| $X_5$ | $\langle s_3,0.8,0.1\rangle$ | $\langle s_8,0.8,0.1\rangle$ | $\langle s_7,0.8,0.1\rangle$ | $\langle s_8,0.7,0.1\rangle$ |

**表7—3　决策矩阵 $\boldsymbol{R}^{(3)}=(\beta_{ij}^{(3)})_{5\times4}$**

| | $C_1$ | $C_2$ | $C_3$ | $C_4$ |
|---|---|---|---|---|
| $X_1$ | $\langle s_7,0.6,0.2\rangle$ | $\langle s_6,0.7,0.2\rangle$ | $\langle s_6,0.9,0.1\rangle$ | $\langle s_5,0.8,0.1\rangle$ |
| $X_2$ | $\langle s_7,0.7,0.1\rangle$ | $\langle s_8,0.6,0.1\rangle$ | $\langle s_7,0.7,0.1\rangle$ | $\langle s_8,0.8,0.2\rangle$ |
| $X_3$ | $\langle s_7,0.7,0.2\rangle$ | $\langle s_8,0.7,0.2\rangle$ | $\langle s_8,0.7,0.1\rangle$ | $\langle s_7,0.6,0.1\rangle$ |
| $X_4$ | $\langle s_4,0.7,0.1\rangle$ | $\langle s_6,0.8,0.1\rangle$ | $\langle s_6,0.8,0.2\rangle$ | $\langle s_6,0.8,0.1\rangle$ |
| $X_5$ | $\langle s_4,0.6,0.1\rangle$ | $\langle s_7,0.9,0.0\rangle$ | $\langle s_6,0.9,0.1\rangle$ | $\langle s_6,0.8,0.1\rangle$ |

为了对候选人进行排序并择优，下面利用ILPWA算子进行多准则群决策，具体步骤如下：

**步骤1**　由于所有的准则均为效益型，不需要对决策矩阵 $\boldsymbol{R}^{(k)}=(\beta_{ij}^{(k)})_{5\times4}$（$k=1$，2，3）进行规范化处理。因此，$\overline{\boldsymbol{R}}^{(k)}=\boldsymbol{R}^{(k)}=(\beta_{ij}^{(k)})_{5\times4}=$

$(\bar{\beta}_{ij}^{(k)})_{5\times4}$。

**步骤 2** 利用式（7—7）计算 $T_{ij}^{(k)}$ 的值（$i=1, 2, \cdots, 5$；$j=1, 2, 3, 4$；$k=1, 2, 3$）：

$$T^{(1)}=\begin{bmatrix}1 & 0.3750 & 0.2100 & 0.0945\\ 1 & 0.5600 & 0.2856 & 0.1214\\ 1 & 0.4800 & 0.2688 & 0.1371\\ 1 & 0.2100 & 0.1134 & 0.0595\\ 1 & 0.1600 & 0.1088 & 0.0696\end{bmatrix}, \quad T^{(2)}=\begin{bmatrix}1 & 0.4500 & 0.2160 & 0.1058\\ 1 & 0.6400 & 0.3360 & 0.1512\\ 1 & 0.4250 & 0.2168 & 0.1366\\ 1 & 0.3000 & 0.1890 & 0.1058\\ 1 & 0.2550 & 0.1734 & 0.1032\end{bmatrix},$$

$$T^{(3)}=\begin{bmatrix}1 & 0.4900 & 0.2205 & 0.1191\\ 1 & 0.5600 & 0.3360 & 0.1882\\ 1 & 0.5250 & 0.3150 & 0.2016\\ 1 & 0.3200 & 0.1632 & 0.0783\\ 1 & 0.3000 & 0.1995 & 0.1077\end{bmatrix}$$

**步骤 3** 利用 ILPWA 算子，即式（7—8）对决策矩阵 $\bar{\boldsymbol{R}}^{(k)}$ 中第 $i$ 行的准则值进行集结，得到决策者 $d_k$ 给出的候选人 $X_i$ 的个体综合评价值 $\bar{\beta}_i^{(k)}$（$i=1, 2, \cdots, 5$；$k=1, 2, 3$）：

$$\bar{\beta}_1^{(1)}=\langle s_{5.6279}, 0.7398, 0.1940\rangle, \ \bar{\beta}_2^{(1)}=\langle s_{6.4249}, 0.7933, 0.1554\rangle,$$
$$\bar{\beta}_3^{(1)}=\langle s_{6.2545}, 0.7137, 0.1070\rangle, \ \bar{\beta}_4^{(1)}=\langle s_{3.8697}, 0.7022, 0.1709\rangle,$$
$$\bar{\beta}_5^{(1)}=\langle s_{3.4651}, 0.7276, 0.1105\rangle, \ \bar{\beta}_1^{(2)}=\langle s_{6.1816}, 0.6628, 0.1452\rangle,$$
$$\bar{\beta}_2^{(2)}=\langle s_{7.3832}, 0.7077, 0.1414\rangle, \ \bar{\beta}_3^{(2)}=\langle s_{5.6363}, 0.7961, 0.1095\rangle,$$
$$\bar{\beta}_4^{(2)}=\langle s_{5.1047}, 0.7137, 0.1419\rangle, \ \bar{\beta}_5^{(2)}=\langle s_{4.6222}, 0.7883, 0.1000\rangle,$$
$$\bar{\beta}_1^{(3)}=\langle s_{6.4815}, 0.6683, 0.1838\rangle, \ \bar{\beta}_2^{(3)}=\langle s_{7.3590}, 0.6806, 0.1098\rangle,$$
$$\bar{\beta}_3^{(3)}=\langle s_{7.4114}, 0.6907, 0.1740\rangle, \ \bar{\beta}_4^{(3)}=\langle s_{4.7192}, 0.7457, 0.1133\rangle,$$
$$\bar{\beta}_5^{(3)}=\langle s_{4.9423}, 0.7408, 0.0736\rangle$$

**步骤 4** 利用式（7—10）计算 $T_i^{(k)}$ 的值（$i=1, 2, \cdots, 5$；$k=1, 2, 3$）：

$$T=\begin{bmatrix}1 & 0.4350 & 0.2041\\ 1 & 0.5262 & 0.3042\\ 1 & 0.5025 & 0.2388\\ 1 & 0.2963 & 0.1189\\ 1 & 0.2802 & 0.1093\end{bmatrix}$$

**步骤5** 利用ILPWA算子，即式（7—11）对个体综合评价值$\bar{\beta}_i^{(k)}$（$k=1, 2, 3$）进行集结，得到候选人$X_i$的群体综合评价值$\bar{\beta}_i$（$i=1, 2, \cdots, 5$）：

$$\bar{\beta}_1 \langle s_{5.8811}, 0.7085, 0.1790\rangle, \bar{\beta}_2=\langle s_{6.8557}, 0.7467, 0.1429\rangle,$$
$$\bar{\beta}_3=\langle s_{6.2348}, 0.7314, 0.1186\rangle, \bar{\beta}_4=\langle s_{4.1996}, 0.7092, 0.1581\rangle,$$
$$\bar{\beta}_5=\langle s_{3.8147}, 0.7438, 0.1042\rangle$$

**步骤6** 利用式（7—13）计算群体综合评价值$\bar{\beta}_i$的记分值$\bar{h}(\bar{\beta}_i)$（$i=1, 2, \cdots, 5$）：

$$\bar{h}(\bar{\beta}_1)=0.4498, \bar{h}(\bar{\beta}_2)=0.5497, \bar{h}(\bar{\beta}_3)=0.5028,$$
$$\bar{h}(\bar{\beta}_4)=0.3257, \bar{h}(\bar{\beta}_5)=0.3127$$

因此

$$\bar{h}(\bar{\beta}_2)>\bar{h}(\bar{\beta}_3)>\bar{h}(\bar{\beta}_1)>\bar{h}(\bar{\beta}_4)>\bar{h}(\bar{\beta}_5)$$

**步骤7** 利用记分值$\bar{h}(\bar{\beta}_i)$（$i=1, 2, \cdots, 5$）对候选人$X_i$（$i=1, 2, \cdots, 5$）进行排序：

$$X_2>X_3>X_1>X_4>X_5$$

因而，最优候选人为$X_2$。

如果决策者$d_k$（$k=1, 2, 3$）利用积性语言短语集$\bar{S}_2$进行评价，则候选人$X_i$（$i=1, 2, \cdots, 5$）关于准则$C_j$（$j=1, 2, 3, 4$）的直觉语言特征信息可用决策矩阵$\tilde{\boldsymbol{R}}^{(k)}=(\tilde{\beta}_{ij}^{(k)})_{5\times4}$（$k=1, 2, 3$）表示，见表7—4～表7—6。

**表7—4 决策矩阵$\tilde{\boldsymbol{R}}^{(1)}=(\tilde{\beta}_{ij}^{(1)})_{5\times4}$**

| | $C_1$ | $C_2$ | $C_3$ | $C_4$ |
|---|---|---|---|---|
| $X_1$ | $\langle s_2, 0.7, 0.2\rangle$ | $\langle s_4, 0.8, 0.2\rangle$ | $\langle s_3, 0.7, 0.2\rangle$ | $\langle s_3, 0.9, 0.1\rangle$ |
| $X_2$ | $\langle s_4, 0.8, 0.2\rangle$ | $\langle s_3, 0.8, 0.1\rangle$ | $\langle s_2, 0.8, 0.1\rangle$ | $\langle s_4, 0.7, 0.1\rangle$ |
| $X_3$ | $\langle s_3, 0.7, 0.1\rangle$ | $\langle s_4, 0.7, 0.1\rangle$ | $\langle s_3, 0.8, 0.1\rangle$ | $\langle s_3, 0.7, 0.2\rangle$ |
| $X_4$ | $\langle s_{\frac{1}{2}}, 0.6, 0.2\rangle$ | $\langle s_3, 0.9, 0.1\rangle$ | $\langle s_4, 0.7, 0.2\rangle$ | $\langle s_2, 0.9, 0.1\rangle$ |
| $X_5$ | $\langle s_{\frac{1}{3}}, 0.7, 0.1\rangle$ | $\langle s_5, 0.8, 0.1\rangle$ | $\langle s_5, 0.7, 0.1\rangle$ | $\langle s_4, 0.7, 0.2\rangle$ |

表 7—5 决策矩阵 $\widetilde{\boldsymbol{R}}^{(2)}=(\tilde{\beta}_{ij}^{(2)})_{5\times4}$

| | $C_1$ | $C_2$ | $C_3$ | $C_4$ |
|---|---|---|---|---|
| $X_1$ | $\langle s_3,0.6,0.1\rangle$ | $\langle s_3,0.8,0.2\rangle$ | $\langle s_4,0.6,0.2\rangle$ | $\langle s_4,0.8,0.2\rangle$ |
| $X_2$ | $\langle s_5,0.7,0.1\rangle$ | $\langle s_4,0.7,0.2\rangle$ | $\langle s_3,0.7,0.2\rangle$ | $\langle s_5,0.8,0.1\rangle$ |
| $X_3$ | $\langle s_2,0.8,0.1\rangle$ | $\langle s_3,0.8,0.1\rangle$ | $\langle s_4,0.9,0.1\rangle$ | $\langle s_4,0.6,0.2\rangle$ |
| $X_4$ | $\langle s_1,0.7,0.2\rangle$ | $\langle s_4,0.8,0.0\rangle$ | $\langle s_5,0.6,0.2\rangle$ | $\langle s_2,0.8,0.1\rangle$ |
| $X_5$ | $\langle s_{\frac{1}{2}},0.8,0.1\rangle$ | $\langle s_5,0.8,0.1\rangle$ | $\langle s_4,0.8,0.1\rangle$ | $\langle s_5,0.7,0.1\rangle$ |

表 7—6 决策矩阵 $\widetilde{\boldsymbol{R}}^{(3)}=(\tilde{\beta}_{ij}^{(3)})_{5\times4}$

| | $C_1$ | $C_2$ | $C_3$ | $C_4$ |
|---|---|---|---|---|
| $X_1$ | $\langle s_4,0.6,0.2\rangle$ | $\langle s_3,0.7,0.2\rangle$ | $\langle s_3,0.9,0.1\rangle$ | $\langle s_2,0.8,0.1\rangle$ |
| $X_2$ | $\langle s_4,0.7,0.1\rangle$ | $\langle s_5,0.6,0.1\rangle$ | $\langle s_4,0.7,0.1\rangle$ | $\langle s_5,0.8,0.2\rangle$ |
| $X_3$ | $\langle s_4,0.7,0.2\rangle$ | $\langle s_5,0.7,0.2\rangle$ | $\langle s_5,0.7,0.1\rangle$ | $\langle s_4,0.6,0.1\rangle$ |
| $X_4$ | $\langle s_1,0.7,0.1\rangle$ | $\langle s_3,0.8,0.1\rangle$ | $\langle s_3,0.8,0.2\rangle$ | $\langle s_3,0.8,0.1\rangle$ |
| $X_5$ | $\langle s_1,0.6,0.1\rangle$ | $\langle s_4,0.9,0.0\rangle$ | $\langle s_3,0.9,0.1\rangle$ | $\langle s_3,0.8,0.1\rangle$ |

下面利用 ILPWG 算子进行决策，具体步骤如下：

**步骤 1** 由于所有的准则均为效益型，不需要对决策矩阵 $\widetilde{\boldsymbol{R}}^{(k)}=(\tilde{\beta}_{ij}^{(k)})_{5\times4}$ （$k=1,2,3$）进行规范化处理。因此，$\overline{\widetilde{\boldsymbol{R}}}^{(k)}=\widetilde{\boldsymbol{R}}^{(k)}=(\tilde{\beta}_{ij}^{(k)})_{5\times4}=(\overline{\tilde{\beta}}_{ij}^{(k)})_{5\times4}$。

**步骤 2** 利用式（7—7）计算 $T_{ij}^{(k)}$ 的值（$i=1,2,\cdots,5$；$j=1,2,3,4$；$k=1,2,3$）：

$$T^{(1)}=\begin{bmatrix}1 & 0.3000 & 0.1920 & 0.0864\\ 1 & 0.6400 & 0.3264 & 0.1110\\ 1 & 0.4800 & 0.3072 & 0.1567\\ 1 & 0.0700 & 0.0378 & 0.0227\\ 1 & 0.0533 & 0.0453 & 0.0363\end{bmatrix},\ T^{(2)}=\begin{bmatrix}1 & 0.4500 & 0.2160 & 0.1210\\ 1 & 0.8000 & 0.4800 & 0.2160\\ 1 & 0.3400 & 0.1734 & 0.1248\\ 1 & 0.1500 & 0.1080 & 0.0756\\ 1 & 0.0850 & 0.0723 & 0.0491\end{bmatrix},$$

$$T^{(3)}=\begin{bmatrix}1 & 0.5600 & 0.2520 & 0.1361\\ 1 & 0.6400 & 0.4800 & 0.3072\\ 1 & 0.6000 & 0.4500 & 0.3600\\ 1 & 0.1600 & 0.0816 & 0.0392\\ 1 & 0.1500 & 0.1140 & 0.0616\end{bmatrix}$$

**步骤3** 利用ILPWG算子，即式（7—9）对决策矩阵$\bar{\bar{R}}^{(k)}$中第$i$行的准则值进行集结，得到决策者$d_k$给出的候选人$X_i$的个体综合评价值$\bar{\beta}_i^{(k)}$（$i=1,2,\cdots,5$；$k=1,2,3$）：

$\bar{\beta}_1^{(1)}=\langle s_{2.4508},0.7279,0.1948\rangle$，$\bar{\beta}_2^{(1)}=\langle s_{3.2830},0.7943,0.1496\rangle$，

$\bar{\beta}_3^{(1)}=\langle s_{3.2209},0.7149,0.1085\rangle$，$\bar{\beta}_4^{(1)}=\langle s_{0.6158},0.6235,0.1922\rangle$，

$\bar{\beta}_5^{(1)}=\langle s_{0.4566},0.7044,0.1034\rangle$，$\bar{\beta}_1^{(2)}=\langle s_{3.1672},0.6578,0.1455\rangle$，

$\bar{\beta}_2^{(2)}=\langle s_{4.2194},0.7081,0.1528\rangle$，$\bar{\beta}_3^{(2)}=\langle s_{2.4682},0.7925,0.1080\rangle$，

$\bar{\beta}_4^{(2)}=\langle s_{1.3848},0.7071,0.1742\rangle$，$\bar{\beta}_5^{(2)}=\langle s_{0.7315},0.7957,0.1000\rangle$，

$\bar{\beta}_1^{(3)}=\langle s_{3.3803},0.6744,0.1810\rangle$，$\bar{\beta}_2^{(3)}=\langle s_{4.3639},0.6836,0.1133\rangle$，

$\bar{\beta}_3^{(3)}=\langle s_{4.4084},0.6841,0.1677\rangle$，$\bar{\beta}_4^{(3)}=\langle s_{1.2723},0.7208,0.1067\rangle$，

$\bar{\beta}_5^{(3)}=\langle s_{1.3531},0.6592,0.0892\rangle$

**步骤4** 利用式（7—10）计算$T_i^{(k)}$的值（$i=1,2,\cdots,5$；$k=1,2,3$）：

$$T=\begin{bmatrix}1 & 0.1879 & 0.0450\\ 1 & 0.2700 & 0.0886\\ 1 & 0.2587 & 0.0538\\ 1 & 0.0441 & 0.0047\\ 1 & 0.0366 & 0.0023\end{bmatrix}$$

**步骤5** 利用ILPWG算子，即式（7—12）对个体综合评价值$\bar{\beta}_i^{(k)}$（$k=1,2,3$）进行集结，得到候选人$X_i$的群体综合评价值$\bar{\beta}_i$（$i=1,2,\cdots,5$）：

$\bar{\beta}_1=\langle s_{2.5786},0.7148,0.1870\rangle$，$\bar{\beta}_2=\langle s_{3.5155},0.7688,0.1479\rangle$，

$\bar{\beta}_3=\langle s_{3.0958},0.7283,0.1109\rangle$，$\bar{\beta}_4=\langle s_{0.6392},0.6272,0.1911\rangle$，

$\bar{\beta}_5=\langle s_{0.4654},0.7073,0.1032\rangle$

**步骤6** 利用式（7—13）计算群体综合评价值$\bar{\beta}_i$的记分值$\bar{h}(\bar{\beta}_i)$（$i=1,2,\cdots,5$）：

$$\bar{h}(\bar{\beta}_1)=0.1970,\ \bar{h}(\bar{\beta}_2)=0.2849,\ \bar{h}(\bar{\beta}_3)=0.2504,$$
$$\bar{h}(\bar{\beta}_4)=0.0459,\ \bar{h}(\bar{\beta}_5)=0.0373$$

因此

$$\bar{h}(\bar{\beta}_2)>\bar{h}(\bar{\beta}_3)>\bar{h}(\bar{\beta}_1)>\bar{h}(\bar{\beta}_4)>\bar{h}(\bar{\beta}_5)$$

**步骤 7** 利用记分值 $\bar{h}$（$\bar{\beta}_i$）（$i=1$，2，…，5）对候选人 $X_i$（$i=1$，2，…，5）进行排序：

$$X_2 \succ X_3 \succ X_1 \succ X_4 \succ X_5$$

因而，最优候选人为 $X_2$。与利用 ILPWA 算子得到的排序结果一致。

在例 7—1 中，为了反映准则之间和决策者之间的不同优先级别，我们利用 ILPWA 算子（或 ILPWG 算子）集结直觉语言准则值。由上可知，在解决准则值为直觉语言数而准则之间和决策者之间均具有优先级别的多准则群决策问题时，ILPWA 算子和 ILPWG 算子是非常有效的工具。这两种算子与常规的直觉语言集结算子相比，其优点在于集结决策信息时不仅考虑了准则值以直觉语言数的形式表达，而且考虑了准则之间和决策者之间优先水平的存在，更符合客观实际，也更具有实际应用价值。例如，在人才引进时，如果某候选人品德不好，则不管其学术研究能力和教学能力有多强，教育背景有多好，也不可能被学校引进。另外，如果某候选人得到校长很差的评价，则他/她也很难被学校引进。事实上，在很多实际的多准则群决策问题中，确实应该考虑准则之间和决策者之间的不同优先水平。当然，如果准则和决策者均处于同一优先水平，则所提出的两种算子退化为常规的直觉语言集结算子。值得指出的是，如果决策者喜欢用加性语言短语集给出评价值，则宜采用基于 ILPWA 算子的多准则群决策方法；如果决策者喜欢用积性语言短语集给出评价值，则宜采用基于 ILPWG 算子的多准则群决策方法。

## 7.3 基于直觉语言混合优先算子的多准则决策方法

从上面的分析可知，ILPWA 算子和 ILPWG 算子仅根据准则之间的优先级别进行加权集结，忽视了直觉语言数据本身的重要性程度，而 ILWAA 算子和 ILWGA 算子仅根据直觉语言数据本身的重要性程度进行加权集结，没有考虑准则之间的优先级别，故它们的应用范围均有限。为此，本节将这些算子进行拓展，提出两种直觉语言混合优先集结算子，包括 ILHPWA 算子和 ILHPWG 算子。ILHPWA 算子综合了 ILPWA 算子和 ILWAA 算子的优点，ILHPWG 算子综合了 ILPWG 算子和 ILWGA 算子的优点，不仅考虑了准则之间的优先级别，而且考虑了直觉语言数据的重要性程度。在此基础上，以下还提出一种准则之间具有优先级别且考虑数据重要性程度的直觉语言多准则决策方法。

## 7.3.1 直觉语言混合优先算子

类似于直觉语言优先算子，针对决策者使用语言标度的不同，以下分别将 ILPWA 算子和 ILPWG 算子进行拓展，提出两种直觉语言混合优先算子，包括 ILHPWA 算子和 ILHPWG 算子。

假设决策者用加性语言标度 $\overline{S}_1$ 进行评价。以下将 ILPWA 算子和 ILWAA 算子的优点进行组合，提出一种新的优先算子，即 ILHPWA 算子。

**定义 7—5** 设 $\beta_j = \langle s_{\theta(\beta_j)}, \mu(\beta_j), \nu(\beta_j) \rangle$ $(j=1, 2, \cdots, n)$ 为一组直觉语言数，令 ILHPWA：$\Omega^n \to \Omega$，且

$$\text{ILHPWA}(\beta_1,\beta_2,\cdots,\beta_n) = \frac{T'_1}{\sum_{j=1}^n T'_j}\beta'_1 \oplus \frac{T'_2}{\sum_{j=1}^n T'_j}\beta'_2 \oplus \cdots \oplus \frac{T'_n}{\sum_{j=1}^n T'_j}\beta'_n \tag{7-14}$$

则称 ILHPWA 为直觉语言混合优先加权平均（ILHPWA）算子，其中 $\beta'_j = nw_j\beta_j$ $(j=1, 2, \cdots, n)$，$\boldsymbol{w} = (w_1, w_2, \cdots, w_n)^T$ 是 $\beta_j$ $(j=1, 2, \cdots, n)$ 的加权向量，满足 $w_j \in [0, 1]$ $(j=1, 2, \cdots, n)$ 和 $\sum_{j=1}^n w_j = 1$，$n$ 是平衡系数；$T'_1 = 1$，$T'_j = \prod_{k=1}^{j-1} \bar{h}(\beta'_k)$ $(j=2, \cdots, n)$，$\bar{h}(\beta'_k)$ 为直觉语言数 $\beta'_k$ $(k=1, 2, \cdots, n)$ 的记分值。

**定理 7—5** 设 $\beta_j = \langle s_{\theta(\beta_j)}, \mu(\beta_j), \nu(\beta_j) \rangle$ $(j=1, 2, \cdots, n)$ 为一组直觉语言数，则由 ILHPWA 算子集结得到的结果仍为直觉语言数，且有下式成立：

$$\text{ILHPWA}(\beta_1,\beta_2,\cdots,\beta_n) = \left\langle s_{\sum_{j=1}^n \frac{T'_j}{\sum_{j=1}^n T'_j}\theta(\beta'_j)}, \frac{\sum_{j=1}^n T'_j\theta(\beta'_j)\mu(\beta'_j)}{\sum_{j=1}^n T'_j\theta(\beta'_j)}, \frac{\sum_{j=1}^n T'_j\theta(\beta'_j)\nu(\beta'_j)}{\sum_{j=1}^n T'_j\theta(\beta'_j)} \right\rangle \tag{7-15}$$

其中 $\beta'_j = nw_j\beta_j$ $(j=1, 2, \cdots, n)$，$\boldsymbol{w} = (w_1, w_2, \cdots, w_n)^T$ 是 $\beta_j$ $(j=1,$

2，…，$n$）的加权向量，满足 $w_j \in [0, 1]$（$j=1, 2, \cdots, n$）和 $\sum_{j=1}^{n} w_j = 1$，$n$ 是平衡系数；$T'_1=1$，$T'_j=\prod_{k=1}^{j-1} \bar{h}(\beta'_k)$（$j=2, \cdots, n$），$\bar{h}(\beta'_k)$ 为直觉语言数 $\beta'_k$（$k=1, 2, \cdots, n$）的记分值。

**定理 7—6** 如果 $w=(\frac{1}{n}, \frac{1}{n}, \cdots, \frac{1}{n})^{\mathrm{T}}$，则 ILHPWA 退化为 ILPWA 算子。

**证明**：如果 $w=(\frac{1}{n}, \frac{1}{n}, \cdots, \frac{1}{n})^{\mathrm{T}}$，则

$$\beta'_j = \beta_j, \bar{h}(\beta'_j) = \bar{h}(\beta_j), T'_j = \prod_{k=1}^{j-1} \bar{h}(\beta'_k) = \prod_{k=1}^{j-1} \bar{h}(\beta_k) = T_j, j = 1,2,\cdots,n$$

因此

$$\begin{aligned}\mathrm{ILHPWA}(\beta_1,\beta_2,\cdots,\beta_n) &= \frac{T'_1}{\sum_{j=1}^{n} T'_j}\beta'_1 \oplus \frac{T'_2}{\sum_{j=1}^{n} T'_j}\beta'_2 \oplus \cdots \oplus \frac{T'_n}{\sum_{j=1}^{n} T'_j}\beta'_n \\ &= \frac{T_1}{\sum_{j=1}^{n} T_j}\beta_1 \oplus \frac{T_2}{\sum_{j=1}^{n} T_j}\beta_2 \oplus \cdots \oplus \frac{T_n}{\sum_{j=1}^{n} T_j}\beta_n \\ &= \mathrm{ILPWA}(\beta_1,\beta_2,\cdots,\beta_n)\end{aligned}$$

定理证毕。

**定理 7—7** 如果准则 $C_1$，$C_2$，…，$C_n$ 处于同一优先水平，则 ILHPWA 退化为 ILWAA 算子。

**证明**：如果准则 $C_1$，$C_2$，…，$C_n$ 处于同一优先水平，因为 $\tilde{T}_1=1$，则有

$$T'_j=T'_1=1,\ j=2,\ \cdots,\ n$$

因而

$$\frac{T'_j}{\sum_{j=1}^{n} T'_j} = \frac{1}{n}, j = 1,2,\cdots,n$$

进一步，则有

$$\begin{aligned}\mathrm{ILHPWA}(\beta_1,\beta_2,\cdots,\beta_n) &= \frac{T'_1}{\sum_{j=1}^{n} T'_j}\beta'_1 \oplus \frac{T'_2}{\sum_{j=1}^{n} T'_j}\beta'_2 \oplus \cdots \oplus \frac{T'_n}{\sum_{j=1}^{n} T'_j}\beta'_n \\ &= \frac{1}{n}\beta'_1 \oplus \frac{1}{n}\beta'_2 \oplus \cdots \oplus \frac{1}{n}\beta'_n\end{aligned}$$

又因为

$$\beta'_j = nw_j\beta_j,\ j=1,\ 2,\ \cdots,\ n$$

所以

$$\begin{aligned}\text{ILHPWA}(\beta_1,\beta_2,\cdots,\beta_n) &= w_1\beta_1 \oplus w_2\beta_2 \oplus \cdots \oplus w_n\beta_n \\ &= \text{ILWAA}(\beta_1,\beta_2,\cdots,\beta_n)\end{aligned}$$

定理证毕。

从定理 7—6 和定理 7—7 可知，ILHPWA 算子同时推广了 ILPWA 算子和 ILWAA 算子，不仅考虑了各准则的不同优先水平，而且考虑了直觉语言数据的重要性程度。

当决策者用积性语言标度 $\bar{S}_2$ 进行评价时，以下将 ILPWG 算子和 ILWGA算子的优点进行组合，提出另一种新的优先算子，即 ILHPWG 算子。

**定义 7—6** 设 $\beta_j=\langle s_{\theta(\beta_j)},\ \mu(\beta_j),\ \nu(\beta_j)\rangle$ $(j=1,\ 2,\ \cdots,\ n)$ 为一组直觉语言数，令 ILHPWG：$\Omega^n \rightarrow \Omega$，且

$$\text{ILHPWG}(\beta_1,\beta_2,\cdots,\beta_n) = (\beta'_1)^{\frac{T'_1}{\sum_{j=1}^n T'_j}} \otimes (\beta'_2)^{\frac{T'_2}{\sum_{j=1}^n T'_j}} \otimes \cdots \otimes (\beta'_n)^{\frac{T'_n}{\sum_{j=1}^n T'_j}} \tag{7—16}$$

则称 ILHPWG 为直觉语言混合优先加权几何（ILHPWG）算子，其中 $\beta'_j=(\beta_j)^{nw_j}$ $(j=1,\ 2,\ \cdots,\ n)$，$\boldsymbol{w}=(w_1,\ w_2,\ \cdots,\ w_n)^{\mathrm{T}}$ 是 $\beta_j$ $(j=1,\ 2,\ \cdots,\ n)$ 的加权向量，满足 $w_j\in[0,\ 1]$ $(j=1,\ 2,\ \cdots,\ n)$ 和 $\sum_{j=1}^n w_j=1$，$n$ 是平衡系数；$T'_1=1$，$T'_j=\prod_{k=1}^{j-1}\bar{h}(\beta'_k)$ $(j=2,\ \cdots,\ n)$，$\bar{h}(\beta'_k)$ 为直觉语言数 $\beta'_k$ $(k=1,\ 2,\ \cdots,\ n)$ 的记分值。

**定理 7—8** 设 $\beta_j=\langle s_{\theta(\beta_j)},\ \mu(\beta_j),\ \nu(\beta_j)\rangle$ $(j=1,\ 2,\ \cdots,\ n)$ 为一组直觉语言数，则由 ILHPWG 算子集结得到的结果仍为直觉语言数，且有

$$\text{ILHPWG}(\beta_1,\ \beta_2,\ \cdots,\ \beta_n)=$$

$$\left\langle s_{\prod_{j=1}^n(\theta(\beta'_j))^{\frac{T'_j}{\sum_{j=1}^n T'_j}}},\ \prod_{j=1}^n(\mu(\beta'_j))^{\frac{T'_j}{\sum_{j=1}^n T'_j}},\ 1-\prod_{j=1}^n(1-\nu(\beta'_j))^{\frac{T'_j}{\sum_{j=1}^n T'_j}}\right\rangle \tag{7—17}$$

其中 $\beta'_j=(\beta_j)^{nw_j}$ $(j=1,\ 2,\ \cdots,\ n)$，$\boldsymbol{w}=(w_1,\ w_2,\ \cdots,\ w_n)^{\mathrm{T}}$ 是 $\beta_j$ $(j=$

1，2，…，$n$）的加权向量，满足 $w_j\in[0,1]$（$j=1,2,\cdots,n$）和 $\sum_{j=1}^{n}w_j=1$，$n$ 是平衡系数；$T'_1=1$，$T'_j=\prod_{k=1}^{j-1}\bar{h}(\beta'_k)(j=2,\cdots,n)$，$\bar{h}(\beta'_k)$ 为直觉语言数 $\beta'_k$（$k=1,2,\cdots,n$）的记分值。

**定理 7—9** 如果 $\boldsymbol{w}=(\frac{1}{n},\frac{1}{n},\cdots,\frac{1}{n})^{\mathrm{T}}$，则 ILHPWG 退化为 ILPWG 算子。

**证明**：如果 $\boldsymbol{w}=(\frac{1}{n},\frac{1}{n},\cdots,\frac{1}{n})^{\mathrm{T}}$，则

$$\beta'_j=\beta_j,\bar{h}(\beta'_j)=\bar{h}(\beta_j),T'_j=\prod_{k=1}^{j-1}\bar{h}(\beta'_k)=\prod_{k=1}^{j-1}\bar{h}(\beta_k)=T_j,j=1,2,\cdots,n$$

因此

$$\begin{aligned}\mathrm{ILHPWG}(\beta_1,\beta_2,\cdots,\beta_n)&=(\beta'_1)^{\frac{T'_1}{\sum_{j=1}^{n}T'_j}}\otimes(\beta'_2)^{\frac{T'_2}{\sum_{j=1}^{n}T'_j}}\otimes\cdots\otimes(\beta'_n)^{\frac{T'_n}{\sum_{j=1}^{n}T'_j}}\\&=(\beta_1)^{\frac{T_1}{\sum_{j=1}^{n}T_j}}\otimes(\beta_2)^{\frac{T_2}{\sum_{j=1}^{n}T_j}}\otimes\cdots\otimes(\beta_n)^{\frac{T_n}{\sum_{j=1}^{n}T_j}}\\&=\mathrm{ILPWG}(\beta_1,\beta_2,\cdots,\beta_n)\end{aligned}$$

定理证毕。

**定理 7—10** 如果准则 $C_1$，$C_2$，…，$C_n$ 处于同一优先水平，则 ILHPWG 退化为 ILWGA 算子。

**证明**：如果准则 $C_1$，$C_2$，…，$C_n$ 处于同一优先水平，因为 $T'_1=1$，则有

$$T'_j=T'_1=1,\ j=2,\ \cdots,\ n$$

因而

$$\frac{T'_j}{\sum_{j=1}^{n}T'_j}=\frac{1}{n},j=1,2,\cdots,n$$

进一步，则有

$$\begin{aligned}\mathrm{ILHPWG}(\beta_1,\beta_2,\cdots,\beta_n)&=(\beta'_1)^{\frac{T'_1}{\sum_{j=1}^{n}T'_j}}\otimes(\beta'_2)^{\frac{T'_2}{\sum_{j=1}^{n}T'_j}}\otimes\cdots\otimes(\beta'_n)^{\frac{T'_n}{\sum_{j=1}^{n}T'_j}}\\&=(\beta'_1)^{\frac{1}{n}}\otimes(\beta'_2)^{\frac{1}{n}}\otimes\cdots\otimes(\beta'_n)^{\frac{1}{n}}\end{aligned}$$

又因为

$$\beta'_j=(\beta_j)^{nw_j},\ j=1,\ 2,\ \cdots,\ n$$

所以

$$\begin{aligned}\text{ILHPWG}(\beta_1,\beta_2,\cdots,\beta_n) &= (\beta_1)^{w_1}\otimes(\beta_2)^{w_2}\otimes\cdots\otimes(\beta_n)^{w_n}\\ &= \text{ILWGA}(\beta_1,\beta_2,\cdots,\beta_n)\end{aligned}$$

定理证毕。

从定理 7—9 和定理 7—10 可知，ILHPWG 算子同时推广了 ILPWG 算子和 ILWGA 算子，不仅考虑了各准则的不同优先水平，而且考虑了直觉语言数据的重要性程度。

## 7.3.2 基于 ILHPWA 算子（或 ILHPWG 算子）的多准则决策方法

本节将直觉语言混合优先算子用于多准则决策，提出一种准则之间存在不同优先级别且考虑数据重要性程度的直觉语言多准则决策方法。

对于某一多准则决策问题，设 $X=\{X_1, X_2, \cdots, X_m\}$ 为方案集，$C=\{C_1, C_2, \cdots, C_n\}$ 为准则集，准则 $C_j$（$j=1, 2, \cdots, n$）的权重向量为 $\boldsymbol{w}=(w_1, w_2, \cdots, w_n)^{\mathrm{T}}$，满足 $w_j\geqslant 0$（$j=1, 2, \cdots, n$）和 $\sum_{j=1}^{n} w_j=1$，且各准则之间存在优先关系：$C_1 \succ C_2 \succ \cdots \succ C_n$（$j<l$ 时意味着准则 $C_j$ 比 $C_l$ 有更高级别）。假设决策者应用语言短语集 $\bar{S}_1$（或 $\bar{S}_2$）对各方案进行评价，方案 $X_i$（$i=1, 2, \cdots, m$）在准则 $C_j$（$j=1, 2, \cdots, n$）下的准则值信息用直觉语言数 $\beta_{ij}=\langle s_{\theta(\beta_{ij})}, \mu(\beta_{ij}), \nu(\beta_{ij})\rangle$（$i=1, 2, \cdots, m$；$j=1, 2, \cdots, n$）表示，决策矩阵为 $\boldsymbol{R}=(\beta_{ij})_{m\times n}$，其中 $s_{\theta(\beta_{ij})}\in\bar{S}_1$（或 $s_{\theta(\beta_{ij})}\in\bar{S}_2$）为决策者给出的方案 $X_i$ 在准则 $C_j$ 下的语言评价值，$\mu(\beta_{ij})$ 表示决策者给出的方案 $X_i$ 在准则 $C_j$ 下属于语言评价值 $s_{\theta(\beta_{ij})}$ 的程度，$\nu(\beta_{ij})$ 表示决策者给出的方案 $X_i$ 在准则 $C_j$ 下不属于语言评价值 $s_{\theta(\beta_{ij})}$ 的程度，满足 $0\leqslant\mu(\beta_{ij})+\nu(\beta_{ij})\leqslant 1$。

为确定方案的排序并择优，下面给出一种基于 ILHPWA 算子（或 ILHPWG 算子）的多准则决策方法，具体步骤如下：

**步骤 1** 利用式（2—17）或（2—18）对决策矩阵 $\boldsymbol{R}=(\beta_{ij})_{m\times n}$ 进行规范化处理，得到决策矩阵 $\bar{\boldsymbol{R}}=(\bar{\beta}_{ij})_{m\times n}$。

**步骤 2** 利用 $\bar{\beta}'_{ij}=nw_j\bar{\beta}_{ij}$（或 $\bar{\beta}'_{ij}=(\bar{\beta}_{ij})^{nw_j}$）对直觉语言数 $\bar{\beta}_{ij}$ 进行加权，得到加权的规范化决策矩阵 $\bar{\boldsymbol{R}}'=(\bar{\beta}'_{ij})_{m\times n}$。

**步骤 3** 利用下式计算 $T'_{ij}$ 的值（$i=1, 2, \cdots, m$；$j=1, 2, \cdots, n$）：

$$T'_{i1}=1,\ T'_{ij}=\prod_{k=1}^{j-1}\tilde{h}\ (\bar{\beta}'_{ik}),\ j=2,\ \cdots,\ n \tag{7-18}$$

**步骤 4** 利用 ILHPWA 算子

$$\bar{\beta}_i=\mathrm{ILHPWA}\ (\bar{\beta}_{i1},\ \bar{\beta}_{i2},\ \cdots,\ \bar{\beta}_{in})$$

$$=\left\langle s_{\sum_{j=1}^{n}\frac{T'_{ij}}{\sum_{j=1}^{n}T'_{ij}}\theta(\bar{\beta}'_{ij})},\frac{\sum_{j=1}^{n}T'_{ij}\theta(\bar{\beta}'_{ij})\mu(\bar{\beta}'_{ij})}{\sum_{j=1}^{n}T'_{ij}\theta(\bar{\beta}'_{ij})},\frac{\sum_{j=1}^{n}T'_{ij}\theta(\bar{\beta}'_{ij})\nu(\bar{\beta}'_{ij})}{\sum_{j=1}^{n}T'_{ij}\theta(\bar{\beta}'_{ij})}\right\rangle \tag{7-19}$$

或 ILHPWG 算子

$$\bar{\beta}_i=\mathrm{ILHPWG}\ (\bar{\beta}_{i1},\ \bar{\beta}_{i2},\ \cdots,\ \bar{\beta}_{in})$$

$$=\left\langle s_{\prod_{j=1}^{n}(\theta(\bar{\beta}_{ij}))^{\frac{T_{ij}}{\sum_{j=1}^{n}T_{ij}}}},\prod_{j=1}^{n}(\mu(\bar{\beta}_{ij}))^{\frac{T_{ij}}{\sum_{j=1}^{n}T_{ij}}},1-\prod_{j=1}^{n}(1-\nu(\bar{\beta}_{ij}))^{\frac{T_{ij}}{\sum_{j=1}^{n}T_{ij}}}\right\rangle \tag{7-20}$$

对决策矩阵 $\bar{\boldsymbol{R}}'=(\bar{\beta}'_{ij})_{m\times n}$ 中第 $i$ 行的直觉语言准则值进行加权集结，得到方案 $X_i$ 的综合评价值 $\bar{\beta}_i$（$i=1,\ 2,\ \cdots,\ m$）。

**步骤 5** 利用下式计算 $\bar{\beta}_i$ 的记分值 $\bar{h}\ (\bar{\beta}_i)$（$i=1,\ 2,\ \cdots,\ m$）：

$$\bar{h}\ (\bar{\beta}_i)=\frac{\theta\ (\bar{\beta}_i)\ (1+\mu\ (\bar{\beta}_i)\ -\nu\ (\bar{\beta}_i))}{2q} \tag{7-21}$$

**步骤 6** 根据定义 2—5，利用 $\bar{\beta}_i$ 的记分值 $\bar{h}\ (\bar{\beta}_i)$（$i=1,\ 2,\ \cdots,\ m$）对方案 $X_i$（$i=1,\ 2,\ \cdots,\ m$）进行排序，并确定最优方案。

## 7.3.3 实例分析

为了便于比较，下面将例 2—5 中的问题进行改编，并利用本节提出的决策方法求解。

**例 7—2** 考虑某顾客想购买一辆车的问题（改编自参考文献［320］）。该顾客通过初步的比较分析后确定从 5 种车型（方案）$X_i$（$i=1,\ 2,\ \cdots,\ 5$）中进行选择，并通过分析和参考别人意见确定了 5 种评估准则：①$C_1$—安全性；②$C_2$—车型设计；③$C_3$—燃油经济性；④$C_4$—舒适性；⑤$C_5$—价格。准则 $C_j$（$j=1,\ 2,\ \cdots,\ 5$）的权重向量为 $\boldsymbol{w}=(0.15,\ 0.28,\ 0.18,\ 0.26,\ 0.13)^{\mathrm{T}}$，

且各准则之间存在优先关系：$C_1 \succ C_2 \succ \cdots \succ C_5$。假设该顾客应用语言短语集 $\bar{S}_1$ 对 5 种车型进行评价，得到车型 $X_i$（$i=1$，2，…，5）在准则 $C_j$（$j=1$，2，…，5）下的直觉语言特征信息，决策矩阵为 $R=(\beta_{ij})_{5\times5}$，如表 2－1 所示。

下面利用 ILHPWA 算子进行决策，具体步骤如下：

**步骤 1** 利用式（2－17）对决策矩阵 $\boldsymbol{R}=(\beta_{ij})_{5\times5}$ 进行规范化处理，得到决策矩阵 $\bar{\boldsymbol{R}}=(\bar{\beta}_{ij})_{5\times5}$，见表 2－2。

**步骤 2** 利用 $\bar{\beta}'_{ij}=nw_j\bar{\beta}_{ij}$ 对直觉语言数 $\bar{\beta}_{ij}$ 进行加权（$i=1$，2，…，5；$j=1$，2，…，5），得到加权的规范化决策矩阵 $\bar{\boldsymbol{R}}'=(\bar{\beta}'_{ij})_{5\times5}$，见表 7－7。

**表 7－7　加权的规范化决策矩阵 $\bar{\boldsymbol{R}}'=(\bar{\beta}'_{ij})_{5\times5}$**

| | $C_1$ | $C_2$ | $C_3$ | $C_4$ | $C_5$ |
|---|---|---|---|---|---|
| $X_1$ | $\langle s_{3.75},0.7,0.2\rangle$ | $\langle s_{9.8},0.8,0.2\rangle$ | $\langle s_{5.4},0.7,0.2\rangle$ | $\langle s_{7.8},0.9,0.1\rangle$ | $\langle s_{2.6},0.8,0.1\rangle$ |
| $X_2$ | $\langle s_{5.25},0.8,0.2\rangle$ | $\langle s_{8.4},0.8,0.1\rangle$ | $\langle s_{4.5},0.8,0.1\rangle$ | $\langle s_{9.1},0.7,0.1\rangle$ | $\langle s_{1.95},0.6,0.3\rangle$ |
| $X_3$ | $\langle s_{4.5},0.7,0.1\rangle$ | $\langle s_{9.8},0.7,0.1\rangle$ | $\langle s_{5.4},0.8,0.1\rangle$ | $\langle s_{7.8},0.7,0.2\rangle$ | $\langle s_{1.3},0.8,0.1\rangle$ |
| $X_4$ | $\langle s_{2.25},0.6,0.2\rangle$ | $\langle s_{8.4},0.9,0.1\rangle$ | $\langle s_{6.3},0.7,0.2\rangle$ | $\langle s_{6.5},0.9,0.1\rangle$ | $\langle s_{3.9},0.7,0.1\rangle$ |
| $X_5$ | $\langle s_{3},0.7,0.1\rangle$ | $\langle s_{9.8},0.8,0.1\rangle$ | $\langle s_{7.2},0.7,0.1\rangle$ | $\langle s_{9.1},0.7,0.2\rangle$ | $\langle s_{3.25},0.8,0.2\rangle$ |

**步骤 3** 利用式（7－18）计算 $T'_{ij}$ 的值（$i=1$，2，…，5；$j=1$，2，…，5）：

$$T'=\begin{bmatrix} 1 & 0.2813 & 0.2205 & 0.0893 & 0.0627 \\ 1 & 0.4463 & 0.3187 & 0.1219 & 0.0887 \\ 1 & 0.3600 & 0.2822 & 0.1295 & 0.0758 \\ 1 & 0.1575 & 0.1191 & 0.0563 & 0.0329 \\ 1 & 0.2400 & 0.1999 & 0.1152 & 0.0786 \end{bmatrix}$$

**步骤 4** 利用 ILHPWA 算子，即式（7－19）对决策矩阵 $\bar{\boldsymbol{R}}'=(\bar{\beta}'_{ij})_{5\times5}$ 中第 $i$ 行的直觉语言准则值进行加权集结，得到方案 $X_i$ 的综合评价值 $\bar{\beta}_i$（$i=1$，2，…，5）：

$\bar{\beta}_1=\langle s_{8.5574}$，0.7504，0.1900$\rangle$，$\bar{\beta}_2=\langle s_{11.7151}$，0.7876，0.1030$\rangle$，

$\bar{\beta}_3=\langle s_{10.6611}$，0.7152，0.1095$\rangle$，$\bar{\beta}_4=\langle s_{4.8172}$，0.7234，0.1623$\rangle$，

$\bar{\beta}_2=\langle s_{8.0948}$，0.7322，0.1161$\rangle$

**步骤 5** 利用式（7－21）计算 $\bar{\beta}_i$ 的记分值 $\bar{h}(\bar{\beta}_i)$（$i=1$，2，…，5）：

$$\bar{h}(\bar{\beta}_1)=0.4451,\ \bar{h}(\bar{\beta}_2)=0.6579,\ \bar{h}(\bar{\beta}_3)=0.5706,$$
$$\bar{h}(\bar{\beta}_4)=0.2507,\ \bar{h}(\bar{\beta}_5)=0.4361$$

因此

$$\bar{h}(\bar{\beta}_2)>\bar{h}(\bar{\beta}_3)>\bar{h}(\bar{\beta}_1)>\bar{h}(\bar{\beta}_5)>\bar{h}(\bar{\beta}_4)$$

**步骤 6** 根据定义 2—5，利用 $\bar{h}(\bar{\beta}_i)$（$i=1$，2，…，5）对方案 $X_i$（$i=1$，2，…，5）进行排序：

$$X_2 \succ X_3 \succ X_1 \succ X_5 \succ X_4$$

所以，最优方案为 $X_2$。

假设该顾客应用语言短语集 $\bar{S}_2$ 对 5 种车型进行评价，则车型 $X_i$（$i=1$，2，…，5）在准则 $C_j$（$j=1$，2，…，5）下的直觉语言特征信息可用决策矩阵 $\tilde{\boldsymbol{R}}=(\tilde{\beta}_{ij})_{5\times5}$ 表示，见表 2—3。

下面利用 ILHPWG 算子进行决策，具体步骤如下：

**步骤 1** 利用式（2—18）对决策矩阵 $\tilde{\boldsymbol{R}}=(\tilde{\beta}_{ij})_{5\times5}$ 进行规范化处理，得到决策矩阵 $\bar{\tilde{\boldsymbol{R}}}=(\bar{\tilde{\beta}}_{ij})_{5\times5}$，见表 2—4。

**步骤 2** 利用 $\bar{\beta}'_{ij}=(\bar{\beta}_{ij})^{nw_j}$ 对直觉语言数 $\bar{\beta}_{ij}$ 进行加权（$i=1$，2，…，5；$j=1$，2，…，5），得到加权的规范化决策矩阵 $\bar{\tilde{\boldsymbol{R}}}'=(\bar{\tilde{\beta}}'_{ij})_{5\times5}$，见表 7—8。

**表 7—8 加权的规范化决策矩阵 $\bar{\tilde{\boldsymbol{R}}}'=(\bar{\tilde{\beta}}'_{ij})_{5\times5}$**

| | $C_1$ | $C_2$ | $C_3$ | $C_4$ | $C_5$ |
|---|---|---|---|---|---|
| $X_1$ | $\langle s_{1.682}, 0.765, 0.154\rangle$ | $\langle s_{6.964}, 0.732, 0.268\rangle$ | $\langle s_{2.688}, 0.725, 0.182\rangle$ | $\langle s_{4.171}, 0.872, 0.128\rangle$ | $\langle s_{1.000}, 0.865, 0.066\rangle$ |
| $X_2$ | $\langle s_{2.828}, 0.846, 0.076\rangle$ | $\langle s_{4.656}, 0.732, 0.137\rangle$ | $\langle s_{1.866}, 0.818, 0.090\rangle$ | $\langle s_{6.063}, 0.629, 0.128\rangle$ | $\langle s_{0.637}, 0.717, 0.207\rangle$ |
| $X_3$ | $\langle s_{2.280}, 0.765, 0.076\rangle$ | $\langle s_{6.964}, 0.607, 0.137\rangle$ | $\langle s_{2.688}, 0.818, 0.090\rangle$ | $\langle s_{4.171}, 0.629, 0.252\rangle$ | $\langle s_{0.490}, 0.865, 0.066\rangle$ |
| $X_4$ | $\langle s_{0.595}, 0.682, 0.154\rangle$ | $\langle s_{4.656}, 0.863, 0.137\rangle$ | $\langle s_{3.482}, 0.725, 0.182\rangle$ | $\langle s_{2.462}, 0.872, 0.128\rangle$ | $\langle s_{2.042}, 0.793, 0.066\rangle$ |
| $X_5$ | $\langle s_{1.000}, 0.765, 0.076\rangle$ | $\langle s_{6.964}, 0.732, 0.137\rangle$ | $\langle s_{4.257}, 0.725, 0.090\rangle$ | $\langle s_{6.063}, 0.629, 0.252\rangle$ | $\langle s_{1.569}, 0.865, 0.135\rangle$ |

**步骤 3** 利用式（7—18）计算 $T'_{ij}$ 的值（$i=1$，2，…，5；$j=1$，2，…，5）：

$$T'=\begin{bmatrix}1 & 0.1355 & 0.0690 & 0.0143 & 0.0052\\ 1 & 0.2503 & 0.0929 & 0.0150 & 0.0068\\ 1 & 0.1925 & 0.0985 & 0.0229 & 0.0066\\ 1 & 0.0454 & 0.0182 & 0.0049 & 0.0011\\ 1 & 0.0845 & 0.0469 & 0.0163 & 0.0068\end{bmatrix}$$

**步骤 4** 利用 ILHPWG 算子，即式（7—20）对决策矩阵$\bar{\bar{\boldsymbol{R}}}'=(\bar{\bar{\beta}}'_{ij})_{5\times5}$中第 $i$ 行的直觉语言准则值进行加权集结，得到方案 $X_i$ 的综合评价值$\bar{\bar{\beta}}_i$（$i=1,2,\cdots,5$）：

$\bar{\bar{\beta}}_1=\langle s_{2.3907},0.7155,0.1910\rangle$，$\bar{\bar{\beta}}_2=\langle s_{4.5112},0.7608,0.1127\rangle$，

$\bar{\bar{\beta}}_3=\langle s_{3.7545},0.6737,0.1082\rangle$，$\bar{\bar{\beta}}_4=\langle s_{0.6557},0.6726,0.1604\rangle$，

$\bar{\bar{\beta}}_5=\langle s_{1.3027},0.7279,0.0926\rangle$

**步骤 5** 利用式（7—21）计算$\bar{\beta}_i$ 的记分值$h(\bar{\beta}_i)$（$i=1,2,\cdots,5$）：

$$h(\bar{\bar{\beta}}_1)=0.3645,\ h(\bar{\bar{\beta}}_2)=0.7435,\ h(\bar{\beta}_3)=0.5878,$$
$$h(\bar{\bar{\beta}}_4)=0.0992,\ h(\bar{\bar{\beta}}_5)=0.2130$$

因此

$$h(\bar{\bar{\beta}}_2)>h(\bar{\bar{\beta}}_3)>h(\bar{\bar{\beta}}_1)>h(\bar{\bar{\beta}}_5)>h(\tilde{\beta}_4)$$

**步骤 6** 根据定义 2—5，利用$h(\bar{\beta}_i)$（$i=1,2,\cdots,5$）的值对方案 $X_i$（$i=1,2,\cdots,5$）进行排序：

$$X_2\succ X_3\succ X_1\succ X_5\succ X_4$$

所以，最优方案也为 $X_2$。

将例 7—2 与例 2—5 进行比较可知，方案排序结果不同，原因在于例 2—5虽考虑了准则的重要性程度，但没有考虑准则的优先级别，而例 7—2 不仅考虑了准则的重要性程度，而且考虑了准则的优先级别。在例 7—2 中，为了反映准则的重要性程度，首先根据准则的重要性程度对直觉语言准则值进行加权，然后利用 ILHPWA 算子和 ILHPWG 算子对加权的直觉语言准则值进行集结。ILHPWA 算子和 ILHPWG 算子的共同特点是：既反映了准则的优先级别，又反映了直觉语言数据本身的重要性程度。

## 7.4 本章小结

本章首先针对准则具有优先级别的直觉语言多准则决策问题，定义了几

种直觉语言优先集结算子，包括 ILPWA 算子和 ILPWG 算子，并基于这两种算子，提出了一种既考虑准则之间具有优先级别又考虑决策者之间具有优先级别的多准则群决策方法。实例分析可知，在解决准则值为直觉语言数而准则之间和决策者之间均具有优先级别的多准则群决策问题时，ILPWA 算子和 ILPWG 算子是有效的工具。这两种算子与常规的直觉语言集结算子相比，其优点在于集结决策信息时不仅考虑了准则值以直觉语言数的形式表达，而且考虑了准则之间和决策者之间优先水平的存在，更符合客观实际。如果准则之间或决策者之间处于同一优先水平，则所提出的两种算子退化为常规的直觉语言集结算子。进一步，考虑到 ILPWA 算子和 ILPWG 算子仅根据准则的优先级别进行加权集结，忽视了直觉语言数据本身的重要性程度，而 ILWAA 算子和 ILWGA 算子仅根据直觉语言数据本身的重要性程度进行加权集结，忽略了准则之间的优先级别，它们的应用范围均有限，故本章又将这些算子进行拓展，提出了两种直觉语言混合优先集结算子，包括 ILHPWA 算子和 ILHPWG 算子，并基于这两种算子，提出了一种既考虑准则之间具有优先级别又考虑直觉语言数据本身重要性的多准则决策方法。ILHPWA 算子同时拓展了 ILPWA 算子和 ILWAA 算子，ILHPWG 算子同时拓展了 ILPWG 算子和 ILWGA 算子，既反映了准则之间的优先级别，又反映了直觉语言数据本身的重要性程度。

需要指出的是：(1) 在现实中，准则之间或/和决策者之间具有优先级别的多准则决策问题大量存在，如人们购房时一般优先考虑房子与工作单位的距离，供应链管理中一般优先考虑价格，企业管理决策中一把手具有最高级别的优先权，等等，故本章提出的几种优先算子具有重要的实际应用价值。(2) 在准则之间具有优先级别的环境下集结直觉语言数据信息时，如果决策者喜欢用加性语言短语集给出评价值，则宜采用 ILPWA 算子和 ILHPWA 算子；如果决策者喜欢用积性语言短语集给出评价值，则宜采用 ILPWG 算子和 ILHPWG 算子。(3) 在 ILPWA 算子、ILPWG 算子、ILHPWA 算子和 ILHPWG 算子中，其实隐含着准则值在直觉语言数内是服从均匀分布的。从第 5 章知道，针对不同评价对象的多准则决策问题，准则值在直觉语言数内还有可能服从正态分布和对数正态分布，对于这些情形，均可定义基于正态直觉语言数或对数正态直觉语言数的优先集结算子。另外，将直觉语言数转化为二元联系数后，也可定义相应的优先集结算子。限于篇幅，本章不再探讨。

# 8 结论与展望

在经济、管理、军事和工程设计等诸多领域中，都存在着大量的语言多准则决策问题和直觉模糊多准则决策问题，其相关理论、方法及应用的研究均受到了广泛关注，且取得了丰硕成果。直觉语言数作为语言标度在直觉模糊集上的拓展，能同时刻画和描述决策者给出的语言评价值及其对该评价值的信心水平和犹豫程度，能在一定程度上克服语言标度和直觉模糊集在表达决策信息时的局限性，能更好地处理实际决策问题中的不确定性。目前，对于基于直觉语言信息的多准则决策问题的研究才刚刚起步，尚缺乏有效的决策模型和方法，不能满足实际需要。为此，本书对该类问题进行了系统深入的探究。

## 8.1 主要工作和创新点

本书对准则值为直觉语言数的多准则决策问题进行了系统深入的探究，所做的主要工作和创新点有以下几个方面。

(1) 对直觉语言数隐含的本质特征进行了分析，认为针对不同类型评价对象的直觉语言多准则决策问题，其实际准则值在直觉语言数内服从一定的概率分布，并认为这种分布可能为均匀分布、正态分布和对数正态分布。因此，本书分别对准则值在直觉语言数内服从均匀分布、正态分布和对数正态分布的多准则决策问题进行了探究，以适应不同类型评价对象的直觉语言多准则决策问题，满足实际需要。

(2) 定义了新的直觉语言数的记分函数和精确函数，给出了一种对直觉语言数进行比较和排序的方法，定义了几种新的直觉语言算术集结算子和直觉语言几何集结算子，包括 ILOWA 算子、ILHA 算子、ILOWG 算子和 IL-HG 算子，建立了这些算子的优良性质，并在此基础上提出了一种基于 IL-

HA 算子（或 ILHG 算子）的直觉语言多准则决策方法和一种基于 ILHA 算子和 ILWAA 算子（或 ILHG 算子和 ILWGA 算子）的直觉语言多准则群决策方法。在所提出的方法中，ILHA 算子和 ILHG 算子起着关键作用，具有突出的优点：①两种算子均不仅考虑了直觉语言数据本身的重要性程度，而且考虑了这些数据所处位置的重要性程度；②两种算子均能通过对评价过高或过低的数据赋予相对较小的权重，一定程度上减小或消除不公正因素的影响，增强决策结果的合理性；③ILHA 算子侧重于强调各数据的整体影响或侧重于强调专家群体的作用，而 ILHG 算子则侧重于强调单个数据的作用或侧重于突出单个专家的作用，其侧重点各不相同，可供决策者在实际决策中选用。

(3) 定义了两个直觉语言数之间的距离测度，在此基础上，利用 VIKOR 方法的基本原理，提出了一种基于拓展 VIKOR 的直觉语言多准则群决策方法，并与基于拓展 TOPSIS 的直觉语言多准则群决策方法进行了比较。VIKOR 方法引入折衷系数，既考虑了群体效用的最大化，又考虑了个体遗憾的最小化，还考虑了决策者的主观偏好，能克服 TOPSIS 方法、ELECTRE 方法和 PROMETHEE 方法的一些不足，有助于增强决策结果的有效性。

(4) 利用二元联系数对准则值为直觉语言数而准则权重信息不完全确定的多准则群决策问题进行了探究。提出了将直觉语言数转化为二元联系数的方法，并针对准则值为直觉语言数而准则权重信息不完全确定的多准则群决策问题，提出了两种基于二元联系数的直觉语言多准则群决策方法。在所提出的方法中，针对二元联系数信息的集结问题，重新定义了二元联系数的加性运算法则，给出了几种二元联系数算术集结算子和二元联系数几何集结算子，包括 BCNWAA 算子、BCNOWA 算子、BCNHA 算子、BCNWG 算子、BCNOWG 算子和 BCNHG 算子；针对准则权重信息不完全确定的问题，利用二元联系数准则值的方差和准则权重的随机性，建立了两个优化模型以确定最优准则权重。两种方法均既能适应准则值为直觉语言数的多准则决策情形，又能满足决策者给出不完全确定信息的准则权重的要求，更符合决策的实际情况。

(5) 对准则值在直觉语言数内服从正态分布的直觉语言多准则决策问题进行了探究。定义了正态直觉语言数的有关概念，给出了几种正态直觉语言数集结算子，包括 NILWAA 算子、NILOWA 算子和 NILHA 算子，进而提出了一种准则值为正态直觉语言数而准则权重信息不完全确定的多准则群决策方法。所提出的方法利用 NILWAA 算子和 NILHA 算子集结正态直觉语言数信息，利用正态直觉语言数准则值的方差建立优化模型求解最优准则权重。由于正态分布是一种很常见又很重要的分布，具有普适性，故所提出的模型和方法具有广泛的实际应用价值。

（6）对准则值在直觉语言数内服从对数正态分布的多准则决策问题进行了探究。定义了对数正态直觉语言数的有关概念，给出了几种对数正态直觉语言数加权几何算子，包括 LNILWG 算子和 DLNILWG 算子，并相应提出了一种准则值为对数正态直觉语言数而数据信息来自不同时期的动态多准则决策方法。所提出的方法既考虑了实际准则值在直觉语言数内服从对数正态分布的情况，又考虑了数据信息可能来自不同时期的情况，可为决策者对相关实际决策问题进行分析提供可供借鉴的思路与依据。

（7）针对准则具有期望水平的直觉语言多准则决策问题，给出了两种基于行为决策理论的分析方法。基于后悔理论的直觉语言多准则决策方法考虑了决策者后悔规避的心理行为特征，将准则期望水平作为参照点，给出了准则值的效用值和后悔值的计算公式，进而通过计算方案的综合感知价值来确定方案排序结果；基于前景理论的直觉语言多准则决策方法考虑了决策者损失规避的心理行为特征，同样将准则期望水平作为参照点，给出了准则值相对于参照点的益损值和前景价值的计算公式，进而通过计算方案的综合前景价值来确定方案排序结果。由于后悔理论不需要决策者给出参照点的信息，计算公式中涉及的参数较少，且计算相对比较简单，故后悔理论在实际应用中比前景理论更具有优势。但是，两种方法思路清晰，均考虑了决策者的认知局限、主观心理以及日益复杂的环境对决策者的心理影响等诸多因素，使得在它们的基础上进行的决策更符合客观实际。

（8）对准则具有优先级别的直觉语言多准则决策问题进行了探究。定义了几种直觉语言优先集结算子，包括 ILPWA 算子和 ILPWG 算子，并基于这两种算子，提出了一种既考虑准则之间具有优先级别又考虑决策者之间具有优先级别的多准则群决策方法。进一步，考虑到 ILPWA 算子和 ILPWG 算子仅根据准则的优先级别进行加权集结，而 ILWAA 算子和 ILWGA 算子仅根据直觉语言数据本身的重要性程度进行加权集结，应用范围均存在局限，故将这些算子进行拓展，提出了两种直觉语言混合优先集结算子，包括 ILHPWA 算子和 ILHPWG 算子，并在此基础上，提出了一种既考虑准则之间具有优先级别又考虑直觉语言数据本身重要性的多准则决策方法。由于现实中准则之间或/和决策者之间具有优先级别的多准则决策问题大量存在，因而所提出的决策方法具有重要的实际应用价值。

## 8.2 展望

本书对基于直觉语言信息的多准则决策问题进行了系统深入的探究，虽然取得了一些有价值的成果，但还有许多问题需要进一步完善：

（1）将直觉语言数转化为二元联系数，然后利用二元联系数处理直觉语言多准则决策问题是一种好的途径，但本书未利用二元联系数处理准则具有期望水平的直觉语言多准则决策问题和准则具有优先级别的直觉语言多准则决策问题，有待进一步研究。

（2）关于准则值在直觉语言数内服从正态分布和对数正态分布的情形，均没有对准则具有优先级别的直觉语言多准则决策问题进行研究，但这是一个值得关注的主题。

（3）本书所考虑的都是准则之间相互独立的直觉语言多准则决策问题，但实际决策中对于准则关联的情形难以避免，故对于准则具有关联的直觉语言多准则决策问题需要进一步研究。

（4）本书中的准则权重信息为确知或不完全确定的形式，但都是以数字的形式给出，而在实际决策中，以语言短语的形式给出准则权重更为方便，故对准则权重信息以语言或直觉语言形式给出的直觉语言多准则决策问题也需要进一步研究。

（5）级别优先序方法是一种经典的多准则决策方法，应该可以用于解决直觉语言多准则决策问题，但如何定义直觉语言集之间的优先关系，并在此基础上建立方案间的级别高关系，进而提出相应的多准则决策方法，值得进一步研究。

# 参考文献

[1] 陈珽. 决策分析 [M]. 北京：科学出版社，1987.

[2] Hwang C L，Yoon K. Multiple Attribute Decision Making：Methods and Applications [M]. Berlin：Springer-Verlag，1981.

[3] Cochrane J L，Zeleny M. Multiple Criteria Decision Making [M]. Columbia：University of South Carolina Press，1973.

[4] 岳超源. 决策理论与方法 [M]. 北京：科学出版社，2003.

[5] Figueira J，Greco S，Ehrgott M. Multiple Criteria Decision Analysis：State of the Art Surveys [M]. Boston：Springer，2005.

[6] 徐玖平，吴巍. 多属性决策的理论与方法 [M]. 北京：清华大学出版社，2006.

[7] Chen S J，Hwang C L. Fuzzy Multiple Attribute Decision Making：Methods and Applications [M]. Berlin：Springer-Verlag，1992.

[8] Xu Z S. Uncertain Multi-Attribute Decision Making：Methods and Applications [M]. Berlin，Heidelberg：Springer-Verlag，2014.

[9] Xu Z S，Cai X Q. Intuitionistic Fuzzy Information Aggregation：Theory and Applications [M]. New York：Springer-Verlag，2012.

[10] 李荣钧. 模糊多准则决策理论与应用 [M]. 北京：科学出版社，2002.

[11] 李登峰. 直觉模糊集决策与对策分析方法 [M]. 北京：国防工业出版社，2012.

[12] 卫贵武. 基于模糊信息的多属性决策理论与方法 [M]. 北京：中国经济出版社，2010.

[13] 尤天慧，张尧，樊治平. 信息不完全确定的多指标决策理论与方法 [M]. 北京：科学出版社，2010.

[14] 周晓光，谭春桥，张强. 基于 Vague 集的决策理论与方法 [M]. 北京：科学出版社，2009.

[15] Xu Z S. Linguistic Decision Making：Theories and Methods [M]. Beijing：Science Press，2012.

[16] Zadeh L A. Fuzzy sets [J]. Information and Control，1965，8 (3)：338—356.

[17] Zadeh L A. The concept of a linguistic variable and its application to approximate reasoning. Part 1 [J]. Information Sciences，1975，8 (3)：199—249.

[18] Herrera F，Herrera-Viedma E，Verdegay J L. A model of consensus in group decision making under linguistic assessments [J]. Fuzzy Sets and Systems，1996，78 (1)：73—87.

[19] Herrera F，Herrera-Viedma E，Verdegay J L. A rational consensus model in group decision making under linguistic assessments [J]. Fuzzy Sets and Systems，1997，88 (1)：31—49.

[20] Martinez L，Ruan D，Herrera F. Computing with words in decision support systems：an overview on models and applications [J]. International Journal of Computational Intelligence Systems，2010，3 (4)：382—395.

[21] Meng D，Pei Z. On weighted unbalanced linguistic aggregation operators in group decision making [J]. Information Sciences，2013，223 (2)：31—41.

[22] Lan J B，Sun Q，Chen Q M. Group decision making based on induced uncertain linguistic OWA operators [J]. Decision Support Systems，2013，55 (1)：296—303.

[23] Peng B，Ye C M，Zeng S Z. Uncertain pure linguistic hybrid harmonic averaging operator and generalized interval aggregation operator based approach to group decision making [J]. Knowledge-Based Systems，2012，36 (12)：175—181.

[24] Xu Y J，Da Q L. A method for multiple attribute decision making with

incomplete weight information under uncertain linguistic environment [J]. Knowledge-Based Systems, 2008, 21 (8): 837—841.

[25] Tang Y C, Zheng J C. Linguistic modeling based on semantic similarity relation among linguistic labels [J]. Fuzzy Sets and Systems, 2006, 157 (12): 1662—1673.

[26] Ben-Arieh D, Chen Z F. Linguistic-labels aggregation and consensus measure for autocratic decision making using group recommendations [J]. IEEE Transactions on Systems, Man and Cybernetics, Part A: Systems and Humans, 2006, 36 (3): 558—568.

[27] Herrera F, Herrera-Viedma E. Linguistic decision analysis steps: for solving decision problems under linguistic information [J]. Fuzzy Sets and Systems, 2000, 115 (1): 67—82.

[28] Merigó J M, Gil-Lafuente A M. Induced 2-tuple linguistic generalized aggregation operators and their application in decision-making [J]. Information Sciences, 2013, 236 (7): 1—16.

[29] Merigó J M, Casanovas M, Martínez L. Linguistic aggregation operators for linguistic decision making based on the Dempster-Shafer theory of evidence [J]. International Journal of Uncertainty, Fuzziness and Knowledge-Based Systems, 2010, 18 (3): 287—304.

[30] Xu Z S. A method for multiple attribute decision making with incomplete weight information in linguistic setting [J]. Knowledge-Based Systems, 2007, 20 (8): 719—725.

[31] Wei G W. Some harmonic aggregation operators with 2-tuple linguistic assessment information and their application to multiple attribute group decision making [J]. International Journal of Uncertainty, Fuzziness and Knowledge-Based Systems, 2011, 19 (6): 977—998.

[32] Zhou L G, Chen H Y. The induced linguistic continuous ordered weighted geometric operator and its application to group decision making [J]. Computers & Industrial Engineering, 2013, 66 (2): 222—232.

[33] 王欣荣，樊治平. 一种基于语言评价信息的多指标群决策方法 [J]. 系

统工程学报，2003，18 (2)：173—176.

[34] 王坚强. 一种多准则纯语言群决策方法 [J]. 控制与决策，2007，22 (5)：545—549.

[35] 王坚强. 模糊多准则决策方法研究综述 [J]. 控制与决策，2008，23 (6)：601—606.

[36] Atanassov K T. Intuitionistic fuzzy sets [J]. Fuzzy Sets and Systems，1986，20 (1)：87—96.

[37] Gau W L，Buehrer D J. Vague sets [J]. IEEE Trans on Systems Man，Cybernetics，1993，23 (2)：610—614.

[38] Bustince H，Burillo P. Vague sets are intuitionistic fuzzy sets [J]. Fuzzy Sets and Systems，1996，79 (3)：403—405.

[39] Hong D H，Choi C H. Multicriteria fuzzy decision-making problems based on vague set theory [J]. Fuzzy Sets and Systems，2000，114：103—113.

[40] Xu Z S. Intuitionistic fuzzy aggregation operators [J]. IEEE Transactions on Fuzzy Systems，2007，15 (6)：1179—1187.

[41] Grzegorzewski P. Distances between intuitionistic fuzzy sets and/or interval-valued fuzzy sets based on the Hausdorff metric [J]. Fuzzy Sets and Systems，2004，148 (2)：319—328.

[42] Xu Z S，Chen J. An overview of distance and similarity measures of intuitionistic fuzzy sets [J]. International Journal of Uncertainty，Fuzziness and Knowledge-Based Systems，2008，16 (4)：529—555.

[43] Xu Z S，Chen J，Wu J J. Clustering algorithm for intuitionistic fuzzy sets [J]. Information Sciences，2008，178 (19)：3775—3790.

[44] Szmidt E，Kacprzyk J. Distances between intuitionistic fuzzy sets [J]. Fuzzy Sets and Systems 2000，114 (3)：505—518.

[45] Vlachos I K，Sergiadis G D. Intuitionistic fuzzy information—Applications to pattern recognition [J]. Pattern Recognition Letters，2007，28 (2)：197—206.

[46] Yue Z L，Jia Y Y，Ye G D. An approach for multiple attribute group

decision making based on intuitionistic fuzzy information [J]. International Journal of Uncertainty Fuzziness and Knowledge-Based Systems, 2009, 17 (3): 317—332.

[47] Tao F, Zhao D, Zhang L. Resource service optimal-selection based on intuitionistic fuzzy set and non—functionality QoS in manufacturing grid system [J]. Knowledge and Information Systems, 2009, 25 (1): 185—208.

[48] 万树平. 直觉模糊多属性决策方法综述 [J]. 控制与决策, 2010, 25 (11): 1601—1606.

[49] Yu D J. Intuitionistic fuzzy geometric Heronian mean aggregation operators [J]. Applied Soft Computing, 2013, 13 (2): 1235—1246.

[50] Wang W, Liu X. Intuitionistic fuzzy information aggregation using einstein operations [J]. IEEE Transactions on Fuzzy Systems, 2012, 20 (5): 923—938.

[51] Wang W, Liu X. Intuitionistic fuzzy geometric aggregation operators based on einstein operations [J]. International Journal of Intelligent Systems, 2011, 26 (11): 1049—1075.

[52] Tan C Q. Generalized intuitionistic fuzzy geometric aggregation operator and its application to multi-criteria group decision making [J]. Soft Computing, 2011, 15 (5): 867—876.

[53] Beliakov G, Bustince H, Goswami D P. On averaging operators for Atanassov's intuitionistic fuzzy sets [J]. Information Sciences, 2011, 181 (6): 1116—1124.

[54] Zhao H, Xu Z S, Ni M F. Generalized aggregation operators for intuitionistic fuzzy sets [J]. International Journal of Intelligent Systems, 2010, 25 (1): 1—30.

[55] He Y, Chen H, Zhou L. Intuitionistic fuzzy geometric interaction averaging operators and their application to multi-criteria decision making [J]. Information Sciences, 2014, 259 (3): 142—159.

[56] Liu H-W. New similarity measures between intuitionistic fuzzy sets and

between elements [J]. Mathematical and Computer Modelling, 2005, 42 (1—2): 61—70.

[57] Wang J Q, Zhang H Y. Multicriteria decision-making approach based on atanassov's intuitionistic fuzzy sets with incomplete certain information on weights [J]. IEEE Transactions on Fuzzy Systems, 2013, 21 (3): 510—515.

[58] Zhao X F, Wei G W. Some intuitionistic fuzzy Einstein hybrid aggregation operators and their application to multiple attribute decision making [J]. Knowledge-Based Systems, 2013, 37: 472—479.

[59] Xia M M, Xu Z S, Zhu B. Some issues on intuitionistic fuzzy aggregation operators based on Archimedean t-conorm and t-norm [J]. Knowledge-Based Systems, 2012, 31: 78—88.

[60] Yu X H, Xu Z S. Prioritized intuitionistic fuzzy aggregation operators [J]. Information Fusion, 2013, 14 (1): 108—116.

[61] Xu Y J, Wang H M. The induced generalized aggregation operators for intuitionistic fuzzy sets and their application in group decision making [J]. Applied Soft Computing, 2012, 12 (3): 1168—1179.

[62] Ye J. Multicriteria decision-making method using the Dice similarity measure based on the reduct intuitionistic fuzzy sets of interval-valued intuitionistic fuzzy sets [J]. Applied Mathematical Modelling, 2012, 36 (9): 4466—4472.

[63] Zhang Z M. Generalized Atanassov's intuitionistic fuzzy power geometric operators and their application to multiple attribute group decision making [J]. Information Fusion, 2013, 14 (4): 460—486.

[64] 王坚强，李寒波. 基于直觉语言集结算子的多准则决策方法 [J]. 控制与决策，2010，25 (10)：1571—1574，1584.

[65] 徐泽水. 基于语言信息的决策理论与方法 [M]. 北京：科学出版社，2008.

[66] Bordogna G, Fedrizzi M, Passi G. A linguistic modeling of consensus in group decision making based on OWA operator [J]. IEEE Transactions

on Systems, Man, and Cybernetics-part A, 1997, 27: 126—132.

[67] Herrera F, Martínez L. A 2-tuple fuzzy linguistic representation model for computing with words [J]. IEEE Transactions on Fuzzy Systems, 2000, 8 (6): 746—752.

[68] Herrera F, Martínez L. A model based on linguistic 2-tuples for dealing with multigranular hierarchical linguistic contexts in multi-expert decision-making [J]. Systems, Man, and Cybernetics, Part B: Cybernetics, IEEE Transactions on, 2001, 31 (2): 227—234.

[69] Herrera-Viedma E, Cordón O, Luque M. A model of fuzzy linguistic IRS based on multi-granular linguistic information [J]. International Journal of Approximate Reasoning, 2003, 34 (2): 221—239.

[70] Herrera-Viedma E, Herrera F, Martínez L. Incorporating filtering techniques in a fuzzy linguistic multi-agent model for information gathering on the web [J]. Fuzzy Sets and Systems, 2004, 148 (1): 61—83.

[71] 徐泽水. 不确定多属性决策方法及应用 [M]. 北京: 清华大学出版社, 2004.

[72] 戴跃强, 徐泽水, 李琰. 语言信息评估新标度及其应用 [J]. 中国管理科学, 2008, 16 (2): 145—149.

[73] Merigó J M, Gil-Lafuente A M, Zhou L G. Induced and linguistic generalized aggregation operators and their application in linguistic group decision making [J]. Group Decision and Negotiation, 2012, 21 (4): 531—549.

[74] Xu Y J, Merigó J M, Wang H M. Linguistic power aggregation operators and their application to multiple attribute group decision making [J]. Applied Mathematical Modelling, 2012, 36 (11): 5427—5444.

[75] Xu Z S. EOWA and EOWG operators for aggregating linguistic labels based on linguistic preference relations [J]. International Journal of Uncertainty, Fuzziness and Knowledge-Based Systems, 2004, 12 (6): 791—810.

[76] Xu Z. Interactive group decision making procedure based on uncertain multiplicative linguistic preference relations [J]. Journal of Systems Engineering and Electronics, 2010, 21 (3): 408—415.

[77] 汤剑，徐泽水，刘守生. 全局非均匀积性语言评估标度 [J]. 模糊系统与数学，2009，23 (5)：99—102.

[78] Xu Z S. A direct approach to group decision making with uncertain additive linguistic preference relations [J]. Fuzzy Optimization and Decision Making, 2006, 5 (1): 21—32.

[79] Xu Z S. Uncertain linguistic aggregation operators based approach to multiple attribute group decision making under uncertain linguistic environment [J]. Information Sciences, 2004, 168 (1—4): 171—184.

[80] Alcalde C, Burusco A, Fuentes-González R. Interval-valued linguistic variables: an application to the L-fuzzy contexts with absent values [J]. International Journal of General Systems, 2010, 39 (3): 255—270.

[81] Xu Z S. Induced uncertain linguistic OWA operators applied to group decision making [J]. Information Fusion, 2006, 7 (2): 231—238.

[82] Xu Z S. An approach based on the uncertain LOWG and induced uncertain LOWG operators to group decision making with uncertain multiplicative linguistic preference relations [J]. Decision Support Systems, 2006, 41 (2): 488—499.

[83] Xu Z S. On generalized induced linguistic aggregation operators [J]. International Journal of General Systems, 2006, 35 (1): 17—28.

[84] Wei G W. Uncertain linguistic hybrid geometric mean operator and its Application to group decision making under uncertain linguistic environment [J]. International Journal of Uncertainty, Fuzziness and Knowledge-Based Systems, 2009, 17 (2): 251—267.

[85] Xu Z S. Decision Making Theories and Methods Based on Linguistic Information [M]. Beijing: Science Press, 2008.

[86] 王坚强，刘淘. 基于综合云的不确定语言多准则群决策方法 [J]. 控制

与决策，2012，27（8）：1185—1190.

[87] 索玮岚. 基于扩展 VIKOR 的不确定语言多属性群决策方法 [J]. 控制与决策，2013，28（9）：1431—1435.

[88] 郝晶晶，朱建军，刘思峰. 基于 Orness 测度的多阶段不确定语言信息优化集结 [J]. 系统工程理论与实践，2013，33（11）：2866—2873.

[89] 张尧，樊治平. 基于风险态度因子的不确定语言多指标决策方法 [J]. 东北大学学报：自然科学版，2011，32（6）：883—886.

[90] 刘培德. 一种基于前景理论的不确定语言变量风险型多属性决策方法 [J]. 控制与决策，2011，26（6）：893—897.

[91] Wei G W. Some generalized aggregating operators with linguistic information and their application to multiple attribute group decision making [J]. Computers & Industrial Engineering，2011，61（1）：32—38.

[92] Wei G W，Zhao X F. Some dependent aggregation operators with 2-tuple linguistic information and their application to multiple attribute group decision making [J]. Expert Systems with Applications，2012，39（5）：5881—5886.

[93] Wei G-W. Extension of TOPSIS method for 2-tuple linguistic multiple attribute group decision making with incomplete weight information [J]. Knowledge and Information Systems，2010，25（3）：623—634.

[94] 王坚强. 一种信息不完全确定的多准则语言群决策方法 [J]. 控制与决策，2007，22（4）：394—398.

[95] 王欣荣，樊治平. 基于二元语义信息处理的一种语言群决策方法 [J]. 管理科学学报，2003，6（5）：1—5.

[96] Martínez L，Herrera F. An overview on the 2-tuple linguistic model for computing with words in decision making：Extensions，applications and challenges [J]. Information Sciences，2012，207：1—18.

[97] Rodriguez R M，Martinez L，Herrera F. Hesitant fuzzy linguistic term sets for decision making [J]. IEEE Transactions on Fuzzy Systems，2012，20（1）：109—119.

[98] Zhang Z M，Wu C. Hesitant fuzzy linguistic aggregation operators and

their applications to multiple attribute group decision making [J]. Journal of Intelligent & Fuzzy Systems, 2014, 26 (5): 2185-2202.

[99] Wei C P, Zhao N, Tang X J. Operators and comparisons of hesitant fuzzy linguistic term sets [J]. IEEE Transactions on Fuzzy Systems, 2014, 22 (3): 575-585.

[100] Rodríguez R M, Martínez L, Herrera F. A group decision making model dealing with comparative linguistic expressions based on hesitant fuzzy linguistic term sets [J]. Information Sciences, 2013, 241: 28-42.

[101] Beg I, Rashid T. TOPSIS for Hesitant Fuzzy Linguistic Term Sets [J]. International Journal of Intelligent Systems, 2013, 28 (12): 1162-1171.

[102] Zhu B, Xu Z S. Consistency measures for hesitant fuzzy linguistic preference relations [J]. IEEE Transactions on Fuzzy Systems, 2014, 22 (1): 35-45.

[103] Yang W E, Wang J Q, Wang X F. An outranking method for multi-criteria decision making with duplex linguistic information [J]. Fuzzy Sets and Systems, 2012, 198: 20-33.

[104] 杨恶恶. 基于双语言信息的多准则决策方法研究 [D]. 长沙：中南大学，2013.

[105] 朱卫东，周光中，杨善林. 基于二维语言评价信息的群体决策方法 [J]. 系统工程，2009，27 (2)：113-118.

[106] Yu X, Xu Z, Liu S. Multicriteria decision making with 2-dimension linguistic aggregation techniques [J]. International Journal of Intelligent Systems, 2012, 27 (6): 539-562.

[107] Liu P D. Some generalized dependent aggregation operators with intuitionistic linguistic numbers and their application to group decision making [J]. Journal of Computer and System Sciences, 2013, 79 (1): 131-143.

[108] 王坚强，王佩. 基于直觉模糊熵的直觉语言多准则决策方法 [J]. 控制

与决策，2012，27 (11)：1694—1698.

[109] Su W H, Li W, Zeng S Z. Atanassov's intuitionistic linguistic ordered weighted averaging distance operator and its application to decision making [J]. Journal of Intelligent & Fuzzy Systems, 2014, 26 (3): 1491—1502.

[110] Wang X F, Wang J Q, Yang W E. Multi-criteria group decision making method based on intuitionistic linguistic aggregation operators [J]. Journal of Intelligent and Fuzzy Systems, 2014, 26 (1): 115—125.

[111] Xu Z S, Da Q L. An overview of operators for aggregating information [J]. International Journal of Intelligent Systems, 2003, 18 (9): 953—969.

[112] Huber G P. Multi-attribute utility models: A review of field and field-like studies [J]. Management Science, 1974, 20 (10): 1393—1402.

[113] Keeney R L, Raiffa H. Decisions with multiple objectives: preferences and value trade-offs [M]. Cambridge: Cambridge University Press, 1993.

[114] Pastijn H, Leysen J. Constructing an outranking relation with ORESTE [J]. Mathematical and Computer Modelling, 1989, 12 (10): 1255—1268.

[115] Roy B. The outranking approach and the foundations of ELECTRE methods [J]. Theory and Decision, 1991, 31 (1): 49—73.

[116] Figueira J R, Greco S, Roy B. An overview of ELECTRE methods and their recent extensions [J]. Journal of Multi—Criteria Decision Analysis, 2013, 20 (1—2): 61—85.

[117] Brans J-P, Vincke P, Mareschal B. How to select and how to rank projects: The PROMETHEE method [J]. European Journal of Operational Research, 1986, 24 (2): 228—238.

[118] Hwang C L, Yoon K. Multiple Attribute Decision Making and Applications [M]. New York: Springer-Verlag, 1981.

[119] Opricovic S, Tzeng G-H. Compromise solution by MCDM methods: A

comparative analysis of VIKOR and TOPSIS [J]. European Journal of Operational Research, 2004, 156 (2): 445—455.

[120] Yager R R. Quantifier guided aggregation using OWA operators [J]. International Journal of Intelligent Systems, 1996, 11 (1): 49—73.

[121] Yager R R. Applications and extensions of OWA aggregations [J]. International Journal of Man-Machine Studies, 1992, 37 (1): 103—122.

[122] Yager R R, Rybalov A. Understanding the median as a fusion operator [J]. International Journal Of General System, 1997, 26 (3): 239—263.

[123] Yager R R. Fusion of ordinal information using weighted median aggregation [J]. International Journal of Approximate Reasoning, 1998, 18 (1—2): 35—52.

[124] Herrera F, Herrera-Viedma E. Aggregation operators for linguistic weighted information [J]. IEEE Transacactions on Systems, Man, and Cybernetics-part A: Systems and Humans, 1997, 27 (5): 646—656.

[125] Delgado M, Verdegay J, Vila M. Linguistic decision-making models [J]. International Journal of Intelligent Systems, 1992, 7 (5): 479—492.

[126] 胡军华，陈晓红，刘咏梅. 基于语言评价和前景理论的多准则决策方法 [J]. 控制与决策，2009，24 (10)：1477—1482.

[127] 徐泽水. 基于模糊语言评估和 GIOWA 算子的多属性群决策方法 [J]. 系统科学与数学，2004，24 (2)：218—224.

[128] Herrera F, Herrera-Viedma E, Martínez L. A fusion approach for managing multi-granularity linguistic term sets in decision making [J]. Fuzzy Sets and Systems, 2000, 114 (1): 43—58.

[129] 刘培德，关忠良. 一种基于语言变量的多属性决策 ELECTRE 方法 [J]. 数学的实践与认识，2011，41 (16)：65—71.

[130] Herrera F, Herrera-Viedma E, Verdegay J L. Direct approach proces-

ses in group decision making using linguistic OWA operators [J]. Fuzzy Sets and Systems, 1996, 79 (2): 175—190.

[131] Delgado M, Verdegay J L, Vila M A. On aggregation operations of linguistic labels [J]. International Journal of Intelligent Systems, 1993, 8 (3): 351—370.

[132] Yager R R. On ordered weighted averaging aggregation operators in multicriteria decision making [J]. IEEE Transactions on Systems, Man, and Cybernetics, 1988, 18 (1): 183—190.

[133] 陈晓红，胡文华，曹裕. 基于梯形模糊数的分层多目标线性规划模型在多属性不确定决策问题中的应用 [J]. 管理工程学报，2013，26 (4): 192—198.

[134] 王绪柱，单静. 模糊量排序综述 [J]. 模糊系统与数学，2002，16 (4): 28—34.

[135] Xu Z S. Linguistic Aggregation Operators: An Overview [C] // Fuzzy sets and their extensions: representation, aggregation and models, Berlin, 2008: 163—181.

[136] Harsanyi J C. Cardinal welfare, individualistic ethics, and interpersonal comparisions of utility [J]. Journal of Political Economy, 1955, 63 (4): 309—321.

[137] Aczél J, Saaty T L. Procedures for synthesizing ratio judgments [J]. Journal of Mathematical Psychology, 1983, 27 (1): 93—102.

[138] Xu Z S, Da Q L. The ordered weighted geometric averaging operators [J]. International Journal of Intelligent Systems, 2002, 17 (7): 709—716.

[139] Xu Z S. A note on linguistic hybrid arithmetic averaging operator in multiple attribute group decision making with linguistic information [J]. Group Decision and Negotiation, 2006, 15 (6): 593—604.

[140] Xu Z S. A method based on linguistic aggregation operators for group decision making with linguistic preference relations [J]. Information Sciences, 2004, 166 (1—4): 19—30.

[141] Merigó J M, Casanovas M. Decision Making with Distance Measures and Linguistic Aggregation Operators [J]. International Journal of Fuzzy Systems, 2010, 12 (3): 190—198.

[142] Merigó J M, Gil-Lafuente A M, Zhou L G. Generalization of the linguistic aggregation operator and its application in decision making [J]. Journal of Systems Engineering and Electronics, 2011, 22 (4): 593—603.

[143] Park J H, Gwak M G, Kwun Y C. Linguistic harmonic mean operators and their applications to group decision making [J]. International Journal of Advanced Manufacturing Technology, 2011, 57 (1—4): 411—419.

[144] Wu Z, Chen Y. The maximizing deviation method for group multiple attribute decision making under linguistic environment [J]. Fuzzy Sets and Systems, 2007, 158 (14): 1608—1617.

[145] 徐泽水. 语言多属性决策的目标规划模型 [J]. 管理科学学报, 2006, 9 (2): 9—17.

[146] Xu Z S. An interactive procedure for linguistic multiple attribute decision making with incomplete weight information [J]. Fuzzy Optimization and Decision Making, 2007, 6 (1): 17—27.

[147] 姜艳萍, 樊治平. 二元语义信息集结算子的性质分析 [J]. 控制与决策, 2003, 18 (6): 754—757.

[148] Wei G W, Zhao X F, Lin R. Some hybrid aggregating operators in linguistic decision making with Dempster-Shafer belief structure [J]. Computers & Industrial Engineering, 2013, 65 (4): 646—651.

[149] Zhao X F, Li Q X, Wei G W. Some prioritized aggregating operators with linguistic information and their application to multiple attribute group decision making [J]. Journal of Intelligent & Fuzzy Systems, 2014, 26 (4): 1619—1630.

[150] 易平涛, 李伟伟, 郭亚军. 二元语义密度算子及其在不确定多属性决策中的应用 [J]. 控制与决策, 2012, 27 (5): 757—760.

[151] Wei G W. Grey relational analysis method for 2-tuple linguistic multiple attribute group decision making with incomplete weight information [J]. Expert Systems with Applications, 2011, 38 (5): 4824—4828.

[152] 张震，郭崇慧. 一种基于二元语义信息处理的多属性群决策方法 [J]. 控制与决策，2011，26 (12)：1881—1885.

[153] Marle F, Gidel T. A multi-criteria decision-making process for project risk management method selection [J]. International Journal of Multi-criteria Decision Making, 2012, 2 (2): 189—223.

[154] Rezaei J, Ortt R. Multi-criteria supplier segmentation using a fuzzy preference relations based AHP [J]. European Journal of Operational Research, 2013, 225 (1): 75—84.

[155] Sun Y-H, Ma J, Fan Z-P. A group decision support approach to evaluate experts for R&D project selection [J]. IEEE Transactions on Engineering Management, 2008, 55 (1): 158—170.

[156] Fan Z-P, Feng B, Sun Y-H. Evaluating knowledge management capability of organizations: a fuzzy linguistic method [J]. Expert Systems with Applications, 2009, 36 (2): 3346—3354.

[157] Chuu S-J. Interactive group decision-making using a fuzzy linguistic approach for evaluating the flexibility in a supply chain [J]. European Journal of Operational Research, 2011, 213 (1): 279—289.

[158] Awasthi A, Chauhan S S, Goyal S. A multi-criteria decision making approach for location planning for urban distribution centers under uncertainty [J]. Mathematical and Computer Modelling, 2011, 53 (1): 98—109.

[159] Gharehgozli A, Rabbani M, Zaerpour N. A comprehensive decision-making structure for acceptance/rejection of incoming orders in make-to-order environments [J]. The International Journal of Advanced Manufacturing Technology, 2008, 39 (9—10): 1016—1032.

[160] Büyüközkan G, Ruan D. Evaluation of software development projects

using a fuzzy multi-criteria decision approach [J]. Mathematics and Computers in Simulation, 2008, 77 (5): 464—475.

[161] Ngan S-C. Decision making with extended fuzzy linguistic computing, with applications to new product development and survey analysis [J]. Expert Systems with Applications, 2011, 38 (11): 14052—14059.

[162] Xu Z S, Yager R R. Some geometric aggregation operators based on intuitionistic fuzzy sets [J]. International Journal of General Systems, 2006, 35 (4): 417—433.

[163] Xia M M, Xu Z S. Generalized point operators for aggregating intuitionistic fuzzy information [J]. International Journal of Intelligent Systems, 2010, 25 (11): 1061—1080.

[164] Xu Z S. Some similarity measures of intuitionistic fuzzy sets and their applications to multiple attribute decision making [J]. Fuzzy Optimization and Decision Making, 2007, 6 (2): 109—121.

[165] Xu Z S. On correlation measures of intuitionistic fuzzy sets [C] // Proceedings of Intelligent Data Engineering and Automated Learning-Ideal 2006, 2006: 16—24.

[166] 魏翠萍，高自海，郭婷婷. 一个基于三角函数的直觉模糊熵公式 [J]. 控制与决策，2012，27 (4)：571—574.

[167] Xu Z S, Hu H. Projection models for intuitionistic fuzzy multiple attribute decision making [J]. International Journal of Information Technology & Decision Making, 2010, 9 (2): 267—280.

[168] Wei G W. GRA method for multiple attribute decision making with incomplete weight information in intuitionistic fuzzy setting [J]. Knowledge-Based Systems, 2010, 23 (3): 243—247.

[169] Dymova L, Sevastjanov P. An interpretation of intuitionistic fuzzy sets in terms of evidence theory: Decision making aspect [J]. Knowledge-Based Systems, 2010, 23 (8): 772—782.

[170] Boran F E, GençS, Kurt M. A multi-criteria intuitionistic fuzzy group

decision making for supplier selection with TOPSIS method [J]. Expert Systems with Applications, 2009, 36 (8): 11363—11368.

[171] Xu Z. A Deviation-Based Approach to Intuitionistic Fuzzy Multiple Attribute Group Decision Making [J]. Group Decision and Negotiation, 2009, 19 (1): 57—76.

[172] Xia M, Xu Z. Entropy/cross entropy-based group decision making under intuitionistic fuzzy environment [J]. Information Fusion, 2012, 13 (1): 31—47.

[173] Li D. Multiattribute decision making models and methods using intuitionistic fuzzy sets [J]. Journal of Computer and System Sciences, 2005, 70 (1): 73—85.

[174] Xu Z S, Xia M M. Induced generalized intuitionistic fuzzy operators [J]. Knowledge-Based Systems, 2011, 24 (2): 197—209.

[175] Tan C Q, Chen X H. Intuitionistic fuzzy Choquet integral operator for multi-criteria decision making [J]. Expert Systems with Applications, 2010, 37 (1): 149—157.

[176] Yu D J. Intuitionistic fuzzy prioritized operators and their application in multi-criteria group decision making [J]. Technological and Economic Development of Economy, 2013, 19 (1): 1—21.

[177] Lin L, Yuan X, Xia Z. Multicriteria fuzzy decision-making methods based on intuitionistic fuzzy sets [J]. Journal of Computer and System Sciences, 2007, 73 (1): 84—88.

[178] Devi K. Extension of VIKOR method in intuitionistic fuzzy environment for robot selection [J]. Expert Systems with Applications, 2011, 38 (11): 14163—14168.

[179] Park J H, Cho H J, Kwun Y C. Extension of the VIKOR method to dynamic intuitionistic fuzzy multiple attribute decision making [J]. Computers & Mathematics with Applications, 2013, 65 (4): 731—744.

[180] Shu M H, Cheng C H, Chang J R. Using intuitionistic fuzzy sets for

fault-tree analysis on printed circuit board assembly [J]. Microelectronics and Reliability, 2006, 46 (12): 2139—2148.

[181] Li D-F. A ratio ranking method of triangular intuitionistic fuzzy numbers and its application to MADM problems [J]. Computers & Mathematics with Applications, 2010, 60 (6): 1557—1570.

[182] Chen Y, Li B. Dynamic multi-attribute decision making model based on triangular intuitionistic fuzzy numbers [J]. Scientia Iranica, 2011, 18 (2): 268—274.

[183] 王坚强，张忠. 基于直觉梯形模糊数的信息不完全确定的多准则决策方法 [J]. 控制与决策，2009，24 (2)：226—230.

[184] Wei G W. Some arithmetic aggregation operators with intuitionistic trapezoidal fuzzy numbers and their application to group decision making [J]. Journal of Computers, 2010, 5 (3): 345—351.

[185] 万树平，董九英. 多属性群决策的直觉梯形模糊数法 [J]. 控制与决策，2010，25 (5)：773—776.

[186] 万树平，张小路，李登峰. 直觉梯形模糊群决策的可能性均值方差方法 [J]. 系统工程学报，2012，27 (6)：782—788.

[187] Wu J, Cao Q W. Same families of geometric aggregation operators with intuitionistic trapezoidal fuzzy numbers [J]. Applied Mathematical Modelling, 2013, 37 (1—2): 318—327.

[188] 王坚强，聂荣荣. 基于直觉梯形模糊信息的多准则群决策方法 [J]. 系统工程理论与实践，2012，32 (8)：1747—1753.

[189] 陈晓红，李喜华. 基于直觉梯形模糊 TOPSIS 的多属性群决策方法 [J]. 控制与决策，2013，28 (9)：1377—1381.

[190] Yu D J. Intuitionistic trapezoidal fuzzy information aggregation methods and their applications to teaching quality evaluation [J]. Journal of Information and Computational Science, 2013, 10 (6): 1861—1869.

[191] Xu Z S. An overview of methods for determining OWA weights [J]. International Journal of Intelligent Systems, 2005, 20 (8): 843—865.

[192] 郭亚军，钟田丽. 兼顾"功能性"与"均衡性"的综合评价方法及应

用［J］. 中国软科学，2001，15（6）：104－106.

［193］王坚强，任剑. 基于WC－OWA算子的随机多准则决策方法［J］. 控制与决策，2007，22（12）：1429－1432.

［194］徐泽水. 区间直觉模糊信息的集成方法及其在决策中的应用［J］. 控制与决策，2007，22（2）：215－219.

［195］Opricovic S. Multicriteria optimization of civil engineering systems［D］. Belgrade：Faculty of Civil Engineering，1998.

［196］Opricovic S，Tzeng G-H. Extended VIKOR method in comparison with outranking methods［J］. European Journal of Operational Research，2007，178（2）：514－529.

［197］Sayadi M K，Heydari M，Shahanaghi K. Extension of VIKOR method for decision making problem with interval numbers［J］. Applied Mathematical Modelling，2009，33（5）：2257－2262.

［198］孙红霞，张强. 区间数型模糊VIKOR方法［J］. 模糊系统与数学，2011，25（5）：122－128.

［199］苏志欣，王理，夏国平. 区间数动态多属性决策的VIKOR扩展方法［J］. 控制与决策，2010，25（6）：836－840.

［200］Sanayei A，Farid Mousavi S，Yazdankhah A. Group decision making process for supplier selection with VIKOR under fuzzy environment［J］. Expert Systems with Applications，2010，37（1）：24－30.

［201］Liu H-C，Liu L，Liu N. Risk evaluation in failure mode and effects analysis with extended VIKOR method under fuzzy environment［J］. Expert Systems with Applications，2012，39（17）：12926－12934.

［202］Tan C，Chen X. Interval-valued intuitionistic fuzzy multicriteria group decision making based on VIKOR and choquet integral［J］. Journal of Applied Mathematics，2013，2013：Article ID 656879，16 pages，http：//dx. doi. org/10. 1155/2013/656879.

［203］Zhao X Y，Tang S A，Yang S L. Extended VIKOR method based on cross-entropy for interval-valued intuitionistic fuzzy multiple criteria group decision making［J］. Journal of Intelligent & Fuzzy Systems，

2013，25 (4)：1053—1066.

[204] Zhang N，Wei G W. Extension of VIKOR method for decision making problem based on hesitant fuzzy set [J]. Applied Mathematical Modelling，2013，37 (7)：4938—4947.

[205] Liao H，Xu Z. A VIKOR-based method for hesitant fuzzy multi-criteria decision making [J]. Fuzzy Optimization and Decision Making，2013，12 (4)：373—392.

[206] 索玮岚，樊治平. 混合型多属性决策的 E—VIKOR 方法 [J]. 系统工程，2010，28 (4)：79—83.

[207] Opricovic S. Fuzzy VIKOR with an application to water resources planning [J]. Expert Systems with Applications，2011，38 (10)：12983—12990.

[208] Yu P L. A Class of Solutions for Group Decision Problems [J]. Management Science，1973，19 (8)：936—946.

[209] 徐泽水，孙在东. 一类不确定型多属性决策问题的排序方法 [J]. 管理科学学报，2002，5 (3)：35—39.

[210] Wong B K，Lai V S. A survey of the application of fuzzy set theory in production and operations management：1998—2009 [J]. International Journal of Production Economics，2011，129 (1)：157—168.

[211] Bass S M，Kwakernaak H. Rating and ranking of multiple aspect alternatives using fuzzy sets [J]. Automatica，1977，13 (1)：47—58.

[212] Kwakernaak H. An algorithm for rating multiple aspect alternatives using fuzzy sets [J]. Automatica，1979，15 (5)：615—616.

[213] Dubois D，Prade H. Comment on tolerance analysis using fuzzy sets and a procedure for multiple aspect decision making [J]. International Journal of System Science，1978，9 (3)：357—360.

[214] Dubois D，Prade H. A review of fuzzy set aggregation connectives [J]. Information Science，1985，36 (1/2)：85—121.

[215] Bonissone P P. A pattern recognition approach to the problem of linguistic approximation in system analysis [C] // Proceedings of the

IEEE International Conference on Cybernetics and Society, New York, USA, 1979: 793—798.
[216] 徐泽水. 基于期望值的模糊多属性决策法及其应用 [J]. 系统工程理论与实践, 2004, 24 (1): 109—113.
[217] 赵克勤. 集对分析及其初步应用 [M]. 杭州: 浙江科学技术出版社, 2000.
[218] 赵克勤. 联系数及其应用 [J]. 吉林师范学院学报, 1996, 17 (8): 50—53.
[219] 张斌. 多目标系统决策的模糊集对分析方法 [J]. 系统工程理论与实践, 1997, 17 (12): 108—114.
[220] 叶跃祥, 糜仲春, 王宏宇. 一种基于集对分析的区间数多属性决策方法 [J]. 系统工程与电子技术, 2006, 28 (9): 1344—1347.
[221] Zhou Z. Decision support system based on set pair analysis and its application [J]. Engineering Sciences, 2007, 5 (3): 76—81.
[222] Wang W S, Jin J L, Ding J. A new approach to water resources system assessment—set pair analysis method [J]. Science in China Series E: Technological Sciences, 2009, 52 (10): 3017—3023.
[223] 王文圣, 金菊良, 丁晶. 水资源系统评价新方法——集对评价法 [J]. 中国科学 (E 辑): 技术科学, 2009, 39 (9): 1529—1534.
[224] Gao F, Chen Y W. A project risk ranking approach based on Set Pair Analysis [J]. Engineering Sciences, 2006, 4 (3): 89—93.
[225] 汪新凡, 杨小娟. 基于联系数贴近度的区间数多属性决策方法 [J]. 数学的实践与认识, 2008, 38 (3): 16—22.
[226] 黄德才, 赵克勤. 用联系数描述和处理网络计划中的不确定性 [J]. 系统工程学报, 1999, 14 (2): 115—120.
[227] 高淑萍, 刘三阳. 基于联系数的多资源应急系统调度问题 [J]. 系统工程理论与实践, 2003, 23 (6): 113—115.
[228] 赵克勤. 二元联系数 A+Bi 的理论基础与基本算法及在人工智能中的应用 [J]. 智能系统学报, 2008, 3 (6): 476—486.
[229] 陆毅, 王霞. 二元联系数的运算及其应用 [J]. 渤海大学学报: 自然科学版, 2009, 30 (4): 343—345.

［230］汪新凡. 基于联系数的区间型多属性决策方法研究［J］. 西安理工大学学报，2007，23（1）：102－105.

［231］汪新凡. 基于联系数的纯语言多属性群决策方法［J］. 重庆工商大学学报：自然科学版，2006，23（6）：580－584.

［232］刘秀梅，赵克勤. 基于联系数不确定性分析的区间数多属性决策［J］. 模糊系统与数学，2010，24（5）：141－148.

［233］张全，樊治平，潘德惠. 不确定性多属性决策中区间数的一种排序方法［J］. 系统工程理论与实践，1999，19（5）：129－133.

［234］Bissell C C，Chapman D A. Digital Signal Transmission［M］. 2nd ed. Cambridge：Cambridge University Press，1992.

［235］Kim S H，Ahn B S. Interactive group decision making procedure under incomplete information［J］. European Journal of Operational Research，1999，116（3）：498－507.

［236］汪泽焱，顾红芳，益晓新. 一种基于熵的线性组合赋权法［J］. 系统工程理论与实践，2003，23（3）：112－116.

［237］王坚强，李寒波. 基于直觉语言集结算子的多准则决策方法［J］. 控制与决策，2010，25（10）：1571－1574，1584.

［238］徐泽水，孙在东. 一类不确定型多属性决策问题的排序方法［J］. 管理科学学报，2002，5（3）：35－39.

［239］张全，樊治平，潘德惠. 不确定性多属性决策中区间数的一种排序方法［J］. 系统工程理论与实践，1999，19（5）：129－133.

［240］徐玖平，吴巍. 多属性决策的理论与方法［M］. 北京：清华大学出版社，2006.

［241］张全，樊治平，潘德惠. 区间数多属性决策中一种带有可能度的排序方法［J］. 控制与决策，1999，14（6）：703－706.

［242］刘琳，陈云翔，葛志浩. 基于正态分布区间数的概率测度及多属性决策［J］. 系统工程与电子技术，2008，30（4）：652－654.

［243］汪新凡，肖满生. 基于正态分布区间数的信息不完全的群决策方法［J］. 控制与决策，2010，25（10）：1494－1498.

［244］Aitchison J，Brown J A C. The Lognormal Distribution［M］. Cambridge: Cambridge University Press, 1957.

[245] Limpert E, Stahel W, Abbt M. Log-normal distributions across the sciences: Keys and clues [J]. BioScience, 2001, 51 (5): 341—352.

[246] 边宽江，崔冰，金晓燕. 对数正态分布的 VAR 数学模型及其计算 [J]. 数学的实践与认识，2011，41 (1)：1—6.

[247] Merton R C, Samuelson P A. Fallacy of the log-normal approximation to optimal portfolio decision-making over many periods [J]. Journal of Financial Economics, 1974, 1 (1): 67—94.

[248] 郁佳敏，郝旭东. 索赔额服从对数正态分布的车险经验费率精算模型 [J]. 上海交通大学学报，2008，42 (11)：1836—1838.

[249] 胡晓华，虞敏. 上海股市成交量服从（或近似服从）对数正态分布 [J]. 应用概率统计，2005，21 (1)：101—105.

[250] 罗文强，龚珏，王亮清. 对数正态分布下边坡稳定性二元指标体系研究 [J]. 山地学报，2005，23 (4)：442—446.

[251] 郑玉华，王义强. CNC 车床维修性及其特征量的统计与分析 [J]. 系统工程理论与实践，1999，19 (8)：133—139.

[252] 黄晓斌，马晓岩，万建伟. 对数正态分布海杂波背景下的雷达混沌检测方法 [J]. 航天电子对抗，2004，20 (6)：45—48.

[253] Morrison J. The lognormal distribution in quality control [J]. Applied Statistics, 1958, 6: 160—172.

[254] 王坚强，任剑. 基于 WC-OWA 算子的随机多准则决策方法 [J]. 控制与决策，2007，22 (12)：1429—1432.

[255] 索玮岚. 基于扩展 VIKOR 的不确定语言多属性群决策方法 [J]. 控制与决策，2013，28 (9)：1431—1435.

[256] Xu Z S. An overview of methods for determining OWA weights [J]. International Journal of Intelligent Systems, 2005, 20 (8): 843—865.

[257] Xu Z S. On multi-period multi-attribute decision making [J]. Knowledge-Based Systems, 2008, 21 (2): 164—171.

[258] Xu Z S, Yager R R. Dynamic intuitionistic fuzzy multi-attribute decision making [J]. International Journal of Approximate Reasoning,

2008, 48 (1): 246—262.

[259] Sadiq R, Tesfamariam S. Probability density functions based weights for ordered weighted averaging (OWA) operators: an example of water quality indices [J]. European Journal of Operational Research, 2007, 182 (3): 1350—1368.

[260] Xu Z S. Approaches to multi-stage multi-attribute group decision making [J]. International Journal of Information Technology & Decision Making, 2011, 10 (1): 121—146.

[261] Xu Z S. Binomial Distribution Based Approach to Deriving Time Series Weights [C] // The IEEE International Conference on Industrial Engineering and Engineering Management, 2007: 154—158.

[262] 郭亚军，姚远，易平涛. 一种动态综合评价方法及应用 [J]. 系统工程理论与实践，2007, 27 (10): 154—158.

[263] Yager R R. On ordered weighted averaging aggregation operators in multicriteria decision making [J]. IEEE Transactions on Systems, Man, and Cybernetics, 1988, 18 (1): 183—190.

[264] Yager R R. Time series smoothing and OWA aggregation [J]. IEEE Transactions on Fuzzy Systems, 2008, 16 (4): 994—1007.

[265] 胡军华，陈晓红，刘咏梅. 基于语言评价和前景理论的多准则决策方法 [J]. 控制与决策，2009, 24 (10): 1477—1482.

[266] 方正，王杰. 自然与社会环境中的幂律现象和双帕累托对数正态分布 [J]. 山东科学，2011, 24 (3): 1—12.

[267] 陈立文. 项目投资风险分析理论与方法 [M]. 北京：机械工业出版社，2004.

[268] Lotfi V, Stewart T J, Zionts S. An aspiration-level interactive model for multiple criteria decision making [J]. Computers & Operations Research, 1992, 19 (7): 671—681.

[269] Von Neumann J, Morgensterm O, Kuhn H W. The theory of games and economic behavior [M]. Princeton: Princeton University Press, 1944.

[270] Wang J, Zionts S. The aspiration level interactive method (AIM) reconsidered: Robustness of solutions [J]. European Journal of Operational Research, 2006, 175 (2): 948—958.

[271] Yun Y B, Nakayama H, Arakawa M. Multiple criteria decision making with generalized DEA and an aspiration level method [J]. European Journal of Operational Research, 2004, 158 (3): 697—706.

[272] Nowak M. INSDECM—an interactive procedure for stochastic multicriteria decision problems [J]. European Journal of Operational Research, 2006, 175 (3): 1413—1430.

[273] Nowak M. Aspiration level approach in stochastic MCDM problems [J]. European Journal of Operational Research, 2007, 177 (3): 1626—1640.

[274] 姜艳萍，樊治平，丛飞. 指标具有均衡性期望的多指标决策方法 [J]. 系统工程学报，2011，26 (6): 746—751.

[275] Kahneman D, Tversky A. Prospect theory: An analysis of decision under risk [J]. Econometrica, 1979, 47 (2): 263—291.

[276] Bell D E. Regret in decision making under uncertainty [J]. Operations Research, 1982, 30 (5): 961—981.

[277] Simon H A. A behavioral model of rational choice [J]. The quarterly journal of economics, 1955, 69 (1): 99—118.

[278] Tversky A, Kahneman D. Advances in prospect theory: Cumulative representation of uncertainty [J]. Journal of Risk and Uncertainty, 1992, 5 (4): 297—323.

[279] 樊治平，陈发动，张晓. 基于累积前景理论的混合型多属性决策方法 [J]. 系统工程学报，2012，27 (3): 295—301.

[280] 张晓，樊治平. 基于前景理论的风险型混合多属性决策方法 [J]. 系统工程学报，2012，27 (6): 772—781.

[281] Fan Z-P, Zhang X, Chen F-D. Multiple attribute decision making considering aspiration-levels: A method based on prospect theory [J]. Computers & Industrial Engineering, 2013, 65 (2): 341—350.

[282] Hu J, Yang L. Dynamic stochastic multi-criteria decision making

method based on cumulative prospect theory and set pair analysis [J]. Systems Engineering Procedia，2011，(1)：432—439.

[283] 樊治平，刘洋，沈荣鉴. 基于前景理论的突发事件应急响应的风险决策方法 [J]. 系统工程理论与实践，2012，32 (5)：977—984.

[284] Liu Y，Fan Z—P，Zhang Y. Risk decision analysis in emergency response：A method based on cumulative prospect theory [J]. Computers & Operations Research，2014，42：75—82.

[285] Lahdelma R，Salminen P. Prospect theory and stochastic multicriteria acceptability analysis (SMAA) [J]. Omega，2009，37 (5)：961—971.

[286] 王坚强，孙腾，陈晓红. 基于前景理论的信息不完全的模糊多准则决策方法 [J]. 控制与决策，2009，24 (8)：1198—1202.

[287] 刘培德. 一种基于前景理论的不确定语言变量风险型多属性决策方法 [J]. 控制与决策，2011，26 (6)：893—897.

[288] Berkelaar A，Kouwenberg R. From boom 'til bust：how loss aversion affects asset prices [J]. Journal of Banking & Finance，2009，33 (6)：1005—1013.

[289] De Giorgi E，Hens T，Mayer J. Computational aspects of prospect theory with asset pricing applications [J]. Computational Economics，2007，29 (3—4)：267—281.

[290] 张维，张海峰，张永杰. 基于前景理论的波动不对称性 [J]. 系统工程理论与实践，2012，32 (3)：458—465.

[291] Gao S，Frejinger E，Ben-Akiva M. Adaptive route choices in risky traffic networks：A prospect theory approach [J]. Transportation Research Part C：Emerging Technologies，2010，18 (5)：727—740.

[292] Prato T. Multiple attribute decision analysis for ecosystem management [J]. Ecological Economics，1999，30 (2)：207—222.

[293] Loomes G，Sugden R. Regret theory：An alternative theory of rational choice under uncertainty [J]. The Economic Journal，1982，92 (368)：805—824.

[294] 张顺明，叶军. 后悔理论述评 [J]. 系统工程，2009，27 (2)：45—50.

[295] 施俊琦，王垒，彭凯平．作为效应的象征性与利益性影响因素：后悔理论的经济心理学分析［J］．心理科学，2004，27（4）：1016－1018.

[296] Taylor K A. A Regret Theory Approach to Assessing Consumer Satisfaction [J]. Marketing Letters, 1997, 8 (2): 229－238.

[297] Wong K P. Regret theory and the banking firm: The optimal bank interest margin [J]. Economic Modelling, 2011, 28 (6): 2483－2487.

[298] Michenaud S, Solnik B. Applying regret theory to investment choices: Currency hedging decisions [J]. Journal of International Money and Finance, 2008, 27 (5): 677－694.

[299] Li X, Shou B, Qin Z. An expected regret minimization portfolio selection model [J]. European Journal of Operational Research, 2012, 218 (2): 484－492.

[300] Connolly T, Zeelenberg M. Regret in decision making [J]. Current directions in psychological science, 2002, 11 (6): 212－216.

[301] 张晓，樊治平，陈发动．基于后悔理论的风险型多属性决策方法［J］．系统工程理论与实践，2013，33（9）：2313－2320.

[302] 闫祯祯，刘锴，王晓光．基于后悔理论的交通信息感知价值［J］．交通运输系统工程与信息，2013，13（4）：76－84.

[303] Chorus C G. Regret theory-based route choices and traffic equilibria [J]. Transportmetrica, 2012, 8 (4): 291－305.

[304] 鲜于建川，隽志才，朱泰英．后悔理论视角下的出行选择行为［J］．交通运输工程学报，2012，12（3）：67－73.

[305] Laciana C E, Weber E U. Correcting expected utility for comparisons between alternative outcomes: A unified parameterization of regret and disappointment [J]. Journal of Risk and Uncertainty, 2008, 36 (1): 1－17.

[306] Quiggin J. Regret theory with general choice sets [J]. Journal of Risk and Uncertainty, 1994, 8 (2): 153－165.

[307] 郝晶晶，朱建军，刘思峰．基于 Orness 测度的多阶段不确定语言信息优化集结［J］．系统工程理论与实践，2013，33（11）：2866－2873.

[308] 李随成，陈敬东，赵海刚. 定性决策指标体系评价研究 [J]. 系统工程理论与实践，2001，21 (9)：22—28.

[309] Heath C, Larrick R P, Wu G. Goals as reference points [J]. Cognitive psychology, 1999, 38 (1): 79—109.

[310] Abdellaoui M. Parameter-free elicitation of utility and probability weighting functions [J]. Management Science, 2000, 46 (11): 1497—1512.

[311] 曾建敏. 实验检验累积前景理论 [J]. 暨南大学学报（自然科学版），2007，28 (1)：44—47.

[312] Yager R R. Modeling prioritized multi-criteria decision making [J]. IEEE Transactions on Systems, Man and Cybernetics-Part B: Cybernetics, 2004, 34 (6): 2396—2404.

[313] Yager R R. Prioritized aggregation operators [J]. International Journal of Approximate Reasoning, 2008, 48 (1): 263—274.

[314] Yager R R. Prioritized OWA aggregation [J]. Fuzzy Optimization and Decision Making, 2009, 8 (3): 245—262.

[315] Wei C P, Tang X J. Generalized prioritized aggregation operators [J]. International Journal of Intelligent Systems, 2012, 27 (6): 578—589.

[316] Yu D J. Group decision making based on generalized intuitionistic fuzzy prioritized geometric operator [J]. International Journal of Intelligent Systems, 2012, 27 (7): 635—661.

[317] Yu D J, Wu Y Y, Lu T. Interval-valued intuitionistic fuzzy prioritized operators and their application in group decision making [J]. Knowledge—Based Systems, 2012, 30: 57—66.

[318] Yu D J, Zhang W Y. Group decision making under hesitant fuzzy environment with application to personnel evaluation [J]. Knowledge-Based Systems, 2013, 52: 1—10.

[319] Wei G W. Hesitant fuzzy prioritized operators and their application to multiple attribute decision making [J]. Knowledge-Based Systems, 2012, 31: 176—182.

[320] Xu Z S, Cai X Q. Intuitionistic Fuzzy Information Aggregation: Theory and Applications [M]. Beijing: Science Press, 2012.